中国火灾统计年鉴

FIRE STATISTICAL YEARBOOK OF CHINA

2000

公安部消防局 编

中国人民公安大学出版社

二○○○年·北京

图书在版编目（CIP）数据

中国火灾统计年鉴 2000/公安部消防局主编．-北京：中国人民公安大学出版社，2000．6．1

ISBN 7-81059-468-0

Ⅰ．中… Ⅱ．公… Ⅲ．火灾-统计资料-中国-2000-年鉴 Ⅳ．D631.6-61

中国版本图书馆 CIP 数据核字（2000）第 30890 号

中国火灾统计年鉴（2000）

ZHONGGUO HUOZAI TONGJI NIANJIAN

公安部消防局 主编

出版发行：中国人民公安大学出版社
地　　址：北京市西城区木樨地南里
邮　　编：100038
印　　刷：北京市牛山世兴印刷厂印刷

版　　次：2000 年 6 月第 1 版
印　　次：2000 年 6 月第 1 次
印　　张：14．25
开　　本：787 毫米×1092 毫米 1/16
字　　数：337．9 千字
印　　数：0～5000 册

ISBN 7－81059－468－0/D·390
定　　价：28．00 元

本社图书出现印装质量问题，由发行部负责调换
联系电话：（010）83906728
版权所有　翻印必究
E－mail：cpep@public．bta．net．cn

《中国火灾统计年鉴》编委会和编辑人员名单

编委会名单

主　　任　孙　伦

副 主 任　郑玉海　李　伟　李世雄　陈家强　郑保新

委　　员　(以姓氏笔划为序)

于建华　马忠良　王志林　王铁军　田生有　白建民
仲　健　刘建平　刘崇芝　孙广成　朱承华　许　峰
何志明　吴兴瑞　张久祥　张东辉　张光荣　张学伟
张林生　张高潮　张瑞学　李长河　李茂贵　李铁山
杜承章　陈志平　高雨祥　黄振石　傅军刚　程敬忠
廉　钰

编辑人员名单

主　　编　李世雄

副 主 编　郑保新

编辑人员　(以姓氏笔划为序)

万胜国　尹显其　毛　雷　王　伟　王　娴　王安华
王学友　王保国　车奕聪　甘劲松　伍卫民　刘　权
刘　伟　刘　胜　刘　鹏　刘阳彤　刘爱民　孙中奇
孙培荣　朱文才　朱春玲　许仁学　阮景文　何　华
何宝雄　何新伟　吴　君　吴　程　吴绍强　吴雪峰
张　贤　张丽娟　张海生　李　勇　李　晖　李　栗
李万峰　李玉美　李红旗　李学良　李晓红　杜长海
杨卫东　杨宏川　汪　浩　芦红星　陈万才　陈绍黔
陈虹利　周良权　孟建平　房　林　林　江　易建国
姚爱军　祝　平　夏夕岚　席永涛　徐　峰　聂永红
谈晓文　郭金忠　高　原　高　罡　曹　峰　梁兴华
章瑞斌　程国良　董志华　赖泽明　潘留栓

编写说明

一、《中国火灾统计年鉴》(2000)是一本记载1999年全国火灾情况的资料性年刊，内容共分五个部分：1. 全国火灾情况；2. 各省、自治区、直辖市火灾情况及特大火灾案例；3. 铁路、港航、森林火灾情况；4. 火灾统计有关规章及制度；5. 附录。

二、1999年是实施新的火灾统计方法的第三年，全国“分地区火灾综合情况”中，小火灾损失估算值为1000元，其它全国汇总表均为公安消防机构参与调查的火灾数。

三、“全国火灾情况”均按照各地上报的火灾原始登记表汇总编写；“各省、自治区、直辖市火灾情况”是根据各地上报的汇总表编写的；“特大火灾案例”均由各省、自治区、直辖市上报的案例编写。

四、书中部分数据因四舍五入产生的误差均未作机械调整；表中“空格”表示该项数据为零或无该项数据；“损失”指直接财产损失。

五、书中图表的注解均在每张图表的下方，如同类表在前面已有注解的，不再重复，只作说明。

六、民航、森林、草原、地下矿井、军队的火灾未纳入全国汇总表中。

七、该书在编撰工作上存在许多缺点和不足，切望读者提出宝贵意见。

《中国火灾统计年鉴》编辑部

2000年4月

目　　录

第一编　全国火灾情况

第二编　各省、自治区、直辖市火灾情况及特大火灾案例

北　京

天　津

河　北

山　西

河　南

湖　北

湖　南

广　东

广　西

海　南

重　庆

四　川

贵　州

云　南

西　藏

陕　西

甘　肃

青　海

宁　夏

新　疆

第三编　铁路、港航、森林火灾情况

第四编　火灾统计规章及有关制度

附录

第一编
全国火灾情况

1999 年全国火灾情况浅析

1999 年，全国共发生火灾（不含森林、草原、军队火灾）179955 起，死 2744 人，伤 4572 人，直接财产损失 14.3 亿元。其中，特大火灾 85 起，死 219 人，伤 172 人，直接财产损失 2.7 亿元。与上年相比，起数上升 9%，死人上升 87.2%，伤人下降 27.4%，损失下降 5.3%。年内，河北、内蒙古、上海、江西、湖北、海南、甘肃、宁夏等八省（区、市）未发生特大火灾。从全年火灾情况看，火灾总的形势虽然较为平稳，特别是前些年一次死亡几十人、甚至上百人的群死群伤火灾有所遏制，但消防工作仍存在不少薄弱环节和突出问题，火灾隐患还很严重，特大恶性火灾时有发生，形势不容乐观。

一、**群死群伤火灾有所遏制，但仍时有发生**。1999 年，全国发生一次死亡 10 人以上或死亡、重伤 20 人以上的火灾 14 起，死 192 人，伤 106 人。1 月 20 日，天津益商集团储运中心工地因违章电焊发生火灾，烧死 8 人，坠楼摔死 8 人；2 月 15 日，广东省电白县羊角镇中田村林天昌家因小孩燃放烟花发生火灾爆炸事故，造成 5 人死亡、21 人重伤；2 月 16 日，浙江省温州市永中镇姜氏祠堂因供神的蜡烛（香火）引燃可燃物发生火灾，造成 10 人死亡、6 人受伤；8 月 20 日，四川省自贡市及时钟表眼镜有限公司因一楼经营部首饰柜台的射灯调压器线圈短路打火引燃纸箱发生火灾，造成 13 人死亡、7 人受伤。

二、**商场市场、宾馆饭店、公共娱乐场所、易燃易爆物品生产、经营单位火灾比较突出**。1999 年，发生在商场市场、宾馆饭店、公共娱乐场所的特大火灾 25 起，死 67 人，伤 59 人，直接财产损失 11626 万元。四项数字分别占特大火灾总数的 29.4%、30.6%、34.3% 和 44.4%。1 月 9 日，北京市丰台区华龙灯具批发市场因吊顶内电源线短路发生火灾，过火面积 6000 平方米，直接财产损失 1736 万元；12 月 26 日，吉林省长春市夏威夷大酒店洗浴中心因保安员高雷将烟灰缸内未熄灭的烟头倒在可燃物上引起火灾，造成 20 人死亡、11 人受伤。年内，发生在易燃易爆物品生产、经营、贮存单位的特大火灾 11 起，死 63 人，伤 60 人，直接财产损失 2467.3 万元。起数占特大火灾总数的 12.9%，比上年的 8 起上升 37.5%；死人占特大火灾死人总数的 28.8%；伤人占特大火灾伤人总数的34.9%。1月23日，广东省东莞市石碣镇东聚电业有限公司二厂（台商独资）因一楼仓库内的空调机温控器发生故障产生高温引燃可燃物发生火灾，由于易燃易爆化学物品与库内物品混存，以致火灾迅速蔓延，造成14人死亡；2月26日辽宁省阜新县苍土乡和9月8日福建省漳州市步文镇的打火机作坊均因违反安全规定发生爆炸火灾事故，分别造成10人死亡。

三、个体、私营企业及个人承包企业火灾明显增多。1999年，在公安消防部门参与调查的45022起企事业单位火灾中，发生在个体、私营企业及个人承包企业的火灾28853起，死1038人，伤2031人，直接财产损失5亿元。四项数字分别占企事业单位火灾总数的64.1%、68.8%、64.1%和46.3%。其中，发生特大火灾25起，死115人，伤73人，直接财产损失5309.4万元。起数比上年的9起多16起，上升1.8倍。10月9日，广东省广州市永发购销综合店（家庭作坊）因职工违章使用电热丝切割器切割海绵发生火灾，造成15人死亡；10月18日，江苏省沭阳县宁波大酒店（个人承包企业）因烟火管理不严、吸烟遗留火种发生火灾，造成14人死亡、3人受伤；10月26日，广东省增城市石滩镇马修村鸿成皮具厂（家庭作坊）因电源插座接触不良产生电弧引燃可燃物发生火灾，造成20人死亡、9人受伤。

四、城市居民火灾日趋严重。1999年，在公安消防部门参与调查的34490起城市火灾中，城市居民火灾21724起，死673人，伤945人，直接财产损失11297元，受灾居民13787户。起数、死人、伤人、损失分别占城市火灾总数的63%、88.8%、72.6%和26.4%。与上年相比，起数上升11.5%，损失上升5.4%。11月27日，福建省福州市仓山区因居民江玉贞家厨房内的电饭煲长时间通电，致使温控开关失灵，产生高温引燃电饭煲下的木桌子发生火灾，烧毁建筑16800平方米，受灾228户、982人，直接财产损失349万元。

从1999年全国火灾情况分析，引起火灾和造成人员伤亡的主要原因在于：

一是违章用火、用电、用气和违反安全规定等人为因素引起的火灾居多。从火灾发生的直接原因看，违章用火、用电、用气和违反安全规定引起的火灾73880起，占公安消防部门参与的调查火灾总数的75.7%。从85起特大火灾看，此类原因引起的68起，占特大火灾总数的80%。4月15日，河南省南阳市天府家具厂因个体户卢士中用电管理不严，私拉乱接电线，致使工棚内的铜线和铝线接头处滋火发生火灾，造成19人死亡、7人受伤；11月15日，吉林省长春市欧亚商都因焊工违章焊接引起火灾，过火建筑5222平方米，直接财产损失864.5万元。

二是城市公共消防设施和消防装备建设严重滞后是造成特大火灾的主要原因。近几年来，全国的城市公共消防设施和消防装备建设从总体上看，虽取得了一定的进步，但各地发展很不平衡。据对全国231个地级以上城市统计，消防站“欠帐”50%以上的城市有97个；市政消火栓“欠帐”50%以上的城市有131个；消防车“欠帐”50%以上的城市有42个。公共消防设施和消防装备的严重不足，给灭火工作特别是重特大火灾的扑救带来了极大的困难，使小火变大火，大火变大灾。四川省达川市应建消火栓400个，实际只有55个，且有5个不能使用；市区仅有一个消防站，应配备5辆消防车，但实际只有3辆。1月10日，该市通州百货商场发生火灾时，由于缺乏水源和消防装备，消防部门难以进行有效扑救，以致造成10人死亡、20人受伤，直接财产损失3000多万元。

三是消防安全责任制不落实以及职工群众缺乏自防自救常识是导致火灾和造成人员伤亡的重要原因。《消防法》明确规定了机关、团体、企业、事业单位的消防安全责任，但是不少单位的防火安全责任制没有得到落实，内部防火检查、每日巡查以及用火、用电、用气安全管理制度流于形式，值班值勤人员形同虚设。一些单位特别是一些个体、私营企业的业主严重忽视消防安全培训，以致员工对防火灭火及逃生自救常识缺乏了解，遇到火情束手无策，从而造成重特大火灾。福建省莆田市群立特种胶带有限公司是易燃易爆化学物品的生产、储存、使用单位，7月9日，该厂职工在大量可燃气体泄漏的情况下盲目蛮干，未用高压喷雾水流驱散气体，而是错误地采取“切断电源”的做法，以致爆炸性混合气体遇断电产生的火花发生爆炸火灾事故，造成400多万元的直接财产损失。

分地区火灾综合情况

地区	起数	死人	伤人	损失			特大火灾				重大火灾			
				直接损失（万元）	烧毁建筑（平方米）	受灾户数	起数	死人	伤人	直接损失（万元）	起数	死人	伤人	直接损失（万元）
合计	179955	2744	4572	143394.0	6568651	48494	85	219	172	27321.3	501	561	193	21512.4
北京	6860	53	92	3311.5	45044	53	1			1736.0	5	14		180.8
天津	7113	35	49	3018.7	41492	418	2	16		2173.7	2	3		80.8
河北	5108	51	177	3150.0	57870	850					6	3		391.1
山西	2654	29	50	2752.9	38915	610	1			496.5	7	9	9	262.4
内蒙古	2631	50	60	980.0	24583	547					4	9	9	154.9
辽宁	15710	150	193	6822.2	445173	2261	1	10	3	1.5	12	20	5	500.7
吉林	12548	102	89	6772.0	924123	7820	6	23	18	2680.9	8	9	1	376.8
黑龙江	2947	89	109	2999.3	108264	955	1			126.0	17	32	18	505.8
上海	6551	43	90	1487.3	53766	1985					3	3		70.9
江苏	12146	199	452	7421.9	114741	1232	3	14	3	494.1	17	23	25	716.8
浙江	17582	192	274	12222.5	566532	3381	2	10	6	218.6	56	27	13	2844.0
安徽	6288	69	153	3957.5	75517	1199	1			130.0	10	15	2	412.2
福建	5200	98	185	8695.6	432270	2930	10	13	2	2367.7	30	24	10	1399.5
江西	4305	84	146	3846.2	436988	2256					13	21	19	372.1
山东	16804	176	281	10280.9	295110	4462	5	4	7	1798.6	26	37	7	1101.9
河南	9263	137	233	6475.6	218674	1474	4	19	7	756.6	27	39	7	1194.1
湖北	6216	58	110	2330.3	69640	810					9	17	7	243.4
湖南	2874	86	145	6339.0	153886	1670	5	4	1	1538.2	29	22	2	1301.5
广东	8817	352	390	14425.8	647785	1010	9	71	50	2642.0	89	102	18	3774.4
广西	2761	77	235	4192.0	96900	1281	6	2	7	1604.0	7	11	2	192.2
海南	663	7	18	753.2	236851	223					6	1	2	287.8
重庆	3228	60	127	2445.4	130366	1246	1	1	2	355.2	7	3	2	396.5
四川	5733	163	318	8865.8	427463	2816	4	23	26	3780.3	23	21	8	1104.8
贵州	1087	81	95	2951.8	311369	2325	10	4	13	699.0	14	14	8	518.0
云南	3252	114	139	6390.7	213486	2520	6	1	11	2593.3	21	31	9	616.0
西藏	115	12	26	909.3	10612	208	2	4	1	415.3	6	3		223.9
陕西	2028	35	63	2001.4	70800	243	1			120.0	8	6	3	494.8
甘肃	2202	36	62	2150.9	269601	827					14	8		565.0
青海	646	6	58	770.5	11686	544	2			373.1	1			30.9
宁夏	2793	6	13	760.7	6188	66					5	5		218.4
新疆	3723	74	120	2724.6	32936	272	1			120.0	8	16	7	219.0

注:火灾总数含铁路、港航火灾数(下同)。

分地区火灾基本情况

地区	起数	死人	伤人	直接损失（万元）	火灾原因：放火		电气		违章操作		用火不慎		吸烟		玩火		自燃		雷击		不明		其它	
					起数	直接损失（万元）	起数	直接损失（万元）	起数	直接损失（万元）	起数	直接损失（万元）	起数	直接损失（万元）	起数	直接损失（万元）	起数	直接损失（万元）	起数	直接损失（万元）	起数	直接损失（万元）	起数	直接损失（万元）
合计	97676	2744	4572	135166.0	5716	12050.1	24233	47864.0	6035	13471.9	25857	18813.9	9347	6335.1	7281	3645.7	1127	3918.8	158	272.4	8574	13478.9	9348	15315.2
北京	5395	53	92	3165.0	260	208.6	1216	2254.8	149	62.5	1354	129.1	969	139.4	191	21.9	20	29.0	3	0.2	332	124.5	901	194.4
天津	3413	35	49	2648.7	134	2268.2	585	71.5	64	10.5	616	35.2	448	6.4	112	3.3	20	2.7	6	0.8	850	86.9	578	162.8
河北	2411	51	177	2880.3	220	327.3	579	801.5	158	235.0	532	320.0	197	133.4	165	55.8	36	86.9	2	5.3	162	484.7	360	429.9
山西	1173	29	50	2604.8	73	818.9	324	789.0	62	97.8	302	210.8	87	57.1	157	106.1	17	31.6	3	0.5	83	239.7	65	252.8
内蒙古	2597	50	60	976.6	84	101.3	443	279.2	123	126.4	947	200.0	271	30.4	324	19.4	30	32.9	8	10.0	61	71.2	306	105.2
辽宁	6503	150	193	5901.5	615	636.3	1256	1699.9	222	401.4	1824	960.2	753	507.8	277	60.1	51	102.2	6	21.5	752	694.2	747	817.5
吉林	12026	102	89	6719.8	745	907.9	2211	1332.4	207	1067.6	3371	696.6	1438	1063.2	619	39.2	53	54.4	25	12.4	1465	965.0	1891	580.7
黑龙江	1004	89	109	2805.0	93	411.2	266	833.4	83	281.8	284	451.7	31	37.5	41	45.3	6	10.4			103	427.7	97	305.5
上海	6425	43	90	1474.7	145	140.1	1826	702.3	465	287.5	1505	133.4	1098	68.9	1006	59.3	37	10.1	14	1.8	38	10.1	291	60.9
江苏	3798	199	452	6587.1	215	362.8	1189	2225.7	352	642.9	747	568.0	264	291.5	170	144.1	101	528.7	12	10.5	294	564.1	454	1248.3
浙江	1714	192	274	10635.7	93	468.4	627	4128.5	204	1244.1	317	1277.3	88	538.2	55	200.1	24	162.3	6	21.4	165	1649.4	134	945.1
安徽	3380	69	153	3666.7	127	272.8	993	1151.8	227	322.7	884	529.8	253	395.1	356	66.5	47	72.4	8	0.7	185	370.4	300	483.9
福建	2163	98	185	8391.9	87	756.9	663	3166.1	178	618.3	516	1201.4	110	237.3	105	303.0	61	307.3	4	1.0	153	1012.7	286	787.5
江西	3670	84	146	3782.7	83	194.9	1070	1087.0	253	395.1	1092	678.7	134	105.5	199	135.6	70	179.2	8	19.3	451	545.3	306	441.6
山东	16017	176	281	10202.2	1201	510.8	4063	3453.9	1359	2389.6	4534	1757.6	1674	287.7	1192	165.0	139	162.5	7	33.0	1083	724.6	737	693.6
河南	4016	137	233	5950.9	215	446.9	1169	2024.6	336	585.5	974	924.2	264	188.5	294	162.7	68	123.3	2	3.0	401	709.2	293	782.6
湖北	1788	58	110	1887.5	92	142.2	572	635.3	164	345.2	300	225.2	62	62.8	107	51.9	17	13.1	3	0.5	308	263.6	163	147.4
湖南	1832	86	145	6234.8	62	920.9	611	2062.1	154	323.0	496	1082.0	60	98.4	74	315.0	35	406.2	2	1.8	186	658.3	150	364.5
广东	2058	352	390	13749.9	77	201.0	763	7334.2	184	1129.5	428	1418.8	76	288.1	125	217.0	40	733.5	5	21.9	116	672.4	242	1733.1
广西	2325	77	235	4148.4	156	482.4	707	939.5	181	1112.5	690	722.6	95	67.2	170	153.2	39	195.4	7	6.9	147	232.4	133	236.0
海南	473	7	18	734.2	9	54.5	132	264.4	51	66.4	140	84.6	17	25.6	32	31.9	8	2.4	1		48	104.2	35	99.9
重庆	853	60	127	2207.9	92	146.6	281	1064.4	64	79.3	185	291.8	35	59.3	44	79.9	15	32.6	3	47.0	78	190.5	56	216.1
四川	2681	163	318	8560.6	191	272.4	864	5042.1	237	485.6	672	1076.6	121	745.2	249	160.0	45	50.8	10	7.8	108	175.2	184	544.5
贵州	674	81	95	2910.5	82	132.3	183	629.6	41	39.6	164	1105.6	35	100.1	43	185.0	12	34.6	3	1.7	58	459.1	53	222.4
云南	1506	114	139	6216.1	210	440.3	390	988.6	105	261.6	409	925.9	95	195.9	125	566.8	28	199.0	4	19.2	69	345.1	71	2273.2
西藏	115	12	26	909.3	6	12.3	21	205.2	7	7.1	49	289.0	7	38.3	8	1.6	1				10	344.8	6	10.7
陕西	584	35	63	1857.0	25	49.3	158	374.8	47	86.2	128	380.6	28	165.8	29	47.4	8	91.6	1	23.0	104	494.0	56	143.8
甘肃	1598	36	62	2090.5	84	102.3	303	814.3	79	172.5	514	239.8	169	188.4	214	108.2	37	133.5	1		131	214.3	66	116.8
青海	638	6	58	769.7	38	21.0	90	319.2	44	69.3	187	178.5	65	6.3	163	54.9	7	3.7	1		32	103.7	11	12.6
宁夏	2330	6	13	714.4	69	71.3	181	75.6	60	94.3	881	124.6	204	37.9	474	42.3	13	11.0	2	0.1	332	162.0	114	94.8
新疆	2409	74	120	2593.2	131	166.1	474	884.3	160	221.1	808	373.7	190	117.8	156	34.8	31	6.4	1		265	371.6	193	417.1

分起火场所火灾情况

项目		起数	死人	伤人	直接损失（万元）	特大火灾				重大火灾				起火原因（起）									
						起数	死人	伤人	直接损失（万元）	起数	死人	伤人	直接损失（万元）	放火	电气	违章操作	用火不慎	吸烟	玩火	自燃	雷击	不明	其它
合计		97676	2744	4572	135166.0	85	219	172	27321.3	501	561	193	21512.4	5716	24233	6035	25857	9347	7281	1127	158	8574	9348
房屋建筑物	小计	65016	2317	3556	107198.3	77	175	137	24255.6	431	452	153	18835.9	3632	17736	3917	19920	4777	4710	771	105	4861	4560
	厂房	6724	246	743	26270.1	20	94	47	5478.5	95	30	31	5006.4	159	2037	1789	1065	244	91	244	15	344	734
	住宅	38066	1583	1658	26324.9	17	25	16	1609.8	117	254	71	2616.0	1967	10518	891	14322	2450	2702	155	38	2615	2384
	办公用房	1473	15	54	1538.1					4			196.9	112	709	66	265	127	27	7	3	80	77
	仓库	2593	45	97	18059.7	18	7	21	7395.3	69	25	12	4190.4	151	751	200	382	216	182	163	19	306	223
	商店商场	2985	161	332	18202.3	14	29	35	7814.7	69	56	12	3334.8	181	1307	175	589	166	96	24	4	270	173
	集贸市场	609	13	36	2130.9	1			189.2	13		2	763.6	29	211	42	129	56	21	10		62	49
	歌舞厅	664	71	45	2596.7					17	37	7	523.7	29	333	27	81	86	11	2	1	61	33
	宾馆饭店	3076	102	251	3445.9	1	20	18	22.0	18	31	8	781.1	50	948	280	1346	142	37	19	2	108	144
	影剧院	105	1	2	577.5					3			155.1	3	51	5	11	13	4			10	8
	文博馆	78	3	4	55.3									6	23	4	7	13	13	1		8	3
	车站码头机场	107	4	7	378.3					2	1		137.8	2	33	19	14	8	5	3		9	14
	古建筑	22		2	232.1	1			117.0	1			30.0	2	5		8	1	1	2		2	1
	学校	799	10	29	909.4					3			167.1	41	301	31	172	68	50	9	2	65	60
	医院	234	7	10	268.5					2	3		52.4	13	106	17	51	11	8	5	1	14	8
	邮电局	74			762.4	1			457.4	3			172.6	1	35	6	6	6	4	3	1	7	5
	加油站	329	35	201	767.1					2	12	7	12.2	6	108	101	41	11	4	1	2	31	23
	燃气站	55	9	52	35.0					1	3	3	0.2	2	8	26	9	2	2			2	4
	货（堆）场	7023	12	33	4643.2	4			1171.4	12			695.0	878	252	238	1422	1157	1452	123	17	867	617
交通工具	小计	5911	132	497	14394.9	1		15	100.0	40	46	36	1823.4	261	2254	759	186	404	92	111	1	670	1173
	汽车	5643	93	437	12530.6					25	31	32	905.0	256	2202	700	138	387	85	102	1	649	1123
	列车	87	10	1	688.8					6	6		428.8	1	18	11	3	7	3	7		6	31
	轮船	164	29	59	1131.7	1		15	100.0	9	9	4	489.6	3	28	45	44	9	3	2		12	18
	飞机	17			43.6									1	6	3	1	1	1			3	1
山林		417	1	1	118.6					1			40.0	22	1	2	162	49	64	4	1	74	38
草原		16	1		6.4									2		2	3	2	4			3	
其它		26316	293	518	133872.3	7	44	20	2965.6	29	63	4	812.9	1799	4242	1355	5586	4115	2411	241	51	2966	3577

分区域火灾情况

区域	火灾概况																	起火原因（起）									
	起数			死人	伤人	损失			特大火灾				重大火灾				放火	电气	违章操作	用火不慎	吸烟	玩火	自燃	不明	其它	雷击
	起数	扑救起数	所占比例（%）			直接损失（万元）	烧毁建筑（平方米）	受灾户数	起数	死人	伤人	直接损失（万元）	起数	死人	伤人	直接损失（万元）										
合计	97676	90576	93.0	2744	4572	135166.0	6568651	48494	85	219	172	27321.3	501	561	193	21512.4	5716	24233	6035	25857	9347	7281	1127	8574	9348	158
市区	34490	33568	97.3	758	1301	42794.7	2449031	13724	30	85	59	12587.5	152	136	60	7549.8	1097	11103	2158	9039	2941	1948	344	2455	3355	41
市郊	10882	10427	95.8	258	549	14721.6	285177	2745	11	23	8	4440.6	41	36	13	1872.1	470	2511	755	2808	1370	735	190	745	1277	14
县镇	15265	13626	89.3	489	1139	32732.6	1083725	7731	21	44	49	5722.5	121	110	31	5600.8	748	4646	1480	3699	947	797	215	1320	1369	41
乡村	36294	32401	89.9	1196	1504	42182.4	2661449	23971	22	67	56	4435.1	167	255	73	5527.1	3364	5817	1585	10175	4026	3744	362	3958	3221	61
其它	745	554	74.4	43	79	2734.5	89269	323	1			135.3	20	24	16	962.5	37	156	57	136	63	57	16	96	126	1

分行业火灾情况

行业		起数	死人	伤人	直接损失（万元）	特大火灾				重大火灾				起火原因（起）									
						起数	死人	伤人	直接损失（万元）	起数	死人	伤人	直接损失（万元）	放火	电气	违章操作	用火不慎	吸烟	玩火	自燃	雷击	不明	其它
合计		89590	2661	4517	133664.3	85	219	172	27321.3	500	558	193	21500.3	5365	22359	5938	23061	6414	6628	1120	153	7880	8640
农业		11422	169	161	5178.8					12	15		321.7	1121	1296	297	3683	1446	1811	100	14	1040	607
工业	小计	11015	330	1234	33969.1	26	58	29	5942.1	138	60	37	7273.6	301	3177	2447	2038	544	361	360	24	685	1074
	重工业	739	9	63	2290.1	1		1	900.3	4			252.9	10	221	208	93	38	17	24	2	35	90
	轻工业	6063	172	487	23693.9	22	42	28	4683.7	92	40	9	5062.0	191	1815	1429	1049	236	146	214	15	370	596
	石油化工	1456	69	549	3890.3	1			238.0	20	13	26	867.0	22	318	482	178	41	40	83	3	82	206
	建筑业	2128	66	93	1890.5	2	16		120.0	5	7		162.3	70	587	197	632	167	139	25	4	169	138
交通运输业		5262	134	454	12663.4	1		15	100.0	39	51	33	1786.5	239	1899	705	244	409	87	115	3	559	1001
邮电通信业		300	4	5	953.3	1			457.4	5	4	1	283.1	21	160	16	33	13	10	7	1	22	17
仓储业		955	11	38	7978.7	7			4399.9	24	3	5	1474.7	61	209	78	139	81	78	63	25	130	91
商业	小计	7900	281	644	28657.3	22	48	46	10360.3	109	82	20	5650.8	320	2767	628	2456	432	196	87	8	525	480
	餐饮业	3260	86	261	3456.6					18	32	8	774.5	56	913	299	1538	107	38	22	2	114	171
金融保险业		294	4	14	572.7					5	3	2	197.4	9	166	21	44	10	9	1	2	15	17
娱乐服务业		1887	155	154	4548.1	3	34	21	177.8	25	56	7	805.7	85	885	103	357	193	34	7	1	116	105
卫生		491	10	19	512.9					2	6	3	64.9	27	182	38	122	24	24	10	1	34	29
教育		1158	17	39	1125.2					3	1		165.3	63	419	50	285	99	74	13	3	75	77
机关团体		980	13	29	1273.1					3		6	220.2	42	418	45	218	68	42	18	3	63	63
其它		47926	1533	1726	36231.1	25	79	61	5883.6	135	277	79	3255.9	3076	10781	1510	13442	5095	3902	339	68	4616	5079

火灾原因情况

火灾原因	起数	所占比例(%)	死人	所占比例(%)	伤人	所占比例(%)	直接损失(万元)	所占比例(%)	特大火灾				重大火灾			
									起数	死人	伤人	直接损失(万元)	起数	死人	伤人	直接损失(万元)
合　计	97676	100.0	2743	100.0	4572	100.0	135166.0	100.0	85	219	172	27321.3	501	561	193	21512.4
放　火	5716	5.9	305	11.1	349	7.6	12050.1	8.9	10	3		4921.3	37	65	37	1136.9
电　气	24233	24.8	545	19.9	773	16.9	47864.0	35.4	20	81	64	9389.7	162	150	48	8088.2
违章操作	6035	6.2	277	10.1	1285	28.1	13471.9	10.0	11	45	11	3565.0	42	61	41	1466.3
用火不慎	25857	26.5	761	27.7	925	20.2	18813.9	13.9	19	12	16	2670.2	77	119	16	2690.9
吸　烟	9347	9.6	286	10.4	180	3.9	6335.1	4.7	4	34	21	1211.5	29	30	3	1307.2
玩　火	7281	7.5	144	5.2	116	2.5	3645.7	2.7	4	8	31	507.1	17	32	2	383.3
自　燃	1127	1.2	12	0.4	71	1.6	3918.8	2.9	5			1219.4	12	5	2	743.9
雷　击	158	0.2	3	0.1	3	0.1	272.4	0.2					1			45.6
其　它	9348	9.5	223	8.1	554	12.1	15315.2	11.3	5	10	15	2588.9	66	66	37	2939.4
不　明	8574	8.8	187	6.8	316	6.9	13478.9	10.0	7	26	14	1247.8	58	33	7	2710.1

分月季火灾情况

项目		起数	所占比例(%)	死人	所占比例(%)	伤人	所占比例(%)	直接损失(万元)	所占比例(%)	特大火灾				重大火灾				起火原因(起)									
										起数	死人	伤人	直接损失(万元)	起数	死人	伤人	直接损失(万元)	放火	电气	违章操作	用火不慎	吸烟	玩火	自燃	雷击	不明	其它
合计		97676	100.0	2744	100.0	4572	100.0	135166.0	100.0	85	219	172	27321.3	501	561	193	21512.4	5716	24233	6035	25857	9347	7281	1127	158	8574	9348
一季度	小计	38474	39.4	976	35.6	1250	27.3	48043.3	35.5	30	72	75	11207.8	146	131	28	6875.9	2269	8167	1702	10024	3386	4703	297	6	3257	4656
	一月	11218	11.5	380	13.8	415	9.1	18856.4	14.0	10	40	22	6347.0	45	33	10	2258.2	821	2855	689	3146	1158	677	94	1	1052	723
	二月	17936	18.4	374	13.6	431	9.4	16023.9	11.9	11	26	38	1082.3	64	62	9	2888.6	884	3108	491	4334	1243	3250	114	1	1369	3142
	三月	9320	9.5	222	8.1	404	8.8	13162.8	9.7	9	6	15	3778.4	37	36	9	1729.0	564	2204	522	2544	985	776	89	4	836	791
二季度	小计	23324	23.9	568	20.7	1354	29.6	30684.7	22.7	19	38	44	5357.2	122	127	55	5026.2	1418	5960	1744	6305	2518	1083	321	40	2059	1864
	四月	8315	8.5	218	7.9	435	9.5	11613.8	8.6	9	21	23	1913.2	50	42	17	2053.7	473	2073	583	2358	871	469	93	12	741	638
	五月	7742	7.9	202	7.4	502	11.0	10208.0	7.6	4	1	3	1777.6	43	65	29	1502.7	430	2087	562	2014	836	338	117	15	713	623
	六月	7267	7.4	148	5.4	417	9.1	8862.8	6.6	6	16	18	1666.3	29	20	9	1469.6	515	1800	599	1933	811	276	111	13	605	603
三季度	小计	14638	15.0	407	14.8	1007	22.0	23140.6	17.1	17	31	15	4155.0	97	119	40	4348.6	729	4607	1231	3710	1134	418	300	105	1210	1184
	七月	5038	5.2	102	3.7	390	8.5	7070.5	5.2	4	4	7	1157.5	29	23	7	1486.7	235	1683	434	1259	396	115	135	21	353	399
	八月	4640	4.8	155	5.6	326	7.1	8454.2	6.3	6	13	6	2025.6	38	57	20	1575.8	212	1466	381	1151	336	149	84	61	416	383
	九月	4960	5.1	150	5.5	291	6.4	7615.9	5.6	7	14	2	971.8	30	39	13	1286.0	282	1458	416	1300	402	154	81	23	441	402
四季度	小计	21240	21.7	793	28.9	961	21.0	33297.2	24.6	19	78	38	6601.2	136	184	70	5261.6	1300	5499	1358	5818	2309	1077	209	7	2048	1606
	十月	6409	6.6	208	7.6	295	6.5	7938.1	5.9	5	49	12	731.0	30	38	4	1106.2	437	1632	422	1667	655	349	56	6	618	563
	十一月	6591	6.7	195	7.1	299	6.5	10065.9	7.4	5			1705.2	45	54	11	1942.3	443	1691	415	1805	701	290	64	1	710	469
	十二月	8240	8.4	390	14.2	367	8.0	15293.1	11.3	9	29	26	4164.9	61	92	55	2213.0	420	2176	521	2346	953	438	89		720	574

经济类型火灾情况

经济类型	起数	死人	伤人	直接损失（万元）	特大火灾				重大火灾				起火原因（起）									
					起数	死人	伤人	直接损失（万元）	起数	死人	伤人	直接损失（万元）	放火	电气	违章操作	用火不慎	吸烟	玩火	自燃	雷击	不明	其它
合计	45022	1506	3167	107606.6	68	200	150	25707.6	393	351	140	16732.3	2364	12665	4777	10915	3324	2870	776	108	3454	3740
国有	6921	174	429	23802.1	17	34	44	10534.5	65	50	42	3600.1	215	2540	838	1137	454	374	189	38	484	650
集体	6585	125	335	12619.1	7	18	13	1185.3	42	17	4	2309.5	252	2133	861	1206	548	413	157	29	471	514
私营	28853	1038	2031	50007.3	25	115	73	5309.3	220	264	82	9056.0	1808	7074	2632	8142	2157	2026	365	33	2303	2307
联营	1393	105	177	5659.5	1			296.3	24	12	6	1141.9	74	463	187	272	99	41	22	4	128	103
股份制	753	23	138	7306.4	7			4009.2	20	8	6	1230.4	21	248	150	101	39	11	31	3	42	107
外商投资	354	7	27	3582.6	4			1251.5	9		1	604.0	10	134	81	36	17	4	9	1	20	42
港澳台投资	163	36	30	4629.3	7	33	20	3121.2	13			790.0	4	73	28	21	10	1	3		6	17

高层建筑火灾情况

起火场所	起数	死人	伤人	直接损失（万元）	特大火灾				重大火灾				起火原因（起）									
					起数	死人	伤人	直接损失（万元）	起数	死人	伤人	直接损失（万元）	放火	电气	违章操作	用火不慎	吸烟	玩火	自燃	雷击	不明	其它
合计	1122	66	91	4749.9	6	25	15	2464.7	14	7	6	675.2	41	356	123	301	96	46	17	8	78	
厂房	109	28	26	1387.8	2	21	9	917.0	2	4	2	6.0		35	32	10	2	1	3		10	16
住房	543	27	25	608.3	1	3		209.8	1	3		1.5	25	162	20	188	55	28	4	1	32	28
办公用房	70			156.6					2			83.5	2	33	6	8	10	1	1		7	2
仓库	31		5	1413.3	2			1214.1	1		4	84.8	1	11	7	3	2	1	1		3	2
货（堆）场	19			7.0									1	2	1	4	3	3	1		4	
商店商场	48	3	8	345.8	1	1	6	123.7	2			121.1	5	21	6	5		3			8	
集贸市场	6		2	63.5					1			40.1		2		1	2	1				
歌舞厅	28	2		179.5					1			80.0		16		2	5		1		2	2
宾馆饭店	124	4	4	272.2					2			106.5	1	37	16	52	6	2	1		4	5
影剧院	2													2								
文博馆	1														1							
车站码头机场																						
古建筑																						
学校	8		3	16.8									2	3	1		1				1	
医院	3			50.8					1			50.0		1		2						
邮电局	7			2.0										5		1			1			
加油站	6	2	8	13.1										2	1	2					1	
燃气站																						
其它	117		10	232.6					1			47.6	4	24	32	23	10	6	4		6	8

地下建筑火灾情况

起火场所	起数	死人	伤人	直接损失（万元）	特大火灾				重大火灾				起火原因（起）									
					起数	死人	伤人	直接损失（万元）	起数	死人	伤人	直接损失（万元）	放火	电气	违章操作	用火不慎	吸烟	玩火	自燃	雷击	不明	其它
合计	4059	340	528	12952.7	7	57	58	902.6	80	84	42	3740.7	214	1242	367	988	188	248	72	9	393	9
厂房	587	25	99	4589.6	1	16	18	200.0	26	3	19	1526.2	8	230	124	75	10	7	25	1	32	1
住宅	1637	170	178	2059.9	2	16	1	137.6	14	31	18	351.7	126	457	52	545	63	127	5	3	147	3
办公用房	79	2	4	85.2									5	41	5	11	6	1		2	4	2
仓库	237	23	27	1821.5	1	5	21	3.0	16	18	2	934.7	13	66	22	29	21	19	20	2	28	2
货（堆）场	192		4	896.1	1			420.0	4			237.0	23	12	15	25	12	32	5		60	
商店商场	252	23	46	1199.6	1			120.0	8	10	3	251.4	12	114	21	39	19	11	2		19	
集贸市场	47	3	4	153.3									3	20	2	8	3	1	2		6	
歌舞厅	58	13	2	302.6					2	8		74.0	1	32	4	8	5	1			6	
宾馆饭店	193	30	68	578.5	1	20	18	22.0	2			117.3	3	61	22	70	4	1	2		14	
影剧院	6			30.3										3	1	1						
文博馆	2			0.1										1								
车站码头机场	11		2	27.5										6	3				1		1	
古建筑	1			0.3															1			
学校	35	1		41.3									5	11	1	7	4	3			2	
医院	6			3.5										4		1		1				
邮电局	3			76.0					1			58.0		1		1						
加油站	38	7	28	73.4					1	3		0.7		9	18	2	1	1			4	
燃气站	2		1	1.0											1						1	
其它	673	43	65	1012.1					6	11		189.3	15	174	76	166	40	43	9	1	69	1

易燃易爆化学物品火灾情况

项目		起数	死人	伤人	直接损失（万元）	特大火灾				重大火灾				起火原因（起）									
						起数	死人	伤人	直接损失（万元）	起数	死人	伤人	直接损失（万元）	放火	电气	违章操作	用火不慎	吸烟	玩火	自燃	雷击	不明	其它
行业	小计	5338	372	1571	13159.7	9	31	25	1560.8	74	88	75	3023.2	180	835	1147	1778	148	190	211	4	232	604
	农业	266	14	30	287.9					1			58.7	21	37	26	95	4	25	4		18	36
	工业	1377	111	579	6169.5	5	22	3	875.4	34	23	29	1638.8	21	316	483	173	28	28	108		52	166
	交通运输业	301	17	98	893.7					2	3	2	83.5	8	75	72	27	15	5	22		17	60
	邮电通信业	12			53.7					1			48.5		5	1	4			1			1
	仓储业	74		14	383.8					3		4	207.8	5	8	21	13	4	2	16	1	4	
	商业	676	49	230	1654.1	1	1	1	67.5	8	16	3	191.7	13	94	138	277	21	21	16		20	76
	金融保险业	26	1	6	145.8					2			80.0		7	5	6	2		1		1	4
	娱乐服务业	106	6	33	276.6					3	3		95.2	5	19	16	42	9	4	1		4	6
	卫生	41		5	46.6									4	7	10	15		1	2			2
	教育	56	4	10	40.1									1	11	8	21	5	2	2		2	4
	机关团体	62	1	9	267.9					2		6	189.2	3	12	10	27	1		1		3	5
	其它	2341	169	557	2939.4	3	8	21	617.8	18	43	31	429.5	99	244	357	1078	59	102	37	3	111	244
经济类型	小计	3711	263	1182	11665.6	8	28	25	1350.9	62	56	60	2770.2	124	694	965	962	112	120	182	2	165	382
	国营	494	19	151	1712.0	1	1	1	67.5	11	1	26	673.3	17	96	140	73	19	7	48	1	26	67
	集体	551	24	121	1178.2					5	3		222.3	14	112	170	112	14	24	37		24	43
	私营	2214	187	713	4824.2	3	25	24	10.8	32	48	25	1091.6	77	363	544	697	64	80	75		88	224
	联营	265	24	84	1217.2					6	4	2	270.7	14	60	56	64	12	9	5	1	26	18
	股份制	95	5	95	583.7					4		6	259.4		27	30	6	2		10			20
	外商投资	70	1	12	920.6	1			238.0	2		1	157.0	1	30	17	8			5		1	8
	港澳台投资	22	3	6	1229.4	3	2		1034.5	2			95.6	1	6	8	2	1		2			2
乡镇企业		474	41	120	2400.0	2	10	3	406.4	14	11	7	649.9	9	119	160	49	10	11	38		26	52

油品火灾情况

项目		起数	死人	伤人	直接损失（万元）	特大火灾				重大火灾				起火原因（起）									
						起数	死人	伤人	直接损失（万元）	起数	死人	伤人	直接损失（万元）	放火	电气	违章操作	用火不慎	吸烟	玩火	自燃	雷击	不明	其它
行业	小计	4833	264	898	13548.8	4	14	27	5727.7	43	80	42	1205.9	260	990	1226	1246	144	65	84	5	201	612
	农业	111	14	12	177.6									26	22	20	27	4	4	2		3	3
	工业	1266	52	345	3065.0	1	4	7	271.0	15	7	5	685.5	17	224	535	183	24	21	30	4	64	164
	交通运输业	1129	52	150	2620.3					9	13	18	332.5	40	427	236	37	34	6	22		61	266
	邮电通信业	7			1.3										5		1						1
	仓储业	30	1	10	2260.1	1			2173.7					3	6	7	9		1		1	2	1
	商业	767	40	132	4087.6	2	10	20	3283.0	6	14	6	175.3	40	50	168	415	25	6	8		11	44
	金融保险业	16	3	5	17.5					1	3	2	4.0	2	2	2	9					1	
	娱乐服务业	85	3	16	111.7									14	6	18	39			1		2	5
	卫生	26		3	35.6									4	7	3	9					2	1
	教育	33		5	7.2									2	6	5	15	1	1	1			2
	机关团体	47	2	4	63.6									4	13	7	14	1	1	1		1	5
	其它	1316	97	216	1100.6					12	43	11	8.5	108	222	225	488	55	25	19		54	120
经济类型	小计	3650	180	719	12560.9	4	14	27	5727.7	33	50	32	1143.8	165	787	1061	822	101	44	58	5	141	466
	国营	614	36	109	6680.0	3	14	27	5607.7	4	13	5	133.1	14	140	184	118	12	15	11	4	25	91
	集体	651	12	77	899.1									17	182	198	118	20	7	16	1	21	71
	私营	2129	122	480	3867.6					23	33	26	726.3	127	416	583	546	65	21	26		88	257
	联营	101	3	22	334.1					2		1	109.2	2	22	42	9	2		2		5	17
	股份制	101	5	24	509.5	1			120.0	3	4		91.5	5	18	33	23		1	2		1	18
	外商投资	42	1	6	155.2										8	17	4	2		1		1	9
	港澳台投资	12	1	1	115.0					1			83.6		1	4	4						3
乡镇企业		432	16	84	1053.2					5	1	2	259.4	18	84	169	52	9	5	15		27	53

乡镇企业火灾情况

地区	起数	死人	伤人	直接损失（万元）	特大火灾				重大火灾				起火原因（起）									
					起数	死人	伤人	直接损失（万元）	起数	死人	伤人	直接损失（万元）	放火	电气	违章操作	用火不慎	吸烟	玩火	自燃	雷击	不明	其它
合计	4060	137	303	16799.4	9	41	21	5274.2	51	24	12	2778.6	168	1165	737	724	255	138	136	15	338	384
北京	47	1		1749.8	1			1736.0					4	13	2	11	5	2	2		3	5
天津	117		2	11.9									6	17	10	14	9	2	4		42	13
河北	146	2	18	371.4									19	41	18	16	5	1	6		8	32
山西	45	2	1	249.9									4	12	6	9	2	5	2		4	1
内蒙古	33			29.1										6	6	13	2	1	1			4
辽宁	163	14	16	467.3	1	10	3	1.5	1			62.0	9	37	26	40	10	1	5		15	20
吉林	114	1		171.1									8	25	8	36	7	2	3	1	14	10
黑龙江	51	3	3	271.2					1	1		56.7	5	14	4	14	1		1		7	5
上海	304		3	107.4									6	110	81	51	23	10	3	2	4	14
江苏	390	7	37	1040.6					2			132.2	9	111	83	40	14	3	22	4	26	78
浙江	208	9	43	2171.2					15		3	944.0	3	75	61	11	7	3	9	1	13	25
安徽	151		8	311.3									4	41	27	30	8	7	8	1	12	13
福建	129	7	19	927.8	1			170.0	7	6	3	325.4	7	29	27	17	8	2	9	1	8	21
江西	157	6	16	282.0					1	4	2	1.1	3	41	35	26	5	2	5		30	10
山东	828	17	28	1011.6					3	6	2	126.5	34	267	148	152	89	43	11	1	49	34
河南	222	2	10	580.7					4		2	240.7	14	56	45	40	13	11	13	1	19	10
湖北	97	1	11	97.0									4	22	12	14	4	7	3		21	10
湖南	88	2	12	253.1					1			44.0	4	23	19	17	3	3	5		11	3
广东	209	41	43	2946.3	4	31	18	1116.9	10			614.4	4	83	21	42	7	8	8	1	12	23
广西	104	2	2	359.1	1			186.0					6	28	21	24	6	2	1	1	5	10
海南	27			78.1										4	4	9	3	1		1	2	3
重庆	26	3	2	106.4					1			50.3	1	11	1	5	1	1	2		2	2
四川	142	1	10	247.8									1	42	43	22	2	6	4		6	16
贵州	23	6	6	154.1					2	4		50.1		2	6	5		3	1		2	4
云南	53	3		2328.6	1			2063.8	2	3		54.0	3	15	7	13	4	3	1		2	5
西藏																						
陕西	32	1	1	73.3										9		9	3	2	1		6	2
甘肃	54	4	6	188.9					1			72.0	4	12	4	15	5	3	5		6	
青海	10		2	10.0									1		3	1	1	2			1	1
宁夏	32			43.7									1	6	2	13	3	2			4	1
新疆	58	2	4	157.4									4	13	7	15	5		1		4	9

火灾 24 小时分布情况

时间	起数	死人	伤人	直接损失（万元）	特大火灾				重大火灾				起火原因（起）									
					起数	死人	伤人	直接损失（万元）	起数	死人	伤人	直接损失（万元）	放火	电气	违章操作	用火不慎	吸烟	玩火	自燃	雷击	不明	其它
合计	97676	2744	4572	135166.0	85	219	172	27321.3	501	561	193	21512.4	5716	24233	6035	25857	9347	7281	1127	158	8574	9348
00－02	6985	320	266	14485.8	10	21	11	2177.6	73	75	6	3241.4	839	1715	265	1451	678	360	93	17	870	695
02－04	6009	398	359	18509.8	13	62	63	5876.1	68	98	27	2852.3	807	1692	234	1226	516	184	83	15	753	496
04－06	4410	235	232	10894.0	10	14	6	2112.1	46	55	12	2067.4	392	1334	247	1083	330	110	87	10	454	363
06－08	4067	193	234	5015.2	2	34	12	8.5	23	36	8	791.7	170	1285	321	1168	263	128	60	5	313	353
08－10	6499	176	416	8850.5	8	19	1	2518.9	22	20	26	897.4	192	1837	605	2003	444	328	84	7	436	562
10－12	9812	185	429	10172.1	4	16		2166.1	22	23	6	986.8	304	2269	808	3109	898	770	86	5	714	843
12－14	9911	159	364	9442.8	9	11	22	775.7	35	40	12	1665.3	336	2151	643	2868	1035	1033	105	8	800	929
14－16	10557	197	521	9901.0	4	15	9	797.3	33	28	11	1194.6	355	2316	783	2896	1092	1236	104	23	793	955
16－18	9493	181	582	11779.0	5	16	18	3064.1	38	36	40	1767.5	263	2285	725	2692	881	971	107	15	664	887
18－20	10757	155	436	9670.8	4	1	2	1014.5	38	43	16	1887.1	421	2658	616	2902	1065	922	111	18	812	1225
20－22	10829	238	384	10995.3	4			1345.7	42	35	10	1786.3	756	2669	479	2620	1218	806	109	21	1015	1133
22－24	8347	307	349	15449.3	12	10	28	5464.2	61	72	19	2374.1	881	2022	309	1839	927	451	98	14	950	907

重特大火灾情况

项目		起数	死人	重伤	轻伤	受灾户数	直接损失（万元）	死亡、重伤(起)			直接损失(起)				受灾户数(起)		
								3≤死人<10或10≤死伤≤20	10≤死人<30或20<死伤<60	死人≥30或死伤≥60	≥30万<100万	≥100万<300万	≥300万<1000万	≥1000万	≥30户<50户	≥50户<100户	≥100户
区域	小计	586	780	139	226	5498	48833.6	157	15		373	37	20	4	38	13	9
	市区	182	221	29	90	1849	20137.4	38	5		123	11	13	1	3	3	3
	市郊	52	59	17	4	114	6312.8	11	1		35	6	3	1	1		
	县镇	142	154	54	26	608	11323.4	33	4		94	14	3	1	5	2	
	乡村	189	322	34	95	2887	9962.2	69	4		105	5	1	1	28	8	6
	其它	21	24	5	11	40	1097.8	6	1		16	1			1		
起火场所	小计	586	780	139	226	5498	48833.7	157	15		373	37	20	4	38	13	9
	厂房	115	124	36	42	75	10485.0	13	6		88	11	5				
	住宅	134	279	24	63	3224	4225.9	72	1		51	3	1		30	10	6
	办公用房	4					197.0				4						
	仓库	87	32	24	9	67	11585.8	7	1		65	10	6	1			
	货（堆）场	16				68	1866.6				11	2	2		1		
	商店商场	83	85	18	29	1444	11149.6	15	2		59	6	4	2	2	3	1
	集贸市场	14			2	238	952.9				13	1			2		1
	歌舞厅	17	37		7	18	523.7	8			9						
	宾馆饭店	19	51	2	24	19	803.1	6	1		14						
	影剧院	3					155.1				3						
	文博馆																
	车站码头机场	2	1				137.9				2						
	古建筑	2					147.0				1	1					
	学校	3					167.1				3						
	医院	2	3				52.4	1			1						
	邮电局	4				47	630.1				3		1		1		
	加油站	2	12		7		12.2	2									
	燃气站	1	3	3			0.3	1									
	汽车	25	31	11	21	31	905.0	6	1		19				1		
	列车	6	6				428.8	2			5						
	轮船	10	9	15	4	13	589.6	3			8	1					
	飞机																
	山林	1					40.0				1						
	草原																
	其它	37	111	6	18	254	3793.5	21	3		13	2	1	1	1		1
起火物	小计	130	213	68	101	637	11517.9	49	5		75	5	2	2	4	2	1
	油品	47	94	29	40	147	6933.8	21	2		23	2		2	1	1	

重特大火灾24小时分布情况

时间	起数	死人	重伤	轻伤	受灾户数	直接损失（万元）	死亡、重伤（起） 3≤死人<10 或 10≤死伤<20	10≤死人<30 或 20≤死伤<60	死人≥30 或 死伤≥60	直接损失（起） ≥30万 <100万	≥100万 <300万	≥300万 <1000万	≥1000万	受灾户数（起） ≥30户 <50户	≥50户 <100户	≥100户
合计	586	780	139	226	5498	48833.6	157	15		373	37	20	4	38	13	9
00--02	83	96	11	6	636	5419.1	20	1		57	5	3		3	2	1
02--04	81	160	31	59	1409	8728.4	27	5		49	5	3	1	2	2	2
04--06	56	69	8	10	325	4179.6	14	1		37	6	1		1	1	1
06--08	25	70	9	11	31	800.3	11	2		14						
08--10	30	39	3	24	291	3416.4	9	1		19	3	3		1	1	1
10--12	26	39	3	3	123	3153.0	7	1		16	2		1	2		
12--14	44	51	9	25	646	2441.0	12	1		27	4			6	3	1
14--16	37	43	8	12	523	1992.0	10	1		22	1	1		8		1
16--18	43	52	18	40	367	4831.7	8	1		31	3	1	1	3		1
18--20	42	44	4	14	282	2901.7	9			29	2	2		3		1
20--22	46	35	2	8	254	3132.1	10			30	2	2		3	1	
22--24	73	82	33	14	611	7838.3	20	1		42	4	4	1	6	3	

接警出动分地区情况

地区	出动起数	虚警	中途返回	到场熄灭	到场出水	救援	参战人员				出动辆次				消防人员伤亡(人)			战斗成果	
							小计	公安	专职	其它	小计	公安	专职	其它	小计	死人	伤人	抢救人员(人)	保护建筑(平方米)
合计	191112	10242	20432	61023	92140	7275	2833980	2752545	51245	30190	416090	400363	13585	2143	472	64	408	4993	12039858
北京	7578	525	483	3163	3145	262	169126	167212	1445	469	27006	26609	272	125	9	5	4	23	43541
天津	7640	242	644	4066	2388	300	149340	148798	452	90	18277	18194	63	20	1		1	30	45871
河北	5268	59	431	1239	3200	339	74755	72379	2056	320	10972	10193	717	62	12	3	9	67	82540
山西	2641	93	177	936	1386	49	36278	33539	2549	190	5386	4913	454	19	15		15	9	58677
内蒙古	3237	200	104	570	1849	514	39086	34671	4117	298	7092	6170	907	15	2		2	71	173087
辽宁	15845	86	1334	3692	10611	122	196568	193628	2257	683	34814	33032	1737	45	20	5	15	144	3660239
吉林	12831	221	729	2557	9255	69	141014	135874	2790	2350	22894	22029	549	316	12	5	7	176	609942
黑龙江	3996	1043	198	516	2194	44	67025	64434	1338	1253	14669	14277	319	73	32	6	26	88	76322
上海	11749	3315	143	3003	3396	1896	332813	331105	1708		29613	29441	172		8		8	668	734890
江苏	13353	924	1724	4274	5826	605	197365	192834	3490	1041	34251	33212	920	119	19	1	18	150	196635
浙江	18199	445	6122	9247	3193	192	240403	233632	3202	3569	34539	33321	1165	52	25	5	20	361	1656933
安徽	6680	280	530	2512	3139	219	75330	73996	536	798	11862	11705	76	81	12		12	174	300548
福建	5928	245	890	1408	2823	562	75976	72738	2778	460	11361	10842	456	63	46	5	41	84	372546
江西	4665	332	324	1577	2325	107	47253	46203	358	692	6958	6863	61	34	15	4	11	155	366421
山东	17848	536	1340	4842	10763	367	195863	184311	7136	4416	30217	28772	1262	183	32		32	404	1120353
河南	9258	241	767	2759	5349	142	115024	112569	1256	1199	19332	18060	1156	116	39	9	30	195	618183
湖北	6429	204	536	3036	2462	191	129714	126587	2144	983	17527	17110	368	49	28	2	26	432	158377
湖南	2764	81	197	946	1480	60	38023	36868	412	743	5302	5174	65	63	21	3	18	345	296402
广东	9313	251	1615	3359	3801	287	148503	141709	4900	1894	21104	19971	962	171	39	3	36	567	190912
广西	2983	241	223	843	1162	514	39620	36916	404	2300	5705	5585	83	37	7		7	89	62988
海南	674	18	26	308	285	37	9497	9302	65	130	1284	1270	14					58	31298
重庆	2688	106	521	1255	795	11	60746	59591	413	742	6219	6122	56	41	9	2	7	47	24961
四川	4868	180	547	1986	2019	136	81932	76825	3476	1631	11927	11222	575	130	15		15	565	595858
贵州	806	35	97	300	337	37	11688	11031	119	538	2187	2032	9	146				11	36376
云南	3041	107	256	1161	1430	87	40017	36909	481	2627	6252	6078	87	87	2		2	26	197014
西藏	88			29	59		1887	1746		141	329	279		50	20		20	1	22450
陕西	1782	67	37	416	1224	38	20514	19665	681	168	2832	2705	123	4				9	51790
甘肃	1976	29	29	597	1298	23	24181	23947	163	71	3315	3277	27	11	20		20	20	136562
青海	611	2	5	135	468	1	9860	9590	33	237	1207	1192	4	11				3	25806
宁夏	2780	39	169	462	2099	11	25266	25205	60	1	3944	3925	19						500
新疆	3588	95	234	826	2376	57	39422	38883	426	113	7738	6811	907	20	12	6	6	21	91936

接警出动24小时分布情况

时间		出动起数						参战人员				出动辆次				消防人员伤亡(人)			战斗成果	
			虚警	中途返回	到场熄灭	到场出水	救援	小计	公安	专职	其它	小计	公安	专职	其它	小计	死人	伤人	抢救人员(人)	保护建筑(平方米)
合计		191112	10242	20432	61023	92140	7275	2833980	2752545	51245	30190	416090	400363	13585	2143	472	64	408	4993	12039858
夜间	小计	80651	4086	7821	22946	43359	2439	1192127	1158168	22450	11509	176647	169511	6207	929	232	37	195	2640	6324991
	19－21	23262	1416	2648	7819	10558	821	344547	337246	4891	2410	50087	47800	2088	199	70	10	70	307	2597798
	21－23	17764	964	1716	5238	9300	546	254599	247736	4518	2345	37823	36814	825	184	34	2	32	377	1235680
	23－01	13004	646	1159	3412	7462	325	187032	181089	4235	1708	28122	26998	964	160	36	9	27	499	619693
	01－03	10697	436	879	2443	6684	255	165661	159309	3850	2502	23779	22708	902	169	35	6	29	842	787968
	03－05	8541	333	704	1958	5313	233	130473	125954	2702	1817	19590	18614	834	142	48	9	39	392	711889
	05－07	7383	291	715	2076	4042	259	109815	106834	2254	727	17246	16577	594	75	9	1	8	223	371963
白天	小计	110444	6156	12611	38071	48770	4836	1641849	1594375	28789	18685	239441	230851	7376	1214	240	27	213	2353	5714889
	07－09	10447	573	1233	3697	4387	557	159443	155948	2388	1107	22607	22047	422	138	25	2	23	276	618778
	09－11	17409	993	2112	6140	7369	795	262618	255372	5424	1822	39290	37077	2057	156	64	13	51	572	1104725
	11－13	20572	1058	2287	7070	9285	872	302237	294599	5140	2498	43234	42174	892	168	26	2	24	248	895577
	13－15	20714	1147	2214	6758	9703	892	302485	293379	5612	3494	44903	43379	1279	245	41	6	35	187	1040193
	15－17	20587	1138	2308	7004	9239	898	300831	292449	5528	2854	43529	42311	961	257	48	3	45	346	792295
	17－19	20715	1247	2457	7402	8787	822	314235	302628	4697	6910	45878	43863	1765	250	36	1	35	724	1263321

接警出动分类别情况

类别	出动起数	所占比例（%）	参战人员				出动辆次				战斗成果	
			小计	公安	专职	其它	小计	公安	专职	其它	抢救人员（人）	保护建筑（平方米）
合计	191112	100.0	2833980	2752545	51245	30190	416090	400363	13585	2142	4993	12039858
虚警	10242	5.4	167268	166495	738	35	23488	23356	121	11	1	1405
中途返回	20432	10.7	272714	265887	3361	3466	38363	37570	776	17	1	1915
到场熄灭	61023	31.9	923708	913193	8524	1991	131498	127257	3971	270	54	452008
到场出水	92140	48.2	1365935	1309724	33545	22666	209051	199732	7706	1613	3846	11187259
救援	7275	3.8	104355	97246	5077	2032	13690	12448	1011	231	1091	397111

1999 年春节期间火灾情况

据各地公安消防部门报告，1999 年春节期间（2 月 15 日至 2 月 20 日）全国共发生火灾 12711 起，死 97 人，伤 98 人，直接财产损失 7660.7 万元。2 月 16 日，浙江省温州市永中镇一祠堂因供神的蜡烛引燃可燃物发生火灾，造成 10 人死亡、6 人受伤，烧毁建筑 526 平方米，直接财产损失 10 多万元。

从发生火灾的直接原因看，因燃放烟花爆竹引起的火灾 6808 起，占总数的 53.6%，比上年同期增加 12 个百分点；城乡居民生活用火、敬神祭祖等引起的火灾 1984 起，占总数的 15.6%；电气引起的火灾 1149 起，占总数的 9.0%；放火引起的火灾 298 起，占总数的 2.3%；其它原因引起的火灾 2433 起。春节燃放烟花爆竹引起火灾增多的原因，据了解，全国县级以上禁放城市 1998 年为 286 个，今年为 173 个，减少了 113 个。这方面火灾增多与一些禁放城市“解禁”有关。

春节期间，各级公安消防部队加强执勤备战，参加火灾扑救 15278 起、抢险救援 707 起，共出动消防车 3 万多辆次、消防官兵 20 余万人次，最大限度地减少了火灾损失，确保了节日安全。

1999年春节期间全国火灾及公安消防部队出动情况统计表

地区	起数	死人	伤人	直接损失（万元）	火灾原因（起）					消防部队出动情况									禁放城市数(个)			
					燃放爆竹	用火不慎	电气	放火	其它	起数			辆次			人次			小计	大城市	地级市	县级市
										小计	灭火	救援	小计	灭火	救援	小计	灭火	救援				
合计	12711	97	98	7660.7	6808	1984	1149	298	2433	15985	15278	707	30549	29798	751	201158	197570	3588	173	21	72	80
北京	416		2	31.3	278	26	20	8	84	475	471	4	2058	2045	13	14406	14315	91	1	1		
天津	632			7.6	433	79	12	6	102	713	682	31	1129	1106	23	8899	8782	117				
河北	338	1		88.4	176	64	31	15	52	347	336	11	657	645	12	4061	4010	51	11		5	6
山西	151	2	7	139.7	49	25	21	2	54	142	142		317	317		2162	2162		1	1		
内蒙古	295	2		33.0	218	39	14	1	23	294	288	6	645	634	11	3086	3030	56	1			1
辽宁	2126	8	10	313.4	1538	237	129	102	120	2899	2895	4	4707	4700	7	29868	29818	50				
吉林	951	4	1	205.6	666	136	62	4	83	953	951	2	1739	1735	4	8054	8039	15				
黑龙江	733	2		71.4	534	90	35	10	64	745	740	5	2329	2312	17	8155	8107	48				
上海	713	4	4	92.9	533	62	42	3	73	1160	1157	3	2161	2155	6	25553	25482	71				
江苏	727	5	6	491.3	268	142	94	20	203	1122	966	156	2332	2204	128	14673	14064	609	15	1	5	9
浙江	376	14	11	547.0	160	75	60	3	53	1287	1249	38	1935	1887	48	13990	13707	283	16	1	6	9
安徽	555	1	3	185.3	307	93	43	19	93	654	640	14	1136	1118	18	7176	7070	106	5	2	2	1
福建	324	6	13	3285	127	23	52	2	120	335	330	5	702	695	7	4758	4703	55	9	2	2	5
江西	364	3	5	333.3	143	104	58	5	54	351	339	12	575	559	16	3697	3603	94				
山东	1000	3	3	364.3	440	217	89	45	209	982	971	11	1631	1612	19	10640	10505	135	8	2	5	1
河南	632	1	1	191.0	219	169	110	19	115	629	619	10	1349	1323	26	7035	6951	84	6	1	3	2
湖北	289	1	1	73.9	82	34	42	1	130	433	428	5	1094	1085	9	6955	6897	58	13	1	7	5
湖南	270	4	2	274.3	60	75	80	2	53	300	290	10	670	652	18	4916	4779	137	15		7	8
广东	146	3	8	100	11	5	2		128	135	135		70	70		483	483		20	2	18	
广西	119	5		45.4	61	24	16	3	15	138	117	21	281	263	18	1952	1824	128	6	1	3	2
海南	25			9.7	2	8	7		8	24	24		67	67		426	426		6	1	1	4
重庆	175	3	3	97.0	13	21	17	2	122	139	129	10	315	295	20	2624	2425	199	1	1		
四川	429	2		159.6	165	67	48	5	144	719	411	308	1075	777	298	6836	5844	992	18	1	4	13
贵州	97	5	5	115.4	21	19	5	5	48	89	85	4	179	175	4	1310	1277	33	8	1		7
云南	141	9	4	113.1	50	47	18	9	2	140	135	5	263	255	8	1420	1386	34	6		1	5
西藏	10		1	30.5	2	3			5	6	6		29	29		126	126					
陕西	186	4	5	109.4	18	30	14	2	122	179	175	4	317	311	6	2185	2149	36	6	1	3	2
甘肃	115	3	3	71.7	43	23	8		41	130	115	15	234	225	9	1662	1614	48	1	1		
青海	72			36.4	65		1		6	77	72	5	134	131	3	1272	1244	28				
宁夏	200			1.8	92	7	9	4	88	225	225		249	249		1730	1730					
新疆	104	2		42.0	34	40	10	1	19	163	155	8	170	167	3	1048	1018	30				

注:1、大城市是指直辖市、省会市、计划单列市;2、救援含各类社会救助。

1990年至1999年春节火灾情况

年 度	起 数	燃放爆竹		死 人	伤 人	直接损失（万元）
		起 数	所占比例（%）			
合 计	58014	31118	53.6	684	794	33498.7
1990	3442	2120	61.6	32	74	840.3
1991	4160	2797	67.2	39	94	1132.1
1992	3389	2360	69.7	48	37	1842.9
1993	3621	2492	68.9	62	70	2223.9
1994	3688	2439	66.1	45	37	4247.1
1995	3512	1823	51.9	60	70	3174.8
1996	4540	2259	49.8	76	61	3231.8
1997	4968	2113	42.5	39	86	2717.2
1998	6301	2625	41.7	77	91	3376.6
1999	12711	6808	53.6	97	98	7660.7

10 年火灾情况

年度	起数	死人	伤人	直接损失（万元）	次均火灾损失(元)	特大火灾			
						起数	死人	伤人	直接损失（万元）
合计	757507	23715	43944	1065938.3		1537	3160	5118	345958.9
1990	58207	2172	4926	53688.6	9224	114	147	207	19429.9
1991	45167	2105	3771	52158.8	11548	124	133	432	16768.8
1992	39391	1937	3388	69025.7	17523	177	153	125	28326.4
1993	38073	2378	5937	111658.3	29327	205	520	2186	58169.6
1994	39337	2765	4249	124391.0	31622	264	912	784	59061.1
1995	37915	2278	3838	110315.5	29095	206	259	279	39389.3
1996	36856	2225	3428	102908.5	27922	196	246	330	32088.8
1997	140280	2722	4930	154140.6	10988	88	454	366	36558.8
1998	142326	2389	4905	144257.3	10136	78	117	237	28844.9
1999	179955	2744	4572	143394.0	7968	85	219	172	27321.3

10年火灾情况(续)

年度	起数	死人	伤人	直接损失（万元）	起火原因（起）																	
					放火		电气		违反安全规定		吸烟		生活用火不慎		玩火		自燃		其它		不明	
					起数	所占比例	起数	所占比例	起数	所占比例	起数	所占比例	起数	所占比例	起数	所占比例	起数	所占比例	起数	所占比例	起数	所占比例
合计	757507	23715	43944	1065938.3	42347		136710		62015		56008		120889		44512		9146		25922		38846	
1990	58207	2172	4926	53688.6	3452	10.6	7738	23.7	5819	17.9	3307	10.1	7112	21.8	2209	6.8	863	2.6	405	1.2	1684	5.3
1991	45167	2105	3771	52158.8	4850	10.7	9126	20.2	6919	15.3	5582	12.4	9593	21.2	5257	11.6	887	2.0	582	1.3	2371	5.3
1992	39391	1937	3388	69025.7	4063	10.3	8694	22.1	6153	15.6	4935	12.5	7924	20.1	4258	10.8	793	2.0	471	1.2	2100	5.3
1993	38073	2378	5937	111658.3	3469	9.1	9374	24.6	6168	16.2	4270	11.2	7536	19.8	3824	10.0	800	2.1	386	1.0	2246	5.9
1994	39337	2765	4249	124391.0	3546	9.0	10583	26.9	6472	16.5	4030	10.2	7187	18.2	3630	9.2	747	1.9	468	1.2	2674	6.8
1995	37915	2278	3838	110315.5	3444	9.1	10598	28.0	6369	16.8	3878	10.2	6543	17.2	3009	7.9	802	2.1	379	1.0	2893	7.6
1996	36856	2225	3428	102908.5	3232	8.8	10492	28.5	5923	16.1	3582	9.7	6404	17.4	3535	9.6	604	1.6	395	1.1	2689	7.3
1997	140280	2722	4930	154140.6	5418	6.3	22719	26.5	6151	7.2	9068	10.6	21327	24.9	6009	7.0	1322	1.5	6407	7.5	6968	8.1
1998	142326	2389	4905	144257.3	5157	6.1	23153	27.5	6006	7.1	8009	9.5	21406	25.5	5500	6.5	1201	1.4	6961	8.3	6647	7.9
1999	179955	2744	4572	143394.0	5716	5.9	24233	24.8	6035	6.2	9347	9.6	25857	26.5	7281	7.5	1127	1.2	9468	9.7	8574	8.8

1950年至1999年全国火灾情况

年度	起数	直接损失（万元）	死人	伤人	火灾发生率（起/十万人口）	火灾死亡率（人/百万人口）	火灾伤人率（人/百万人口）	次均损失（元）	人均损失（元）	火灾损失率（元/万元国内生产总值）
合计	3258105	1828160.2	313766	165499						
1950	19692	1778.8	908	1873	3.57	1.6	3.4	903	0.03	
1951	19740	4420.1	754	2526	3.51	1.3	4.5	2239	0.08	
1952	36585	7321.3	741	2967	6.36	1.3	5.2	2001	0.13	
1953	37766	8077.2	1180	4292	6.42	2.0	7.3	2139	0.14	
1954	43849	3962.6	1414	2773	7.28	2.3	4.6	904	0.07	
1955	89703	4158.6	1865	5210	14.59	3.0	8.5	464	0.07	
1956	89680	6141.9	3408	14454	14.27	5.4	23.0	685	0.10	
1957	75579	5818.2	2929	9742	11.69	4.5	15.1	770	0.09	
1958	73315	8173.9	5310	11352	11.11	8.0	17.2	1115	0.12	
1959	114880	11616.9	10131	14617	17.09	15.1	21.7	1011	0.17	
1960	90845	17886.3	10843	13809	13.72	16.4	20.9	1969	0.27	
1961	103485	23009.2	6989	10597	15.71	10.6	16.1	2223	0.35	
1962	105064	17389.6	4990	8555	15.61	7.4	12.7	1655	0.26	
1963	106468	16691.2	4798	8939	15.39	6.9	12.9	1568	0.24	
1964	63301	9724.0	3441	6646	8.89	4.9	9.4	1539	0.14	
1965	76859	9588.2	4179	8283	10.60	5.8	11.4	1248	0.13	
1966	85377	19695.0	5386	12171	11.45	7.2	16.3	2307	0.26	
1967	36861	6403.4	1912	4199	4.83	2.5	5.5	1737	0.08	
1968	25940	5538.9	1114	2484	3.30	1.4	3.2	2135	0.07	
1969	35205	9651.2	1348	3615	4.36	1.7	4.5	2741	0.12	
1970	39925	9904.9	2167	5658	4.81	2.6	6.8	2481	0.12	
1971	75593	30428.4	4362	12368	8.87	5.1	14.5	4025	0.36	
1972	88417	26625.7	4629	10437	10.14	5.3	12.0	3011	0.31	
1973	84966	22141.9	4337	9095	9.52	4.9	10.2	2605	0.25	
1974	86614	27527.8	4348	8799	9.53	4.8	9.7	3178	0.30	

1950 年至 1999 年全国火灾情况(续)

年 度	起数	直接损失(万元)	死人	伤人	火灾发生率(起/十万人口)	火灾死亡率(人/百万人口)	火灾伤人率(人/百万人口)	次均损失(元)	人均损失(元)	火灾损失率(元/万元国内生产总值)
1975	82221	21343.0	4818	8674	8.90	5.2	9.4	2596	0.23	
1976	81634	25418.9	5673	9865	8.71	6.1	10.5	3114	0.27	
1977	85442	33519.4	5583	8699	9.00	5.9	9.2	3923	0.35	
1978	81667	22743.4	4046	7990	8.48	4.2	8.3	2785	0.24	6.28
1979	88082	23236.2	3696	6175	9.03	3.8	6.3	2638	0.24	5.81
1980	54333	17609.3	3043	3710	5.50	3.1	3.8	3241	0.18	3.90
1981	50034	23130.6	2643	3480	5.00	2.6	3.5	4623	0.23	4.76
1982	41541	18926.3	2249	2929	4.09	2.2	2.9	4556	0.19	3.57
1983	37026	20398.0	2161	2741	3.61	2.1	2.7	5509	0.20	3.44
1984	33618	16086.4	2085	2690	3.25	2.0	2.6	4785	0.32	2.24
1985	34996	28421.9	2241	3543	3.31	2.1	3.3	8121	0.27	3.17
1986	38766	32584.4	2691	4344	3.61	2.5	4.0	8405	0.30	3.19
1987	32053	80560.8	2411	4009	2.93	2.2	3.7	25134	0.74	6.73
1988	29852	35424.4	2234	3206	2.69	2.0	2.9	11867	0.32	2.37
1989	24154	49125.7	1838	3195	2.14	1.6	2.8	20339	0.44	2.90
1990	58207	53688.6	2172	4926	5.09	1.9	4.3	9224	0.47	2.90
1991	45167	52158.8	2105	3771	3.90	1.8	3.3	11548	0.45	2.41
1992	39391	69025.7	1937	3388	3.36	1.7	2.9	17523	0.59	2.59
1993	38073	111658.3	2378	5937	3.21	2.0	5.0	29327	0.94	3.22
1994	39337	124391.0	2765	4249	3.28	2.3	3.5	31622	1.04	2.66
1995	37915	110315.5	2278	3838	3.13	1.9	3.2	29095	0.91	1.89
1996	36856	102908.5	2225	3428	3.00	1.8	2.8	27922	0.84	1.52
1997	140280	154140.6	2722	4930	11.35	2.2	4.0	10988	1.25	2.06
1998	142326	144257.3	2389	4905	11.40	1.9	3.9	10136	1.16	1.81
1999	179955	143394.0	2744	4572	14.40	2.2	3.7	7968	1.15	1.75

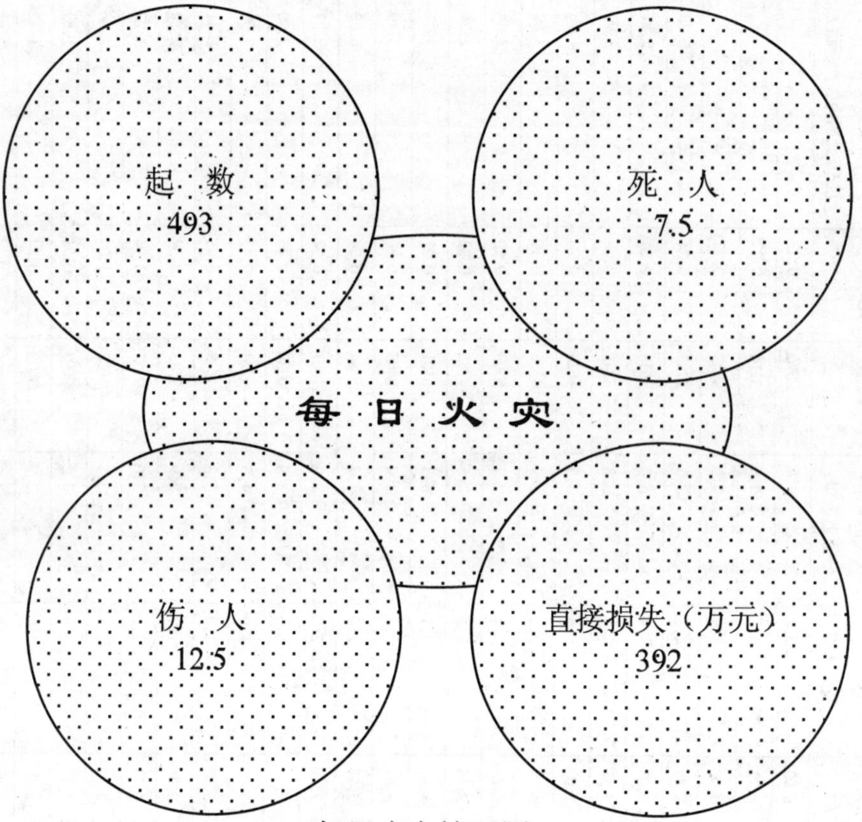

每日火灾情况图

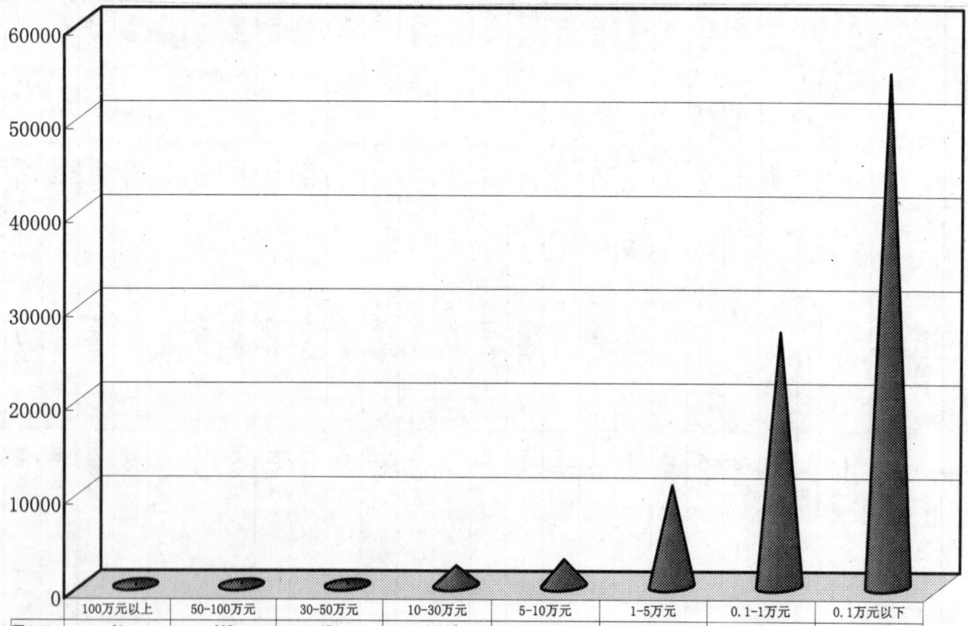

	100万元以上	50-100万元	30-50万元	10-30万元	5-10万元	1-5万元	0.1-1万元	0.1万元以下
起数	61	205	174	2086	2787	10691	27055	54617

火灾损失分段情况图

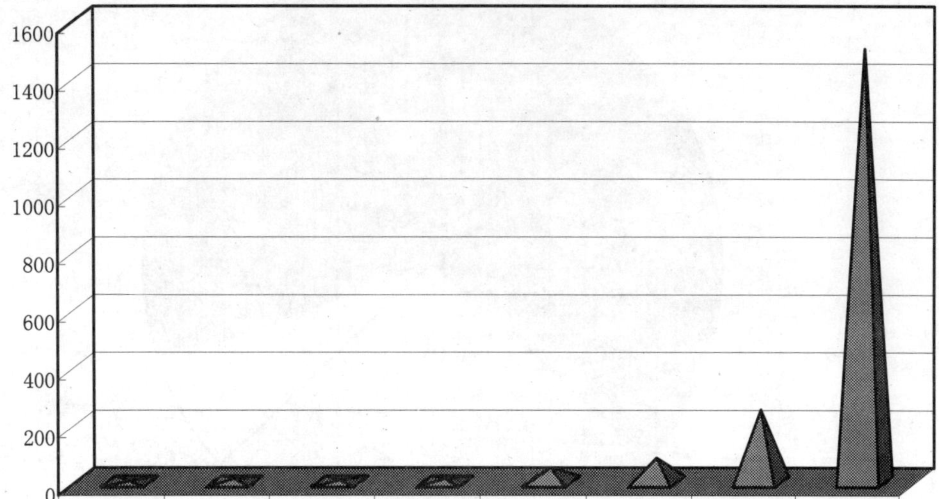

	20人以上	10-19人	8-9人	6-7人	4-5人	3人	2人	1人
■起数	2	11	5	10	49	82	250	1499

火灾死亡人数分段情况图

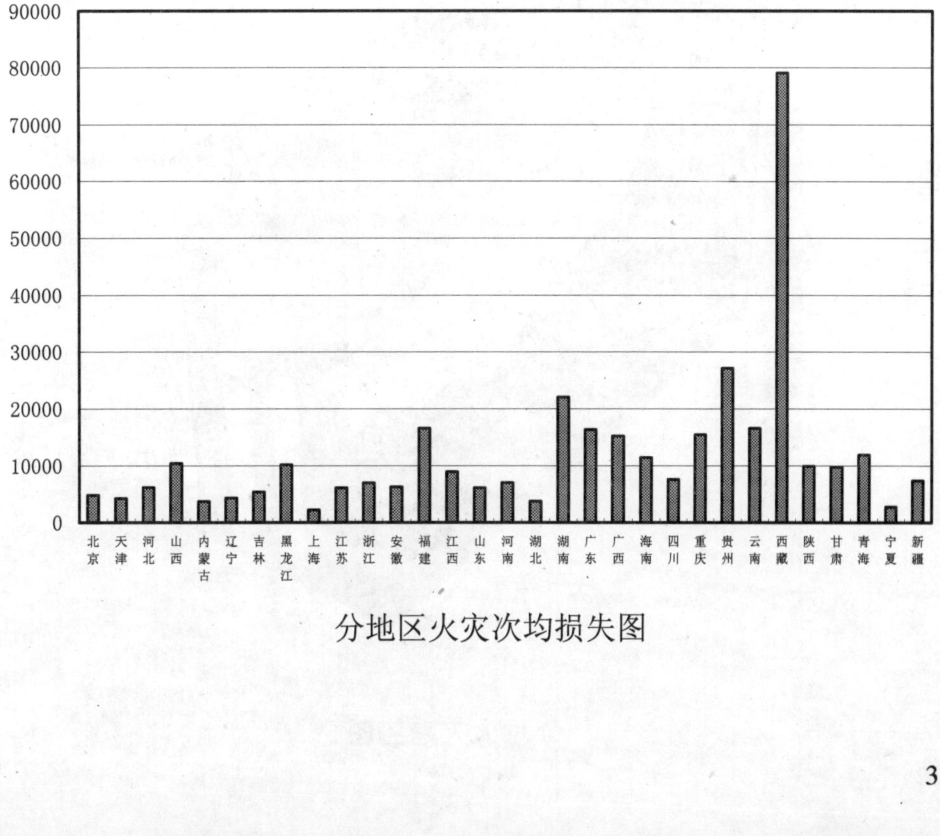

分地区火灾次均损失图

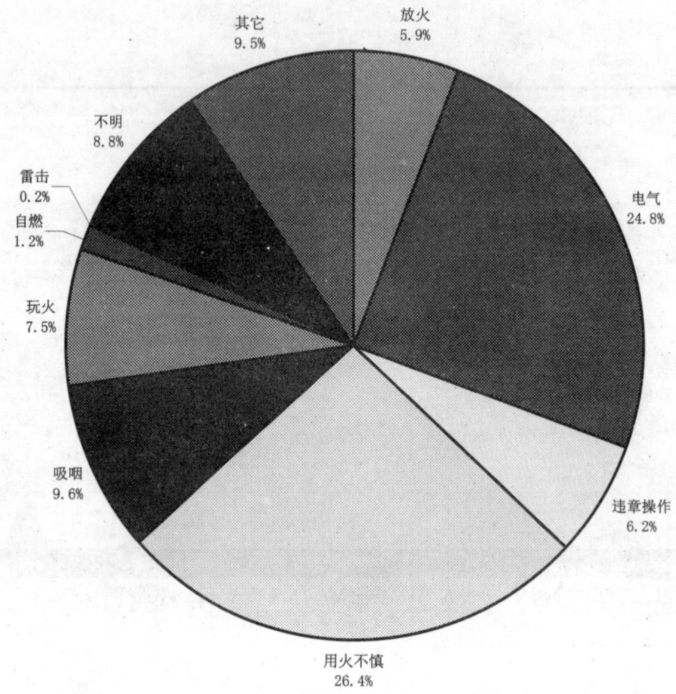

火灾原因比例图

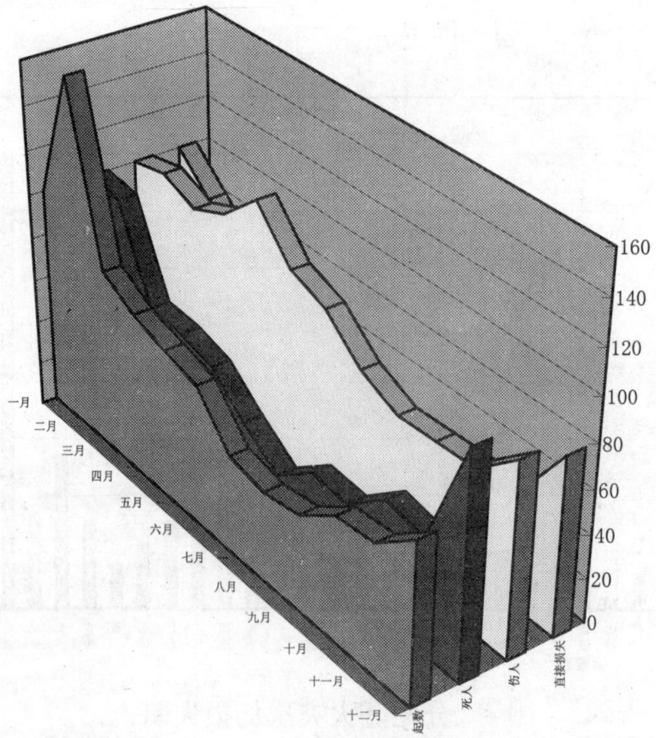

分月火灾趋势图

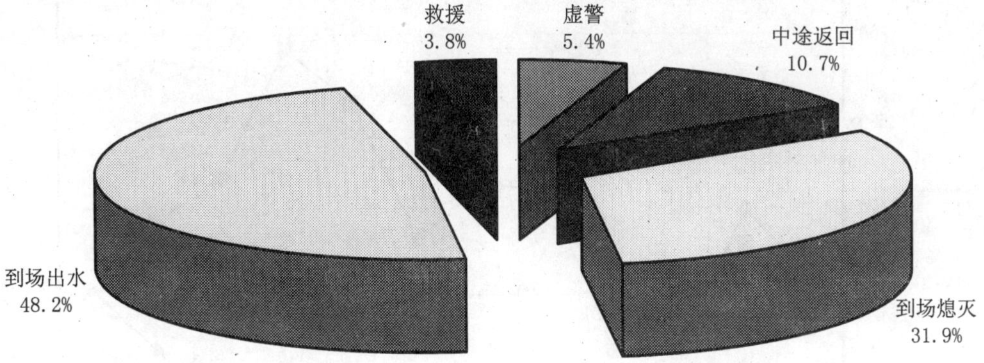

消防部队接警出动类别情况图

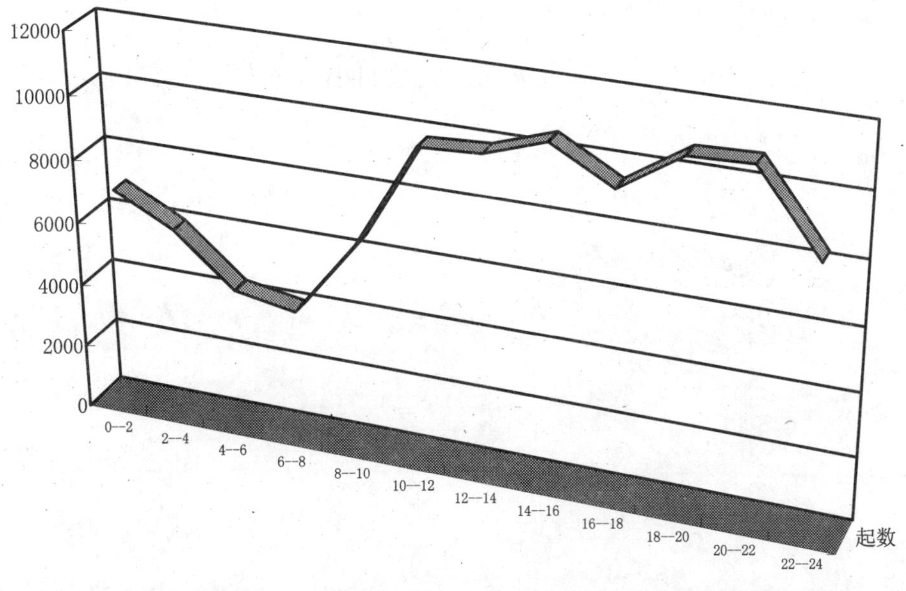

	0--2	2--4	4--6	6--8	8--10	10--12	12--14	14--16	16--18	18--20	20--22	22--24
起数	6985	6009	4410	4067	6499	9812	9911	10557	9493	10757	10829	8328

火灾起数24小时分布图

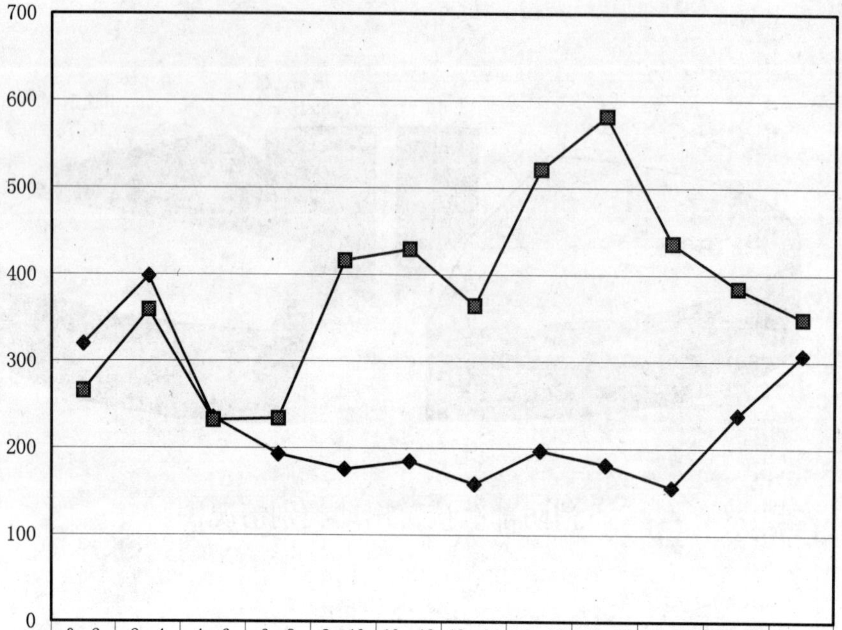

	0--2	2--4	4--6	6--8	8--10	10--12	12--14	14--16	16--18	18--20	20--22	22--24
死人	320	398	235	193	176	185	159	197	181	155	238	307
伤人	266	359	232	234	416	429	364	521	582	436	384	349

火灾伤亡人数24小时分布图

第二编

各省、自治区、直辖市火灾情况及特大火灾案例

北京市火灾情况

1999年，全市共发生火灾5395起，死53人，伤92人，直接财产损失3165万元。其中，特大火灾1起，损失1736万元；重大火灾5起，死14人，损失180.9万元。与上年相比，火灾上升13.3%，死人上升32.5%、伤人下降8.9%，损失下降25%。

从火灾原因看，用火不慎居首位，共1354起，占总数的25.1%；电气1216起，占22.5%；吸烟969起，占18%。其他依次为：放火260起，玩火191起，违章操作149起，自燃20起，雷击3起，原因不明332起，其它原因901起。

从行业看，商业585起，交通运输业252起，工业230起，农业169起，教育90起，娱乐服务业67起，机关团体57起，卫生19起，仓储业9起，邮电通信业8起，金融保险业2起，其它行业3907起。

从全年火灾情况看，主要有以下特点：

一、**春节、麦收期间火灾上升**。2月15日至2月20日，共发生火灾416起，伤2人，损失31.3万元。与上年相比，起数增加180起，上升76.3%，损失减少6.9万元，下降18%，死人减少2人，伤人减少2人。除夕之夜（2月15日夜晚）全市火灾基本平稳，火灾起数虽有所增加，但未发生大的火灾事故。从2月15日18时至16日6时（农历除夕至正月初一）共发生火灾113起，比上年同期的78起增加35起，上升44.9%。麦收期间，共发生火灾98起，其中70起是烧麦秸所致（未造成财产损失），余下的28起共烧毁小麦15.3万公斤，烧损收割机7台，损失32.6万元，起数比上年同期增加25起，损失增加32.4万元。在28起火灾中，因收割机线路短路打火或麦秸摩擦生热引起的火灾12起，占42.9%，烧麦秸（麦茬）不慎引发火灾8起，乱扔烟头、放火各3起，其它、不明各1起。

二、**特大火灾下降，重大火灾上升**。特大火灾1起，重大火灾5起，与上年相比，特大火灾减少1起，下降50%，重大火灾增加3起，上升1.5倍，死人净增14人。3起重、特大火灾是因电气线路打

火引起的，用火不慎、吸烟、原因不明各1起。从时间看，3起发生在白天；从地区看，西城、宣武、通州、昌平各1起，丰台2起。1月9日，位于丰台区岳各庄环岛南侧的华龙灯具批发市场因电气线路短路发生火灾，过火面积6391平方米，烧毁该市场内80户商家展厅和仓库内的各类灯具，直接财产损失1736万元。

三、城乡居民住宅火灾居高不下。共1726起，死33人，伤55人，损失419.3万元。与上年相比，起数、伤人持平，损失和死人分别上升15.5%和89.7%。西城区西便门外大街318厂宿舍楼火灾，直接财产损失78万元，烧死居民4人。从原因看，引起居民火灾最多的是用火不慎，共709起，占41.1%；其次是电气409起，占23.7%；吸烟219起，占12.7%。城乡居民住宅火灾共烧死33人，占总数的62.3%。

四、易燃易爆物品火灾严重。共384起，死7人，伤58人，直接财产损失133.2万元。与上年相比，起数略有上升。其中，液化气和天然气火灾199起，死2人，伤22人，直接财产损失40万元，与上年相比，起数和伤人分别上升39.2%和4.8%。其中，用火不慎146起，占73.4%。7月16日，海淀区净土寺特优综合市场一摊主，做饭时操作不慎引发火灾，死1人，伤2人。7月26日，宣武区南菜园液化气站职工在单位做饭时，因液化气泄漏遇明火爆燃，死伤各1人。

五、娱乐场所火灾多发。共67起，死10人，损失47.7万元。从原因看，电气火灾最多，共33起，占49.5%，其他依次是用火不慎11起，吸烟8起，违章操作4起，放火3起，玩火2起，其它、不明共6起。国庆节后，娱乐场所连续发生火灾。10月12日，朝阳区团结湖金富华歌厅发生火灾；11月10日，贵宾楼3层男桑拿浴室发生火灾；11月11日，朝阳区管庄又来顺餐饮服务有限公司桑拿浴休息大厅火灾，损失4万元；12月4日，宣武区南菜园惠舟歌舞厅火灾，烧死2人；12月7日，丰台区苗岭大酒店火灾，烧死7人。

北京分地区火灾综合情况

地区	起数	死人	伤人	直接损失（元）	特大火灾				重大火灾			
					起数	死人	伤人	直接损失（元）	起数	死人	伤人	直接损失（元）
合计	5395	53	92	31650243	1			17360200	5	14		1808507
东城	221		1	146424								
西城	276	8	8	1277100					1	4		780000
崇文	192	5	4	459116								
宣武	197	3	5	943879					1			522000
朝阳	1039	7	14	1904418								
海淀	810	6	28	1955745	1			17360200	1	7		35307
丰台	580	11	5	1801507								
石景山	146		3	87000								
门头沟	61			550100								
房山	115	2	2	1086364								
昌平	268	2	7	1618788					1			470000
通州	357	4		344595					1	3		1200
顺义	198		2	604415								
大兴	197	1		609030								
平谷	197	1	2	658229								
怀柔	126	1	2	536058								
密云	160	1		388670								
延庆	215	1	4	190380								
北京站	1			300								
西客站												
燕山	13		2	136828								
亦庄												
局直管	24		1	137669								
地铁分局	1			120								
清河分局	1		2	1000								
机场分局												
天安门分局												

北京丰台区华龙灯具批发市场火灾

基本情况 灯具批发市场位于丰台区岳各庄环岛南侧的丰台路101号，原为丰台区卢沟桥乡铁柜厂，1995年11月由北京西城华兴机电公司与铁柜厂签定承租合同，在原铁柜厂旧厂房的基础上分三期逐步改造而成。批发市场共分A、B、C三个区，占地面积10088平方米，建筑总面积8990平方米，共有摊位172家。B区为单层砖墙、钢架大棚式建筑。

起火经过和扑救情况 1月9日10时左右，市场正处于营业高峰，有部分保安、市场管理人员和摊位经营者发现B区9006摊位上部冒烟并有火苗，虽用灭火器扑救仍迅速蔓延，随即报警。北京市消防局接警后，立即调出责任区丰台消防中队和广安门、右安门、高能所4个消防中队赶到现场，随后又调集8个消防中队和6部洒水车前往增援。市公安局组织交通、治安、巡逻等方面力量到场维护秩序。经奋力扑救，大火于12时40分基本控制，19时30分扑灭。在扑救过程中，市委副书记、常务副市长刘淇，市委常委、市委政法委书记强卫，市委常委、副市长孟学农，市政府秘书长刘志华，公安部部长助理杨焕宁等有关领导及时赶到火灾现场了解情况、指导工作。

火灾损失 烧毁建筑6391平方米和大量灯具，直接财产损失1736万余元。

火灾原因 过道吊顶内的电源线短路引着可燃物。

主要教训 1. 该市场B区和C区建筑内部无防火分区，没有自动报警、灭火系统。2. 灭火指挥员对失火单位情况掌握不够，未制订详细的灭火作战方案，只凭当时现场了解的粗略情况部署灭火力量，对火势发展速度估计不足。3. 缺乏大功率水罐车，火场通讯联络不畅，消防员个人防护装备差，火场搜索灯数量少。

天津市火灾情况

1999年，全市共发生火灾7100起，直接财产损失2685.6万元，死19人，伤49人。全市公安消防部队共出动消防车2.7万辆次、人员17.6万人次，抢救和疏散被困群众257人，保护财产6.1亿元。全市无群死群伤火灾事故，火灾形势持续平稳。主要特点是：

一、从发生火灾的性质看，火灾起数上升，但形势平稳。7100起火灾中，由于扑救及时没有造成直接财产损失或损失甚微的火灾3688起，占51.9%，其中春节期间燃放鞭炮比较突出。从接警情况看，公安消防部队到场出水扑救2388起，占接警总数的33.6%，其余为4712起，占66.4%。

二、从发生火灾的地区看，市内六区火灾较多，五县火灾损失较大。市内六区火灾2668起，直接财产损失182万元，死8人，伤30人，起数、死人和伤人分别占总数的37.5%、42.1%和61.2%；环城四区发生火灾1924起，直接财产损失68.4万元，死4人，伤6人，分别占总数的27.1%、2.5%、21.1%和12.2%；滨海地区（塘、汉、大、开发、保税）火灾780起，直接财产损失117.3万元，死4人，伤7人，分别占总数的10.9%、4.4%、21.1%和14.3%；五县发生火灾1716起，直接财产损失2317.2万元，死3人，伤6人，损失占总数的86.3%；市管单位火灾12起，直接财产损失5070元。

三、从发生火灾的时间看，冬春季节火灾多发，损失严重；11时至23时火灾频率高，22时至次日6时火灾损失大。冬春季节用火、用电增多，火灾较多而且损失严重，共4731起，损失2505.3万元，起数和损失分别占总数的66.6%和94.6%。11时至23时发生火灾4921起，占总数的69.3%，尤以11时至15时（中午）和19时至21时火灾最为频繁，共2691起，占总数的38%。深夜至凌晨人们处于睡眠状态，初期火灾不易发现，小火易酿成大灾，22时至次日6时火灾792起，直接财产损失2457.7万元，占总数的92.8%，22时至次日2时损失尤为突出，共2308.8万元，占总数的87.2%。

四、从发生火灾的行业看，工业和商业火灾损失和伤人上升，仓储业火灾损失较大。工业、商业火灾326起，直接财产损失172.9万元，死2人，伤15人，损失和伤人分别占总数的6.5%和30.6%，与上年相比分别上升42.4%和7.1%。其中工业火灾190起，直接财产损失145.2万元，死2人，伤9人，损失比上年上升58.2%。11月5日，位于塘沽区兴化道1号的大沽化工厂发生火灾，直接财产损失80.8万元。仓储业火灾20起，直接财产损失2186.3万元，占总数的82.5%。娱乐服务业火灾26起，直接财产损失4.7万元。文化教育火灾31起，直接财产损失0.7万元，死1人，伤1人。机关团体火灾19起，直接财产损失12.5万元。

五、从发生火灾单位的经济类型看，私营企业火灾多发，国有企业火灾损失占较大比重。私营企业火灾390起，直接财产损失111.9万元，伤12人，起数、损失和伤人分别比上年上升59.2%、37.3%和100%。9月1日，位于南开区建设新街的建华楼粮店外租平房因用火不慎发生火灾，3间房屋及副食品被烧，直接财产损失8万元。国有企业火灾159起，损失2287.5万元，死1人，伤2人，损失占总数的86.4%，比上年上升62倍。集体企业火灾125起，直接财产损失19.6万元，伤5人。外商投资企业火灾29起，直接财产损失7.7万元，死1人，伤1人。股份制企业发生火灾11起，直接财产损失12.9万元。港澳台投资企业火灾6起，直接财产损失3.3万元。联营企业火灾6起，直接财产损失0.2万元，伤1人。

六、从发生火灾的场所看，建筑火灾损失严重，其中居民住宅火灾起数居多，交通工具火灾损失仍占较大比重。建筑火灾1483起，直接财产损失2473.2万元，死13人，伤37人，分别占总数43.5%、93.4%、68.4%和75.5%。其中，居民住宅火灾948起，直接财产损失83.4万元，死12人，伤26人，起数、损失和死伤人分别占建筑火灾总数的63.9%、3.4%、92.3%和70.3%，起数比上年上升11.1%，且54.8%是电气和用火不慎引起的，共520起。交通工具火灾212起，直接财产损失119.2万元，死3人，伤5人，损失占总数的4.5%，其中汽车火灾203起，直接财产损失101.8万元，伤5人，起数和损失比上年分别上升16.7%和74%，2月24日，停放在南开区士英路苍穹道口的两辆汽车发生火灾，直接财产损失28.2万元。

七、从发生火灾的原因看，用火不慎占第一位，电气居第二。年内，公安消防机构参与调查的火灾3412起，直接财产损失2648.7万元，死19人，伤49人。其中，用火不慎616起，直接财产损失35.2万元，死5人，伤11人，分别占参与调查火灾总数的18.1%、1.3%、26.3%和22.4%；电气585起，直接财产损失71.5万元，伤4人，分别占参与调查火灾总数的17.1%、2.7%和8.2%；吸烟448起，直接财产损失6.4万元，死2人，伤4人，分别占参与调查火灾总数的13.1%、0.2%、10.5%和8.2%；放火134起，直接财产损失2268.2万元，死1人，伤2人。另外，违章操作、小孩玩火、自燃和雷击火灾201起，直接财产损失17.4万元，死6人，伤12人；其它原因578起，直接财产损失162.8万元，死1人，伤9人；原因不明850起，直接财产损失86.9万元，死4人，伤7人。

天津分地区火灾综合情况

地区	起数	死人	伤人	直接损失（元）	特大火灾				重大火灾			
					起数	死人	伤人	直接损失（元）	起数	死人	伤人	直接损失（元）
合计	7100	19	49	26856205	1			21737000	2	3		808288
和平	335	1		40255								
河东	537		10	226361								
河西	568		6	392390								
南开	439	3	1	467859								
河北	429	3	7	574651								
红桥	360	1	6	118808								
塘沽	509	4	3	1072954					2	3		808288
汉沽	50			24442								
大港	202		4	70453								
开发区	19			6090								
保税区												
东丽	461			120370								
西青	507		2	140997								
津南	555			253125								
北辰	401	4	4	169764								
宁河	177		2	341484								
武清	359		3	22139884	1			21737000				
静海	333			261479								
宝坻	524	1	1	280093								
蓟县	323	2		149676								
市管单位	12			5070								

天津益商集团储运中心工地火灾

1月20日11时10分，由天津市第二建筑工程公司二分公司承建的天津益商集团储运中心工地（6层）发生火灾，烧死8人，坠楼摔死8人，直接财产损失不大。火灾系违章电焊所致。

天津邮电通信设备厂杨村分厂邮袋仓库火灾

基本情况　邮电通信设备厂隶属于中国普天信息产业集团公司，其杨村分厂坐落于天津市武清县杨村镇下朱庄乡京津公路东侧，占地面积130亩，主要加工和储存邮袋等，厂内共有3座仓库。着火的邮袋仓库，位于厂区东北角，该库原是加工冲剪车间，1996年未向公安消防机构报审擅自改为仓库。仓库为单层钢筋混凝土排架结构，耐火等级一级，高10.9米，长60米，宽30米，面积1800平方米，邮袋仓库东北侧110米处是水电工程局仓库。库内存放邮政袋160万条及大量塑料邮政信盒。

起火经过和扑救情况　12月22日22时40分，水电工程局仓库值班人员张象山巡查时发现邮袋仓库着火，马上骑摩托车赶到杨村分厂传达室通知值班人员，随后又返回本单位打电话报警。22时53分，天津市公安消防局接警，立即派出20中队、15中队和武清大队前往火场，随后又调8个消防中队和特勤大队等增援。先后有13个消防队的49辆消防车、330名消防官兵参加战斗。经过近3个小时的奋战，于23日2时10分控制火势，5时8分将火扑灭，抢出部分邮袋。

火灾损失　过火面积1800平方米，烧毁、烧损各种型号的棉制、化纤帆布邮政袋149万条、塑料邮政信盒4.2万个，直接财产损失2173.7万元。

火灾原因　放火。

主要教训　1. 单位领导忽视消防安全，没有建立逐级防火责任制，火灾隐患整改不力。2. 仓库消防安全管理混乱，无章可循。3. 擅自改变生产车间的使用性质，形成重大火灾隐患。4. 消防水源不能满足灭火需要。

河北省火灾情况

1999年，全省共发生火灾5098起，死51人，伤177人，受灾850户，烧毁建筑5.8万平方米，直接财产损失2880.3万元。与上年相比，起数上升48.8%，死人下降31%，伤人上升20.4%，损失下降18%。其中，重大火灾6起，死3人，直接财产损失391.2万元。无特大火灾。全省火灾主要有以下特点：

一、**电气成为引发火灾的首要因素**。共579起，占总数的10.6%。6月30日，邢台市清河县西首造纸厂因码垛机线圈短路发生火灾，直接财产损失85.2万元。用火不慎引发火灾532起，占总数的9.8%。1月27日，沧州市解放东路道东批发市场因使用蜡烛照明不慎发生火灾，受灾6户，烧毁建筑120平方米，直接财产损失44万元。放火引发火灾220起，占总数的4.0%；其余依次为：吸烟、玩火、违章操作、自燃，分别占总数的3.6%、3%、2.9%和0.6%。因此，加强用火、用电消防安全教育，强化用火、用电消防管理，是预防和减少火灾发生的一项重要措施。

二、**住宅火灾居高不下**。城乡居民住宅和集体宿舍火灾1461起，占总数的26.8%。11月1日，石家庄纺织厂西宿舍1号楼发生火灾，35户受灾，烧毁建筑2000平方米，直接财产损失80.2万元。城乡居民住宅炉灶烟道不畅、余火复燃、明火照明以及家用电器老化、使用不当，是住宅火灾发生率居高不下的主要原因。

三、**工业、商业、农业火灾比较突出**。工业火灾376起，占总数的6.9%；商业火灾271起，占总数的5.0%；农业火灾246起，占总数的4.5%。

四、**私营企业火灾上升势头趋猛**。共740起，造成15人死亡、68人受伤，直接财产损失1233.4万元，分别占总数的14.5%、29.4%、38.4%和42.8%。主要原因是私营企业普遍存在重效益、轻安全的思想，房屋、设施简陋，设备陈旧、老化，超负荷运转现象日益突出，火灾隐患较多。

1999年，全省火灾形势比较平稳，损失大、影响大的火灾得到了有效遏制，但火灾形势仍不容乐观。一是私营企业以责任制为中心的消防安全工作措施没有真正落到实处。单位领导、企业法人代表、特殊工种人员、生产工艺过程和环节的消防安全责任不落实，管理不到位，生产经营过程中有法不依、有章不循等现象比较普遍。二是随着社会的发展，诱发火灾的因素越来越多。三是多年来地方政府对城镇消防设施建设和消防装备投入过少，欠帐问题依然严重，城市的消防功能极其薄弱。四是一批重大火灾隐患久拖不改。据统计，目前全省尚存重大火灾隐患57处。这些重大火灾隐患久拖不改的原因是多方面的。首先是部分单位领导消防法制观念淡薄、责任心不强，忽视消防安全，不注重投入。其次是整改火灾隐患所耗资金较大，部分单位效益不佳。另外，一些重大火灾隐患涉及多个部门、多个单位，整改难度大。

河北分地区火灾综合情况

地区	起数	死人	伤人	直接损失（元）	特大火灾				重大火灾			
					起数	死人	伤人	直接损失（元）	起数	死人	伤人	直接损失（元）
合计	5098	51	177	28803496					6	3		3911783
石家庄	442	7	61	4992675					1			802448
唐山	713	6	11	1956590								
秦皇岛	356	2	11	1870975								
邯郸	111	7	17	1778771								
邢台	517	7	5	1912045					1			851635
保定	769	5	9	5006913					1	3		31000
张家口	355	2	11	1376279								
承德	162	5	12	2245864								
沧州	1024	7	21	3385559					2			1319200
廊坊	105	1	4	3216702					1			907500
衡水	389	2	8	860843								
华北石油管理局	155		7	200280								

山西省火灾情况

1999年，全省共发生火灾2650起，死30人，伤50人，直接财产损失2593.8万元。其中，特大火灾1起，直接财产损失496.5万元；重大火灾7起，死9人，伤9人，直接财产损失262.4万元。从全年火灾情况看，主要有以下特点：

一、全年未发生恶性火灾事故，基本保持平稳态势。特大火灾1起，同上年持平，损失增加45.3万元；重大火灾4起，比上年增加3起，死人增加5人，伤人增加9人，损失增加63.1万元。火灾总数比上年增加531起，死人增加4人，伤人减少41人，直接财产损失增加444.5万元。

二、从起火原因看，电气火灾最多。占总数的27.6%，比上年减少2个百分点；用火不慎所占比例有所增多，占总数的25.7%，比上年增加5个百分点。从各种原因造成的损失看，放火造成的直接财产损失最大，占总数的31.5%，所占比例比上年增加3个百分点；电气火灾损失占30.4%，所占比例比上年增加13个百分点；用火不慎火灾损失占7.9%，所占比例比上年减少2个百分点。玩火引起的火灾起数和损失所占比例比上年分别增加7个和2个百分点。

三、从起火单位的经济类型看，私营企业火灾起数、死人、伤人数超过国有企业。起数占总数的51%，伤人占60%，损失占41.6%，国有企业火灾损失高于私营企业，起数占12.2%，伤人占6.6%，损失占43.3%。从火灾原因看，电气和用火不慎是私营、国有企业火灾的主要原因。

四、从起火场所看，居民住宅火灾起数最多，死伤严重。起数占34%，死人占53.3%，伤人占58%，损失占10.4%，商店商场火灾损失最大，占总数的31%；汽车火灾突出，损失排名第二，占13.2%，比上年减少5个百分点；火灾起数排名第二的是宾馆饭店，再次分别是汽车、商场商店，分别占总数的7.7%和5.3%；厂房和住宅火灾损失排名第三、第四，分别占总数的11.3%和10.3%。

五、从火灾发生的时间看，12时至14时火灾起数较多。占总数的11.5%，20时至22时的火灾损失大，占25.1%；放火引发的火灾60%以上发生在零时至6时，而违章操作和用火不慎造成火灾在10时至18时较多，玩火引起的火灾40%发生在14时至20时。

六、从行业分布看，商业火灾起数最多，损失也最大。分别占总数的15.3%和39.9%，商业火灾中电气火灾占18.5%；工业火灾起数排第二，占11.3%，损失占16.6%，在工业火灾中10.8%是电气火灾，在工业火灾中轻工业火灾较为突出，起数和损失占工业火灾总数的43.2%和65.6%。

七、从区域分布看，市区仍是火灾多发区，损失也最大。起数占总数的57%，死人占26.7%，伤人占48%，损失占48.9%；其次是乡村火灾，起数占19.6%，损失占20.9%。市区火灾所占比例，起数比上年增加5个百分点，损失增加13个百分点，乡村火灾所占比例，起数减少2个百分点，损失增加3个百分点。市郊火灾损失所占比例有所减少。

山西分地区火灾综合情况

地区	起数	死人	伤人	直接损失（元）	特大火灾				重大火灾			
					起数	死人	伤人	直接损失（元）	起数	死人	伤人	直接损失（元）
合计	2650	30	50	25937819	1			4965322	7	9	9	2624441
太原	1008	7	15	2760779					2	4		747168
大同	292	1	7	2135169					2	1	6	714849
阳泉	137	2		497931								
长治	162	7	10	1854014					1	4	3	13700
晋城	148	2	2	1156991								
朔州	141	1	4	1229811								
忻州	128	2	1	7965459	1			4965322	1			814524
吕梁	35	2	7	1723400								
晋中	219	2	1	2177289								
临汾	209	3	3	2230108								
运城	171	1		2206868					1			334200

山西忻州市七一百货大楼火灾

基本情况 七一百货大楼位于忻州市七一北路利民西街北巷5号，是一座“L”形钢混结构的3层建筑，总面积2975平方米，共58家经营户。大楼东邻七一北路，北接建设银行、聚胺脂保温材料厂和经销雷管、炸药、轮胎的化轻公司，南邻工商银行储蓄所及本单位职工宿舍，西靠本单位二层钢混结构仓库。

起火经过和扑救情况 6月3日20时50分许，七一百货大楼马路对面金梦饭店的经理董建平发现百货大楼一层内部北侧有火光，随即报警。20时59分，忻州市消防中队接警，迅速出动2辆消防车、11名消防人员于21时2分到达火场。随后又调集7辆消防车、34名消防人员赶赴火场增援。战斗展开后，一楼火势很快得到控制，但二楼因存放大量布料、衣服，火势迅速蔓延。21时23分，正面所有战斗车辆供水不足，火场指挥部迅速调整部署，保证黄河车供水，全力防止火势向上蔓延，经全体消防人员奋力扑救，于4日2时40分将火扑灭。

火灾损失 过火面积1937平方米，烧毁大楼一、二层内大部分商品，直接财产损失496.5万元。

火灾原因 放火。

主要教训 1. 消防装备落后，城市抗御重大恶性火灾事故的能力较低；2. 百货大楼对消防工作重视不够，没有建立健全安全防范制度；3. 值班人员擅离职守，给犯罪分子留下可乘之机。

内蒙古自治区火灾情况

一、基本情况

1999年，全区共发生火灾2632起，死50人，伤60人，烧毁建筑2.5万平方米，受灾547户，直接财产损失977.8万元。与上年相比，起数上升17.5%，死人上升1.27倍，伤人上升87.5%，损失上升3.3%。其中，重大火灾4起，死9人，伤9人，直接财产损失154.9万元，与上年相比，起数上升33.3%，死人上升1.25倍，伤人多9人，损失上升63.4%。年内未发生特大火灾。月平均发生火灾219.3起、损失81.5万元；日均发生火灾7.2起、损失2.7万元；每起火灾平均损失3715元。全区公安消防部队共接警出动3229起，出动消防车7069辆次、人员38958人次，抢救被困人员71人，保护建筑17.3万平方米，抢救财产价值1.84亿元。

二、主要特点

（一）火灾起数、损失略有上升，火灾形势保持相对稳定。起数上升17.5%，损失与上年基本持平，重大火灾比上年增加1起。月均损失、日均火灾起数和日均损失以及每起火灾平均损失额均接近于上年。1999年是第四个未发生特大火灾的年份。

（二）火灾死伤人数有所上升。年内，共死50人，伤60人。从近5年全区火灾死伤人数看，死人比近5年的年平均数多1.1倍，伤人数比近5年的年平均数多30%。从地区分布看，除阿盟外，各盟市都有烧死人的火灾，且死伤人数最多的是城市市区和乡村，死30人，伤34人，分别占总数的60%和57%。从直接原因看，用火不慎17人，占总数的34%；违章操作14人，占总数的28%。

（三）第一季度火灾最多。第一季度发生火灾1285起，死19人，伤6人，损失311.7万元。第一季度火灾中，2月份火灾突出，共618起，占本季度火灾总数的48.1%。其中，因燃放烟花爆竹造成的火灾371起，占2月份火灾起数的60%。这是春节期间全区禁放烟花爆竹的城市全部解禁的缘故。第二、三季度火灾逐渐下降，第四季度又有回升。第四季度发生火灾413起，死18人，伤12人，损失237.2万元。其中，死人数较第二、三季度增长幅度更大，损失接近第二季度。

（四）私营企业火灾较为突出。从经济类型看，私营企业火灾明显多于国有企业、集体企业，共646起，死20人，伤31人，直接财产损失464.5万元，分别占总数的24.5%、40%、51.7%和47.5%，国有企业159起，死2人，伤5人，损失134.4万元，四项数字分别占总数的6%、4%、8.3%和13.7%。

（五）从行业看，商业火灾最多。共250起，死5人，伤7人，直接财产损失390.8万元，分别占总数的9.5%、10%、11.7%和40%。农业火灾次之，共179起，直接财产损失320万元，无死伤；工业火灾较少；交通运输业火灾比较突出，共97起，死9人，伤9人，直接财产损失127.7万元，与上年相比，起数下降

7.6%，死人上升8倍，伤人多9人，损失上升1.4倍。其中，汽车火灾45起，烧毁、烧损汽车48辆（电气线路原因39起，占86%）。

（六）城市市区和乡村火灾明显多于市郊和县镇。城市市区1428起，死13人，伤13人，直接财产损失451.4万元，分别占总数的54.3%、26%、21.7%和46.2%；乡村火灾516起，死17人，伤21人，直接财产损失175.9万元，分别占总数的19.6%、34%、35%和18%，乡村火灾的发生数取代了上年度位居第二的市郊，县镇火灾损失数仍居第二位。

（七）从起火场所看，建筑火灾最多。共1698起，死33人，伤34人，直接财产损失755.6万元，分别占总数的64.5%、66%、56.7%和77.3%。其中，住宅火灾1094起，死22人，伤18人，损失129.6万元，分别占总数的64.4%、66.7%、52.9%和17.2%。住宅火灾的特点是：起数多，死伤人数多，但财产损失较小。此外，从起火物看，易燃易爆化学物品火灾比上年明显增多，共83起，死6人，伤17人，直接财产损失55.4万元，四项数字比上年分别上升69%、多6人、1.4倍和101%。柴草垛、露天堆垛火灾也比较突出，共867起，占总数的32.9%。

（八）经济发达和人口稠密地区火灾所占比重较大。从全区12个盟市和林业地区看，经济发达地区火灾相对较多。从损失看，位居第一的仍是呼盟，共197起，死7人、伤7人，直接财产损失198.6万元，分别占总数的7.5%、14%、11.7%和20.3%，起数和伤人分别比上年减少2.2和0.8个百分点，死人和损失分别比上年增加0.4和2.2个百分点。其中，重大火灾1起，直接财产损失42.4万元。其次是巴盟，共254起，死5人，伤4人，直接财产损失148.5万元，分别占总数的9.7%、10%、6.7%和15.2%。其中，重大火灾1起，直接财产损失39.8万元。

三、火灾原因

生活用火不慎、电气和玩火是造成火灾的主要原因。共1715起，死20人，伤24人，直接财产损失498.9万元，分别占总数的66%、40%、40%和51%。其中，生活用火不慎948起，死10人，伤11人，直接财产损失200.1万元，分别占总数的36.5%、20%、18.3%和20.5%；电气443起，死5人，伤13人，直接财产损失279.3万元，分别占总数的17.1%、10%、21.7%和28.6%；玩火324起，死5人，直接财产损失19.5万元，分别占总数的12.5%、10%和2%；吸烟271起，死6人，伤7人，直接财产损失30.4万元，分别占总数的10.4%、12%、11.7%和3.1%。此外，放火84起，占总数的3.2%；原因不明61起，占总数的2.3%；自燃30起，占总数的1.2%；雷击8起，占总数的0.3%；其它306起，占总数的11.8%。死伤人以违章操作、用火不慎和电气最多，共死28人，伤46人，分别占总数的56%和76.7%。电气火灾造成的损失最大，共279.3万元，占总数的28.6%；用火不慎和违章操作造成的火灾损失次之，分别占总数的20.5%和12.9%；其它原因造成的损失所占比重均在10%以内。

内蒙古分地区火灾综合情况

地区	起数	死人	伤人	直接损失（元）	特大火灾				重大火灾			
					起数	死人	伤人	直接损失（元）	起数	死人	伤人	直接损失（元）
合计	2632	50	60	9777061					4	9	9	1549036
呼市	438	6	5	452230								
包头	737	13	14	657830					1	9	9	14030
乌海	218	1	1	463247								
赤峰	215	2	14	616012								
呼盟	196	7	7	1986058					1			424381
兴安盟	50	1		503283								
通辽	310	4	4	1223264								
锡盟	53	3		1066928					1			712775
乌盟	79	2	2	501443								
伊盟	47	5	9	555767								
巴盟	251	5	4	1484512					1			397850
阿盟	20			180953								
林业	18	1		85534								

辽宁省火灾情况

1999年，全省共发生火灾15705起，死150人，伤193人，直接财产损失6168.6万元，烧毁建筑44.5万平方米，受灾2255户。与上年相比，起数、死人、伤人分别上升16.4%、22%和16.3%，损失下降7%。其中，重特大火灾13起，死30人，伤8人，直接财产损失502.2万元，与上年相比，起数、伤人、损失分别下降7%、39%和24%，死人上升50%。发生特大火灾1起，死10人，伤3人，直接财产损失15万元。全省公安消防部队参加火灾扑救15825起，出动消防人员196346人次、消防车34782辆次，抢救人员144人，保护建筑66万多平方米，抢救财产价值15.6亿元。主要有以下特点：

一、火灾形势总体平稳，四项数字有升有降 （一）火灾起数。沈阳、大连、鞍山、抚顺、本溪、丹东、营口、阜新、辽阳、朝阳、葫芦岛上升，其中辽阳、朝阳、本溪上升幅度较大，分别为79%、69%和32%。锦州、铁岭、盘锦分别下降51%、27%和36%。（二）火灾死人数。沈阳、鞍山、抚顺、本溪、丹东、阜新、铁岭、盘锦上升，其中丹东、阜新、鞍山上升幅度较大，分别为150%、133.3%和113%。大连、锦州、营口、辽阳下降，分别为34.4%、33.3%、62%和60%。朝阳与上年持平，葫芦岛全年无人员死亡。（三）火灾伤人数。沈阳、鞍山、抚顺、铁岭上升，其中沈阳、抚顺上升幅度较大，分别为200%和106%。大连、本溪、丹东、阜新、辽阳、朝阳下降，其中辽阳、丹东、朝阳下降幅度较大，分别为73%、50%和42%。锦州、营口与上年持平，盘锦伤4人（上年无伤人），葫芦岛无伤人。（四）直接财产损失。总体呈下降趋势，其中沈阳、大连、鞍山、丹东、锦州、朝阳、盘锦、葫芦岛下降，大连、丹东、锦州下降幅度较大，分别为43%、52.3%和40%。抚顺、本溪、营口、阜新、辽阳、铁岭火灾损失上升，营口、辽阳、铁岭上升幅度较大，分别为143%、8.4%和37%。

二、从起火场所看，城乡居民、商场市场、宾馆饭店及货（堆）场、交通工具等火灾突出，死伤较为严重 城乡居民共发生火灾2229起，死37人，伤78人，直接财产损失1258.1万元，分别占总数的34.3%、58%、40.4%和21.3%。商场市场、宾馆饭店及歌舞厅等人员聚集场所火灾355起，死31人，伤36人，直接财产损失950.2万元，分别占总数的5.5%、21%、19%和16%。货（堆）场火灾531起，伤1人，直接财产损失172万元，起数和损失分别占总数的8.2%和3%。交通工具仅汽车火灾就发生299起，死1人，伤10人，直接财产损失754.3万元，分别占总数的5%、0.7%、2%和13%。此外，工厂、车间火灾伤亡人数增多，共发生火灾356起，死19人，伤24人，直接财产损失809.1万元，分别占总数的6%、13%、12.4%和14%。

三、从时间的分布看，18时至23时火灾发生率较高，重大火灾多发生在2时至6时 发生在18时至23时的火灾1284起，死31人，伤25人，直接财产损失1679.5万元，分别占总数的35%、21%、

13%和29%。13起重特大火灾中，2时至6时发生5起，死16人，伤5人，直接财产损失172万元，分别占重特大火灾总数的39%、53%、63%和34%。

四、从火灾直接原因看，违章用火、用电、用气及违反安全操作规程等人为因素引起的火灾较多　从全省公安消防机构参与调查火灾的直接原因看，违章用火、用电、用气引起火灾3102起，死9人，伤108人，直接财产损失3061.6万元，分别占总数的51%、53%、54%和52%。吸烟753起，死17人，伤6人，直接财产损失507.9万元，分别占总数的12%、11.3%、3%和9%。放火615起，死28人，伤16人，直接财产损失636.3万元，分别占总数的10%、19%、14%和11%。

火灾突出的主要原因是，个别地方领导不能正确处理经济建设与消防安全的关系，忽视消防审核和监督检查工作，缺乏对消防工作必要的投入，对本地存在的一些重大消防问题不能及时采取有效措施；一些地区公共消防设施欠帐较多，城市抗御火灾整体能力较弱，小火往往酿成大灾；有的单位消防设施维护管理不善，值班人员无证上岗，员工消防常识严重缺乏，消防安全责任制没有落实。5月10日，辽阳韩华鞋业有限公司因员工乱扔烟头引起火灾，直接财产损失66万元。11月19日，本溪中平山区义铭酒歌楼因吸烟引起火灾，烧死4人，直接财产损失6200元。有些单位违章生产经营，对职工缺乏消防知识及消防法规教育，职工消防安全意识差淡薄，自救能力差，火灾发生后束手无策，使小火酿成大灾。1月16日，阜新县苍士乡岳良气体打火机厂因半成品打火机充气过多，爆裂后气体外泄，遇明火发生火灾，死10人，伤3人，直接财产损失1.5万元。

从以上分析看出，进一步提高全民消防意识，加强用火、用电、用气管理，强化对职工群众的消防安全知识培训，落实政府和单位的消防安全责任制，提高对消防工作的认识，加快城市公共消防设施建设，提高城市整体抗御火灾能力，消除重大火灾隐患，仍然是今后消防工作的重点。

辽宁分地区火灾综合情况

地区	起数	死人	伤人	财产损失（元）	特大火灾				重大火灾			
					起数	死人	伤人	财产损失（元）	起数	死人	伤人	财产损失（元）
合计	15705	150	193	61686013	1	10	3	15000	12	20	5	5007435
沈阳	2989	45	60	21884572					2	9	5	510000
大连	3174	21	24	6357602					2	3		762936
鞍山	1990	17	13	3730930					1	3		3300
抚顺	1477	19	33	4720701								
本溪	760	6	10	2800838					3	4		1111377
丹东	883	5	4	1658036								
锦州	88	4	9	1477868								
营口	390	5	8	2443938								
阜新	774	14	11	2330399	1	10	3	15000				
辽阳	1516	2	3	4353754					2			1282172
盘锦	300	2		447597								
铁岭	408	2	11	4470727					1			837650
朝阳	307	5	7	2359097								
葫芦岛	649	3		2649954					1	1		500000

辽宁阜新县苍土乡一打火机厂火灾

基本情况 岳良气体打火机厂位于阜新县苍土乡下洼子村麻友营子屯，距黑山县新立屯镇2公里，占地676平方米，单层砖木结构厂房6间，耐火等级三级。由西向东依次为充气车间、白螺丝车间、组装车间、办公室及生产车间。

起火经过和扑救情况 2月26日13时45分，岳良气体打火机厂雇工吴迪与赵亮在组装车间靠门口的案台旁调火。案台上摆放40盘（2500支）待调试的打火机，有2个打火机突然爆裂，外泄的气体遇明火后引燃一盘打火机。由于扑救不当，火势迅速蔓延。黑山县消防大队13时50分接警，出动2辆消防车赶赴现场，于14时30分将火扑灭。

火灾损失 烧毁建筑74平方米，死10人，重伤2人，轻伤1人，烧毁打火机元件1.5万个，直接财产损失1.5万元。

火灾原因 火灾系调火工在调火过程中，由于个别半成品打火机充气过多，爆裂后外泄气体遇明火所致。

吉林省火灾情况

1999年，全省共发生火灾12542起，死102人，伤89人，直接财产损失7137万元，与上年相比，起数上升37%，死人下降1%，伤人下降29.9%，损失上升62.8%。其中，特大火灾6起，重大火灾8起。全省平均每天发生火灾34.4起，损失19.6万元，受灾21.4户，平均每3.5天就有1人在火灾中丧生，每4.1天就有1人受伤。

为了有效地扑救火灾，最大限度地减少火灾危害，全省公安消防部队共接警出动12831起，出动消防车22894辆次、人员141014人次，抢救人员176人，保护建筑55万平方米，抢救财产价值3.2亿元，在火灾扑救中有5名消防官兵牺牲、7名消防官兵受伤。

从公安消防部门参与调查的12026起火灾看，主要有以下特点：

一、从起火原因看，用火不慎、电气、吸烟仍是引发火灾的主要原因。年内，用火不慎3371起，电气2212起，吸烟1438起，分别占总数的28.0%、18.4%和12.0%。放火呈上升势头，共发生746起，损失962万元，比上年分别上升22.5%和164%，其中损失超过100万元的特大火灾1起，损失超过30万元的重大火灾3起。10月14日，延边州珲春金发木业有限公司因放火发生火灾，直接财产损失490万元；4月12日，辽源市塑料研究所院内仓库因放火发生火灾，直接财产损失54万余元；4月21日，长春市第五印刷厂因放火发生火灾，直接财产损失41万元。违章操作、吸烟火灾损失大。年内，违章操作和吸烟引起的火灾1645起，损失2131万元，损失占总数的29.9%。11月15日，长春欧亚商都商品周转仓库因焊工违章作业发生火灾，直接财产损失864.5万元；8月11日，辽源市集贸大楼因吸烟发生火灾，直接财产损失831万余元；12月26日，长春市夏威夷大酒店因吸烟发生火灾，造成20人死亡、18人受伤，直接财产损失22万元。

二、从起火场所看，仓库、商店和宾馆饭店火灾形势严峻。年内，发生在以上场所的火灾623起，损失3905万元，损失占总数的54.7%。全年发生的6起特大火灾均发生在以上场所。货（堆）场火灾有增无减。年内，货（堆）场发生火灾1898起，损失349万元，比上年上升91.3%和60.8%。3月22日，四平市伊通县靠山粮库因电气发生火灾，直接财产损失77万元。

三、从行业看，商业、工业、农业、交通运输业、娱乐服务业火灾较多。年内，以上行业共发生火灾1466起，死36人，伤50人，直接财产损失4035万元。其中商业422起，死7人，伤10人，直接财产损失3059万元；工业436起，死4人，伤16人，直接财产损失552万元；农业274起，死1人，伤1人，直接财产损失93万元；交通运输业230起，死1人，直接财产损失170万元；娱乐服务业104起，死23人，伤23人，直接财产损失161万元。

四、从时间分布看，夜间火灾严重。发生在22时至次日6时的火灾3044起，死60人，伤35人，直接财产损失4646万元，死人和损失分别占总数的58.8%

和65.1%。全年6起特大火灾全部集中在这段时间内。

五、从经济类型看，私营企业火灾多发。年内，共发生火灾1522起，死32人，伤44人，直接财产损失1096万元，分别占各类企业火灾总数的77.6%、82.1%、95.7%和22.6%。

六、春节期间火灾明显增多。2月15日（农历除夕）至20日（正月初五），全省共发生火灾951起，死4人，伤1人，直接财产损失206万元，起数和损失分别比上年同期上升66.5%和186%，主要原因是1999年春节期间部分城市开禁，因燃放烟花爆竹引起的火灾上升幅度较大，共发生666起，占春节期间火灾总数的70%。

近年来火灾多发，其主要原因：一是火灾隐患大量存在，致灾因素不断增多，近三分之一的高层建筑存在重大消防问题；二是消防责任制没有落实到位，相当一些单位的领导消防意识不强，麻痹思想和官僚主义作风严重；三是不懂消防常识，违章操作的问题相当突出。

吉林分地区火灾综合情况

地区	起数	死人	伤人	直接损失（元）	特大火灾				重大火灾			
					起数	死人	伤人	直接损失（元）	起数	死人	伤人	直接损失（元）
合计	12542	102	89	71365311	6	23	18	30771496	8	9	1	3768612
长春	4910	42	31	19267490	3	20	18	10603914	3	4		1299758
吉林	2131	10	9	6274810								
四平	1312	8	11	11182217	1	3		6962000	2			1411543
辽源	713	7	4	10722885	1			8310047	1			544194
通化	980	9	2	3503885					1	5	1	88000
白山	173	6	6	2146339								
松原	1227	9	5	4734350								
白城	747	3		2321310								
延边	335	8	19	10799397	1			4895535	1			425117
林业	14		2	412628								

吉林长春市一综合材料库火灾

基本情况 长春监狱储运大队综合材料库位于长春市宽城区小铁道街1号，长春市蔬菜集团南侧。该库为长方形，东西长88.8米，南北长14.7米，建筑总面积1305平方米，建于60年代初期，耐火等级三级。1998年9月24日由长春监狱储运大队与光复路个体业主靳景全签订租用合同，储存小食品，租用面积为435平方米，其间用防火墙与该库分隔。合同中规定“四防”安全管理由长春监狱储运大队负责，租用的仓库不得转让。但靳景全私自将库房与光复路个体户李风山、王增和共同租用，租金均摊。

起火经过和扑救情况 4月10日5时44分，长春市消防支队接警，立即调出长春大街中队、黄河路中队5辆消防车前往扑救，到场后火势已突破屋顶，随后支队调出7个消防队的17辆消防车增援。根据火势情况，火场指挥部采取南北两侧各出两支直流水枪上下合击、在防火墙处进行堵截灭火的战术，把火势控制在仓库西侧，经全体消防人员的共同努力，于7时将火扑灭，保住了由防火墙分隔的870平方米的储运仓库。

火灾损失 烧毁建筑435平方米，直接财产损失174万余元。

火灾原因 距仓库北墙1.8米处的一根水泥电线杆上的一铁制电闸箱（该电闸箱距地面1.1米）内一只电流互感器被击穿，发生短路打火，熔珠溅落到电闸箱下的橡胶垛上。

主要教训 1. 该仓库租给个体，未报消防部门审批；2. 对出租的库房管理不善，致使商品严重超储，棚距、垛距、墙距均不符合消防规范要求，管理者也未发现和制止；3. 电器管理混乱，库内私拉乱接照明线路，电闸盒下堆放可燃物品；4. 当日3名值班更夫失职，未能及时发现火情。

吉林辽源市集贸大楼火灾

基本情况 辽源市集贸大楼位于辽源市南康大街5号，主体4层，局部5层，高17.6米，建筑面积9898平方米（另有附属建筑1490平方米），是一栋人形钢筋混凝土、二级耐火等级建筑，主要经营服装、百货、鞋帽、家具等，固定资产600万元。

起火经过和扑救情况 8月11日3时29分，支队调度指挥室接警，立即调动全市消防队的所有车辆、人员前往扑救。到场时火势已发展到猛烈阶段，北侧的大火借助风势直扑毗邻的南康信用社和居民楼，且有人被困在楼内，情况万分危急。火场总指挥部迅速调集公安干警、企业专职消防队以及其他社会力量进行救人和阻截火势，经过4个多小时的奋力扑救，于7时40分彻底扑灭火灾。

火灾损失 过火建筑8062平方米，烧毁服装、鞋帽、百货、家具等大量商品，直接财产损失831万余元。

火灾原因 起火部位为集贸大楼北楼西门厅营业室过道处；直接原因是烟头引燃棉花、布匹等可燃物阴燃成灾。

主要教训 1. 经营业户消防安全意识淡薄，商场内吸烟现象屡禁不止；2. 重大火灾隐患未及时整改。从1997年4月消防部门将集贸大楼定为市级重大火灾隐患单位以来，共向集贸大楼及上级主管部门下发各种法律文书21份，其中1999年10份，但集贸大楼无视消防法规，火灾隐患久拖不改；3. 消防管理工作不到位，集贸大楼内存在消火栓被柜台和商品占用，楼梯疏散通道不畅，电气线路严重老化等问题。

火灾处理 1. 北楼一楼更夫代国贞负间接责任，被判处有期徒刑3年；2. 北楼管委会负责人周家玉、防火员孙忠民分别负直接领导责任和间接责任，各罚款1000元；3. 对北楼综合商场的13家单位处以41.5万元罚款；4. 对主管集贸大楼的市工商局集贸大楼分局局长李国库、副局长李泽盛及辽源市工商局副局长管德华各处以1000元罚款；5. 对集贸大楼工商分局罚款5万元。

吉林珲春金发木业有限公司火灾

基本情况 珲春金发木业有限公司位于珲春市边境经济合作区2号小区，厂区占地面积28880平方米，建筑面积12158平方米，是香港独资企业，以生产三层复合油漆地板为主，年产量约70万平方米。

起火经过和扑救情况 10月4日23时10分许，金发木业有限公司工人王艳辉等三人在锅炉房休息时，发现院内预干棚的西南角起火，于是拿着灭火器跑到起火处进行扑救，由于火势较大未扑灭，之后跑到值班室报警。珲春市消防大队23时20分接警，先后调集3个公安消防队、5个专职消防队的13辆消防车、300余名消防人员前往扑救，于5日18时将火彻底扑灭。

火灾损失 烧毁简易棚1456平方米，烧毁原材料、半成品1500立方米、成品81立方米，直接财产损失490万元。

火灾原因 放火。

主要教训 1. 原材料堆垛过于集中，没有防火分隔；2. 消防水源缺乏，贻误灭火战机，消防部门曾要求该单位设置消防水池，但未引起重视。

火灾处理 1. 对金发木业有限公司经理赵德年罚款1000元；2. 对金发木业有限公司罚款3万元。

吉林长春欧亚商都火灾

基本情况 长春欧亚商都位于长春市工农大路14号，建于1992年，1994年4月15日投入使用，是长春市大型商贸购物中心，消防一级重点保卫单位。该商厦建筑总面积为8万多平方米，属框架结构，耐火等级一级，两个主体建筑由天井连接，并横跨富锦路，该楼共有3个疏散楼梯，设有一部扶梯及两部电梯，建筑内设有防火卷帘、室内消火栓、火灾自动报警系统、自动喷淋系统（9至10层为仓库，未设火灾自动报警、自动喷淋系统），主体建筑长54.4米，宽48米，高55米，每层建筑面积2611.2平方米，连接主体的天井长28.4米，宽41.3米，每层建筑面积1172.9平方米（3至8层），顶部为钢结构（正在施工）。起火的主体楼为地上10层、地下1层，其中1至4层为百货商场。

起火经过和扑救情况 11月15日14时，焊工在欧亚商都二期工程10层仓库违章动火焊割，电焊熔珠溅落在商品的可燃包装物上。16时许，在无人检查施工现场的情况下，所有人员全部离开。遗留下的火种渐渐阴燃可燃物，22时许当有人发现时，火灾已经处于发展蔓延阶段。支队调度指挥中心22时7分接警，先后调集14个公安消防队、5个专职消防队的59辆消防车、325名消防人员前往扑救，于16日3时30分将火控制，12时许将火扑灭。

火灾损失 过火面积5222平方米，

烧毁9层、10层仓库中的大部分库存电冰箱和洗衣机等商品，直接财产损失864.5万元。

火灾原因 火灾系焊工违章焊割，电焊熔珠溅落在商品的可燃物上阴燃所致。

主要教训 1. 防火措施不落实。商都9、10楼做为仓库使用后，消防部门曾多次提出应设置自动报警、自动水喷淋灭火设施等整改意见，但未得到整改。2. 安全管理教育不严。值班人员和更夫检查不到位，报警不及时，贻误了灭火战机。火灾发生当晚，值班的8人中先后有2人脱岗、4人喝酒、2人看影碟，以致火焰突破两个窗口时才由外面的群众发现。3. 消防设施缺乏维护保养。商都4台消防水泵有3台不好用。4. 消防规章制度执行不严，商都保卫部主管消防安全的副部长宋春兰违反在仓库内不准动用明火的禁令，擅自批准在十楼仓库内焊接货架子，审批前和审批后既不到动焊现场检查，也未告诉更夫等重点工种人员。现场监护人员不履行现场监护职责，作业结束后也未安排人对作业现场实施监护，对焊接人员违章冒险作业不加制止。

火灾处理 1. 电焊工胡长建、姬宝华违章电焊，分别构成失火罪和重大责任事故罪，被依法刑事拘留；2. 更夫胡杰等人没有认真履行值班巡查职责，值班期间喝酒、擅离职守、巡查不到位，没有及时发现火情，构成重大责任事故罪，被依法刑事拘留；3. 欧亚商都保卫部副部长宋春兰，不熟悉防火工作职责和动火审批程序，家电商场申请电焊时，未能审查电焊工资格，随意批准动焊，构成重大责任事故罪，被依法刑事拘留；4. 欧亚商都总经理、党委书记曲慧霞，副总经理孙建立，保卫部部长王杰武对火灾的发生负有领导责任，各罚款1000元；5. 根据《吉林省消防条例》第53条规定，对欧亚商都罚款86.4万元。

吉林四平市百货大楼火灾

基本情况 四平市百货大楼位于四平市南仁兴街24号，占地面积5000平方米，建筑面积13500平方米，东南西北分别与仁兴商场、道里电影院、铁路俱乐部和家电商场、华龙商厦（正建）相邻。建于60年代，90年代扩建成“L”形，钢筋混凝土框架结构，耐火等级一级，重点消防保卫单位。

扑救情况 12月17日23时1分，四平市消防支队接警，先后调集13辆消防车、60余名消防人员赶赴火场，经消防人员奋力扑救，于18日8时将火扑灭。

火灾损失 造成3人死亡（均为更夫），过火面积近万平方米，1至4层的商品基本被烧毁，直接财产损失696.2万元。

火灾原因 火灾系百货大楼裙房音像制品店临时看护人苏春伟长时间使用电暖风，造成电源线短路所致。

主要教训 1. 四平市百货大楼消防安全制度不落实，用火、用电管理混乱；2. 报警晚，贻误灭火战机；3. 平时对建筑内部消防设施缺乏维修保养，尽管楼内设有防火卷帘等消防设施，但火灾发生时没有发挥作用；4. 更夫消防安全意识薄弱，自我保护能力差。

火灾处理 1. 对涉嫌失火罪的新世纪音像社更夫苏春伟、涉嫌包庇罪的新世纪音像社业主李长胜及内弟刘力以及四平市百货大楼保卫科长李铁，已依法逮捕；2. 对火灾负有责任的四平市百货大楼法人代表冯玉兰等10人取保候审。

吉林长春市夏威夷大酒店火灾

基本情况 夏威夷大酒店位于长春市自由大路66号，隶属于吉林省纺织进出口公司。该建筑共19层（地上17层、地下2层），高度为64米，建筑面积16000平方米，是集住宿、餐饮、娱乐为一体的三星级酒店，共有客房132间。该酒店B1层建筑面积1250平方米，其中洗浴中心面积800平方米。1999年10月15日该酒店将洗浴中心租赁给本单位员工刘继婷经营。该酒店建于1993年，经消防监督机构审核，建筑按《高规》要求设有消火栓系统、防排烟系统、火灾自动报警系统、自动喷水灭火系统、消防水池，消防供电为双电源（后酒店擅自将其改为一个电源），1997年3月通过消防验收，1997年12月由长春市消防支队移交南关区消防科实施监督管理，列为二级重点单位。火灾前，公安消防支队、消防科曾先后对其进行11次消防监督检查，发出各种火灾隐患通知书14份，发现大、小问题37个。消防监督人员对该酒店仅有一部电源、无应急照明等问题要求限期整改；对疏散门上锁，消防控制室值班员脱岗等问题作了行政处罚。

起火经过和扑救情况 12月26日3时50分左右，一迎宾员到洗浴中心门口时，发现走道内有烟，随即喊人灭火，由于配电室值班员发现起火后即拉闸断电，消防控制室值班员启动消防喷淋泵未能发挥作用。长春市消防支队4时1分接警后，调集11个公安消防队的43辆消防车、270余名消防人员前往扑救，同时调集市急救中心、煤气、电业、公安等单位人员配合救援工作。经90分钟的奋力扑救，于5时30分将火扑灭，救出被困人员31人，并安全疏散人员150多名。由于扑救及时，着火区域仅限于B1层的洗浴中心，没有蔓延到其它部位。事后，从消防控制室得到的数据显示，起火时间为26日3时58分。

火灾损失 造成20人死亡（男8人，女12人；本店员工19人，浴客1人）、18人受伤，过火面积320平方米，B1层的部分装修及室内物品被烧毁，直接财产损失22万元。

火灾原因 火灾系酒店工作人员将烟灰缸内未灭的烟头倒在可燃物上阴燃所致。

主要教训 1. 酒店领导对消防工作重视程度不够，对存在的消防安全问题不研究、不解决，消防安全责任制没有真正落实；2. 火灾隐患整改不力，对两部电源、疏散门堵塞等火灾隐患，虽已提出但未能及时整改；3. 对单位内部职工疏于管理，致使保安人员值班期间随意喝酒、吸烟；4. 员工消防安全意识淡薄，报警迟，自防自救能力差，发生火灾后，不能及时组织人员疏散，丧失人员逃生的时机。

火灾处理 1. 夏威夷大酒店副总经理韩振华、保安部经理马福全、保安部消防主管王世明因消防责任事故罪被逮捕；2. 洗浴中心经理刘继婷因重大责任事故罪被逮捕；3. 依据《吉林省消防条例》，对夏威夷大酒店罚款22000元。

黑龙江省火灾情况

1999年，全省共发生火灾2946起，死105人，伤112人，烧毁建筑10.8万平方米，受灾955户，直接财产损失2896万元。与上年相比，起数和财产损失分别下降16.3%和74.6%，死人、伤人数分别上升10.5%和23%。从全省火灾情况看，主要有以下特点：

一、**重、特大火灾明显下降**。共19起，死48人，伤21人，直接财产损失664.5万元。其中，特大火灾2起，死16人，伤3人，直接财产损失158.7万元；重大火灾17起，死32人，伤18人，直接财产损失505.8万元。与上年相比，起数下降45.5%，死人上升85.7%，伤人、损失分别下降27%和92.5%。年内，发生一次死亡10人以上的火灾1起，死16人。死3人以上的重大火灾8起，共死31人。与上年死3人以上的重大火灾相比，起数上升50%，死人上升27%。

二、**商业火灾得到遏制**。共157起，死11人，伤14人，直接财产损失961.7万元。其中，特大火灾1起，重大火灾5起，死3人，直接财产损失387.1万元。重、特大火灾起数和直接财产损失与上年相比，分别下降57%和95.5%。

三、**易燃易爆化学物品火灾事故造成的人员伤亡有所上升**。共31起，死21人，伤29人，直接财产损失94.6万元。与上年相比，火灾起数基本持平，死人上升2.5倍，伤人上升16%，直接财产损失下降37.1%。其中，重、特大火灾2起，死19人，伤4人，直接财产损失32.9万元，与上年易燃易爆物品发生的重、特大火灾相比，起数上升1倍，死人上升8.5倍，损失下降62.5%。

四、**个体、私营企业火灾突出**。共360起，死49人，伤48人，直接财产损失1463万元，分别占总数的62.3%、77.8%、53.3%和62.3%。其中，重、特大火灾10起，死32人，伤20人，直接财产损失399万元。

五、**城乡居民住宅火灾多发**。共335起，死46人，伤28人，直接财产损失362.4万元，起数占总数的33.3%，损失占总数的12.8%。其中，重大火灾4起，死10人，伤1人，直接财产损失64万元。

六、**夜间火灾有所控制**。18时至次日6时发生火灾544起，死59人，伤57人，直接财产损失1850万元，起数占总数的54%，损失占总数的65%。其中，重、特大火灾起数和直接财产损失占总数的68%和66.7%。与上年相比，起数下降18%，损失下降79.6%；重、特大火灾起数下降27.8%，直接财产损失下降94%。

七、**用火不慎和违章操作火灾最多，电气火灾损失严重**。用火不慎和违章操作等人为因素引起的火灾，占总数的36.6%，电气火灾占总数的26.5%，放火引起火灾有所增多，占总数9.3%。从损失看，电气火灾损失最多，占总损失29.4%；其次是用火不慎和违章操作造成的火灾损失，占25.8%；放火造成的火灾损失占14.5%。

黑龙江分地区火灾综合情况

地区	起数	死人	伤人	直接损失（元）	特大火灾				重大火灾			
					起数	死人	伤人	直接损失（元）	起数	死人	伤人	直接损失（元）
合计	2946	105	112	28959504	2	16	3	1586844	17	32	18	5058434
哈尔滨	134	37	13	5578129	1	16	3	326844	5	11	1	1509950
齐齐哈尔	388	8	5	1417783					1	3		9520
鸡西	339	5	4	1027706								
鹤岗	288			416446								
双鸭	56			1491609								
大庆	117	11	22	3244120					2	3		652980
伊春	33	2	3	187517								
佳木斯	718	6	6	2441944					1	3		917600
七台河	24	4	2	914732								
牡丹江	477	7	6	3060599					1			295882
绥化	130	10	43	3078716					2	5	16	393405
黑河	151	12	3	1996878					3	7	1	337780
大兴安岭	24			1038371					1			564317
森工	55	2	3	1277645								
农场	12	1	2	1787309	1			1260000	1			377000

黑龙江农垦总局新华农场新华商场火灾

基本情况 新华商场位于宝泉岭农垦分局新华农场场部新华大街，建于1967年，系单层砖木结构，建筑面积1100平方米。

扑救情况 9月16日2时42分，当地消防队接警后，立即出动2辆消防车、4名消防人员，6分钟后赶到现场，采取南北夹击的灭火战术，力求控制火势。由于附近没有水源，消防车只好到加水点加水，以致火势失去控制。增援力量到达火场后，采取分隔包围、上下合击的战术扑灭了大火，保住了300平方米的日杂大厅。

火灾损失 烧毁房屋800平方米和大量的百货、布匹等商品，受灾个体户22家，直接财产损失146万元。

火灾原因 农场工人刘占军进商店盗窃，被发现后放火。

主要教训 1. 公共场所应按规定设置防火分隔。2. 消防队应加强值班值宿制度，增强对火场的控制能力和扑救能力。3. 灭火力量不足，现有车辆、装备难以扑救较大火灾。

火灾处理 犯罪嫌疑人刘占军被逮捕。

上海市火灾情况

1999年，全市共发生火灾6551起，死43人，伤90人，直接财产损失1487.3万元，与上年相比，死人上升2.4%，起数下降8.9%，伤人下降21.1%，损失下降32.5%。其中，重大火灾3起，死3人，直接财产损失70.9万元，与上年相比，四项数字分别下降25%、50%、100%和10.1%。全市公安消防部队共接警出动11657起（不包括不属公安消防机构统计的92起），出动消防车29229辆次、消防人员32.8万人次，抢救人员639人，保护建筑73.1万平方米，保护财产价值9亿元。其中，参加社会救援1892起，出动消防车3668辆次、消防人员41628人次，抢救人员498人。全市火灾情况综合分析如下：

一、基本情况

（一）从区域看，市区仍是火灾多发区，因火灾伤亡人数最多。市区火灾四项数字分别占总数的59.6%、58.1%、65.6%和48.6%，与上年相比，起数、死人、伤人、损失分别下降13.9%、7.4%、6.3%和40.5%；其次是乡村火灾，四项数字分别占总数的29%、37.2%、18.9%和28.8%，与上年相比，起数、死人分别上升5.3%和14.3%，伤人、损失分别下降51.4%和38.4%。

（二）从行业看，工业火灾起数最多。共882起，死4人，伤34人，直接财产损失576.6万元，分别占总数的13.7%、9.3%、37.8%和39.1%，与上年相比，起数和损失分别下降9.8%和6.1%外，死人、伤人分别上升100%和30.8%。工业火灾中电气和违章操作引起的火灾占62.5%。6月19日，广中路565号一汽车电器有限公司因职工违章操作致使清洗弹簧片的工业汽油倒翻，遇烘箱高温引起火灾，死1人，伤6人，直接财产损失4.7万元。其次是农业火灾，共513起，伤2人，直接财产损失69.7万元，与上年相比，起数增加7个百分点，死人减少1人，伤人减少2人，损失减少41个百分点，农业火灾中玩火引起的火灾占37%。商业火灾505起，死3人，伤9人，直接财产损失103.6万元，与上年相比，四项数字分别下降11.4%、25.0%、60.9%和49.4%，其中餐饮业伤亡人数下降76.2%。交通运输业火灾全面下降，共242起，伤3人，直接财产损失92.7万元，与上年相比，分别下降41.7%、25%和67.8%，死人持平。娱乐服务业火灾86起，直接财产损失56.9万元，与上年相比，起数、死伤、损失分别下降9.5%、100%和8.2%。仓储业火灾30起，死1人，伤2人，直接财产损失33万元，与上年相比，起数上升30.4%，死人增加1人，伤人增加1人，损失下降88.7%，电气是仓储业火灾的主要原因，占33.3%。

（三）从起火场所看，住宅火灾最多，人员伤亡也较为严重。年内，住宅火灾2894起，死31人，伤42人，直接财产损失372万元，分别占总数的45%、72.1%、46.7%和25.2%，与上年相比，除起数上升2%外，死人、伤人、损失分别下降6.1%、20.8%和21%，用火不慎和电气是住宅火灾的主要原因，占63.3%。各类厂房火灾638起，死3人，伤28人，直接财产损失380.5万元，与上年相比，起数下降11.9%，死人增加2人，伤人持平，损失下降12.7%。其中，违章操作213起，占33.4%；电气210起，占32.9%。货（堆）场火灾414起，伤2人，直接财产损失11.4万元，与上年相比，起数上升9.2%，伤人增加2人，损失下降35.3%，吸烟和玩火仍是此类火灾的主要原因，占81.6%。影剧院、歌舞厅等娱乐场所火灾54起，直接财产损失68万元，与上年相比，起数持平，死伤减少4人，损失上升15.8%。集贸市场火灾36起，死1人，直接财产损失20.5万元，与上年相比，起数上升44%，死人增加1人，损失增加一倍。9月4日，上海汇虹装璜建材市场因在经营场所内使用液化气不当引起火灾，死1人，直接财产损失17.7万元。

（四）从火灾24小时分布看，10时至15时火灾起数较多，损失较大，起数占总数的29.3%，损失占总数的24.5%。电气火灾多发生在15时至20时，占26.9%，用火不慎引发的火灾多发生在10时至15时，占32%，放火多发生在零时至5时，占28.3%。

（五）从起火原因看，电气引起的火灾仍占首位。共1862起，占总数的28.4%；其次是用火不慎1505起，占23.4%；吸烟1098起，占17.1%；玩火1006起，占15.7%；违章操作465起，占7.2%；放火145起，占2.3%；自燃37起；雷击14起。

二、主要特点

（一）火灾稳中有降，未发生特大火灾和群死群伤恶性火灾事故。日均火灾17.9起，比上年下降9.1%，日均损失4.1万元，比上年下降31.7%。万人火灾发生率为5.04，比上年减少0.49，万人火灾死亡率0.03，与上年持平，万人火灾受伤率0.07，比上年减少0.02，万元国内生产总值直接财产损失额0.37，比上年减少0.23。

（二）私营企业火灾形势严峻，重大火灾所占比重大。共648起，死7人，伤16人，直接财产损失290万元，分别占总数的10.1%、16.3%、17.8%和19.7%，其中重大火灾2起，死3人，直接财产损失40.6万元。从火灾原因看，电气和用火不慎所占比例为67.7%。随着市场经济的发展，私营企业越来越多，规模也越来越大，有些私营业主只注重经济效益，忽视消防安全，违章装修、乱拉乱接电线、建筑内擅自分隔，形成“三合一”单位等，是私营企业火灾严重的主要原因。12月23日，淡水路360号嘉伊五金个体经营商店发生火灾，造成3人死亡。该商店是典型的“三合一”单位，外间为自行车装配工作间，里间为民工宿舍。

（三）易燃易爆化学物品火灾频发。共986起，死8人，伤64人，直接财产损失243万元，分别占总数的15.3%、18.6%、71.1%和16.5%。其中，用火不慎占50%，违章操作占20.8%，玩火占10.5%，电气占7.6%，生活用气不慎和生产活动中因思想麻痹致使易燃气体泄漏引起爆燃的火灾占46%。7月2日，天宝路410弄10号居民家中液化石油气瓶漏气，遇明火后爆燃，造成重伤。12月3日，上海申光灯泡厂由于装卸工在装卸氢气瓶时，疏忽大意，致使氢气外泄引起爆燃，造成4人受伤。

（四）城乡居民火灾居高不下。城乡居民火灾是历年火灾的高发场所，为

2517起，死31人，伤34人，直接财产损失339万元，分别占总数的39.2%、72.1%、37.8%和23%。城乡居民火灾主要原因是电气和用火不慎，共1709起，占67.9%。近年来，随着人民生活水平的提高，居家装修日趋高档，家用电器日趋增多，用电量也呈猛增趋势，加之老式居民住宅电线老化和一些伪劣电气产品流入市场，以及广大农村消防基础薄弱，居民消防意识淡薄，是城乡居民住宅火灾多发的主要原因。

（五）仓库、货（堆）场火灾有所上升。共515起，伤2人，直接财产损失200.4万元，与上年相比，起数上升18.1%，伤人增加1人，损失下降49.7%。值得注意的是，违章吸烟和玩火是仓库、货（堆）场火灾多发的首要原因。其中，吸烟180起，占35.0%；玩火198起，占38.4%。反映出当前仓储场所安全管理尚有很多漏洞，亟待进一步加强。8月5日，崇明县前进农场前进轴瓦厂成品仓库内留有未熄灭的烟蒂，遇成品包装物逐步阴燃成灾，直接财产损失13.6万元。

（六）放火呈上升趋势。共145起，比上年上升12.4%，放火的主要场所多集中在货（堆）场、住宅和村民柴草垛。2月12日，七浦路333至335号6户居民因放火受灾，直接财产损失23万元。此类火灾多为家庭矛盾、邻里纠纷、与领导上下关系不和等所致，火灾发生突然，火势发展迅速，破坏程度大，应引起全社会的高度重视。

上海分地区火灾综合情况

地区	起数	死人	伤人	直接损失（元）	特大火灾				重大火灾			
					起数	死人	伤人	直接损失（元）	起数	死人	伤人	直接损失（元）
合计	6551	43	90	14873366					3	3		709200
黄浦	112			303061								
南市	156	2	2	367470								
卢湾	164	4	5	326550					1	3		10000
徐汇	393	1	3	378977								
长宁	250			271029								
静安	130			116895								
普陀	500	3	6	559975								
闸北	266	2	4	559344								
虹口	301	4	9	452657								
杨浦	434	2	12	499736								
嘉定	363	2	6	865211								
闵行	404		2	1389402								
宝山	529	3	4	550164								
浦东	767	6	13	2818479								
南汇	277	3	2	1103037								
奉贤	296	2		256567								
松江	294		3	831680								
金山	291	2	7	758941					1			395600
青浦	184	1	3	690025					1			303600
崇明	358	5	3	959630								
宝钢	35		2	415758								
地铁	2			19540								
市属重点	9			111429								
危管	5			8180								
水监	22	1	4	138629								
民航	9			121000								

江苏省火灾情况

1999年，全省共发生火灾12135起，死207人，伤471人，烧毁建筑11.5万平方米，受灾1232户，直接财产损失6845.2万元，与上年相比，起数、死人、伤人分别上升23.2%、2.5%和2.2%，损失下降9.1%。其中，公安消防机构参与调查的火灾3799起。从全省火灾情况看，主要有以下特点：

一、**从发生火灾的性质看，重特大火灾明显下降**。共21起，死45人，伤47人，直接财产损失1219万元，分别比上年下降38.2%、34.8%、14.5%和35%。从24小时分布情况看，重特大火灾多发生在22时至次日2时，共8起，直接财产损失557.6万元，分别占重特大火灾总数的38.1%和45.7%。

二、**从发生火灾的地区看，南京、常州、苏州、镇江等地起数多，苏州、南通、泰州、镇江等地损失大，苏州、无锡、徐州、淮阴等地伤亡重**。南京、常州、苏州、镇江等地共发生火灾5619起，占火灾总数的46.3%，比上年上升20%；苏州、南通、泰州、镇江等地火灾损失3452.2万元，占损失总数的50.4%，比上年上升3.8%；苏州、无锡、徐州、淮阴等地火灾共造成305人伤亡，占伤亡总人数的45%，比上年上升28.7%。

三、**从发生火灾的区域看，乡村火灾继续保持稳中有降的态势**。共1626起，伤亡339人，直接财产损失2163.9万元，分别占火灾总数的42.8%、50%和32.8%，起数所占比例与上年大体持平、比1997年减少4.8个百分点，伤亡所占比例比上年增加4.8个百分点、比1997年减少3个百分点，损失所占比例比上年减少6.7个百分点、比1997年减少9.8个百分点。乡村火灾稳中有降，其火灾扑救比例继续上升，在1626起乡村火灾中有1416起得到扑救，扑救比例为87.1%，比上年增加3.6个百分点、比1997年增加8.8个百分点。

四、**从发生火灾的行业看，工业火灾位居首位，商业、娱乐服务业火灾有较大幅度的上升**。工业火灾840起，伤亡181人，直接财产损失2603.2万元，分别占火灾总数的22.1%、26.7%和39.5%。其中，重特大火灾7起，伤亡18人，直接财产损失679.5万元，分别占重特大火灾总数的33.3%、19.6%和55.7%。商业火灾340起，伤亡57人，直接财产损失948.8万元，分别占火灾总数的8.9%、8.4%和14.4%，与上年相比，分别上升11.1%、39%和74.6%。娱乐服务业火灾122起，伤亡29人，直接财产损失355.3万元，分别占火灾总数的3.2%、4.3%和5.4%，与上年相比，起数和伤亡人数分别上升18.4%和13.5倍，损失数下降41.2%。发生在商业、娱乐服务业的重特大火灾共4起，伤亡17人，直接财产损失334.7万元，分别占重特大火灾总数的19%、18.5%和27.5%，与上年相比，起数、损失所占比例分别增加7.2个和14.2个百分点（上年商业、娱乐业未发生特大火灾，重大火灾没有人员伤亡）。

五、**从发生火灾单位的经济类型看，私营企业火灾占所有单位火灾总数的一半以上**。私营企业火灾1167起，伤亡229人，直接财产损失2407.3万元，分别占企事业单位火灾总数的59.1%、63.8%和48%，分别比上年上升9.5%、9%和10%。其中，重特大火灾7起，伤亡20人，直接财产损失279.3万元，分别占企事业单位重特大火灾总数的50%、32.3%和25%。国有、集体企事业单位火灾650起，伤亡92人，直接财产损失1556.5万元，分别占企事业单位火灾总数的32.9%、25.6%和31.1%，分别比上年下降24.9%、39.5%和40.5%。

六、从发生火灾的场所看，城乡居民住宅火灾最多，交通工具火灾有所下降，货（堆）场火灾大幅度上升。城乡居民住宅火灾1378起，伤亡243人，直接财产损失975.3万元，分别占火灾总数的36.3%、35.8%和14.8%，与上年相比，起数上升3.4%，伤亡人数和损失分别下降8.6%和7.1%；交通工具火灾306起，伤亡121人，直接财产损失876.5万元，分别占火灾总数的8.1%、17.8%和13.3%，与上年相比，起数和损失数分别下降15.2%和26.1%，伤亡人数上升55.1%；货（堆）场火灾226起，直接财产损失237.5万元，分别占火灾总数的5.9%和3.6%，与上年相比，分别上升28.4%和63.8%。

七、从发生火灾的原因看，电气是引发火灾并造成严重财产损失的首要原因。电气火灾1189起，伤亡83人，直接财产损失2225.7万元，分别占火灾总数的31.3%、12.2%和33.7%；用火不慎747起，伤亡153人，直接财产损失568万元，分别占火灾总数的19.7%、22.6%和8.6%；违章操作352起，伤亡145人，直接财产损失643万元，分别占火灾总数的9.3%、21.4%和9.7%；放火215起，伤亡45人，直接财产损失362.9万元，分别占火灾总数的5.7%、6.6%和5.5%，起数、伤亡所占比例分别比上年增加0.7个和1.9个百分点，其中123起放火案件发生在乡村，占放火总数的57.2%。

江苏分地区火灾综合情况

地区	起数	死人	伤人	直接损失（万元）	特大火灾				重大火灾			
					起数	死人	伤人	直接损失（万元）	起数	死人	伤人	直接损失（万元）
合计	12135	207	471	6845	4	22	22	502	17	23	25	717
南京	1675	16	23	355								
无锡	863	23	64	490					3	7	1	45
徐州	799	11	49	290								
常州	1490	12	33	491								
苏州	1435	27	72	1325					3	1	17	161
南通	549	21	37	1080	1			296	4	9	7	184
连云港	408	8	17	192								
淮阴	579	21	38	438	2	8	19	197				
盐城	984	19	34	486					1	3		2
扬州	877	10	28	333					1			43
镇江	1019	4	19	502					1			89
宿迁	459	20	19	319	1	14	3	9	1			56
泰州	998	15	38	544					3	3		137

江苏南通泰慕士服装有限公司火灾

基本情况 南通泰慕士服装有限公司位于如皋市经济技术开发区，建于1992年6月，由江苏九鼎集团与日本英瑞株式会社合资兴办，是专业生产各种针织服装的现代化企业。公司占地面积35000平方米，建筑面积13000平方米，共有员工810人，年销售额8000万元，利税300万元。公司董事长吴文贵，副董事长顾清波，日籍总经理加藤纪生。

起火经过和扑救情况 1月15日23时许，公司漂染车间后整理工段烘干机操作工张世兰等3名当班工人，发现2号烘干机上方起火，瞬间1号、3号烘干机也起火。3人迅速用灭火器灭火，由于火势太大未能奏效。她们一面呼叫前段工序的男工，一面用车间内的消火栓灭火，同时叫门卫报警。由于车间内使用易燃玻璃钢做吊顶，加之可燃的棉布多，火势迅速蔓延至整个车间。如皋市消防大队23时10分接警。由于大队大部分警力已于半小时前出动扑救另一起农村火灾尚未归队。正在火警台值班的大队领导立即组织留守的3名同志和1辆消防车赶往现场，同时抽调另一火场的1辆消防车返回支援，并向南通市消防支队请求增援。市消防支队接报后，先后调动海安县消防大队2辆消防车、10名消防官兵，一中队2辆消防车、18名消防官兵前往增援。半小时后，如皋大队扑救乡村火灾的消防车和官兵及海安消防大队的增援力量先后赶到火场，采取堵截包围的灭火战术，有效地控制了火势向仓库和二楼蔓延，于16日2时40分将火彻底扑灭。

火灾损失 过火面积800平方米，烧毁原材料30吨，烧损烘干机3台、预轧机3台、定型机4台及其它机械设备，直接财产损失296.4万元。

火灾原因 火灾系烘箱散热器表面覆盖的飞絮绒在蒸汽管散热片高温作用下，积聚不散的热量使积绒自燃所致。

主要教训 1.公司内部管理混乱，有章不循。事发当天，公司行政值班干部擅自离开工作岗位，无领导在场组织扑救，未能扑灭初起火灾。2.生产设备操作无章可循。公司对设备改造后，未组织有关技术人员对烘干机的使用制订可行的安全操作规程。3.公司重生产、轻安全，未能及时调整生产任务，致使烘干机连续工作5昼夜，在机器表面形成较高的温度，使人员和机械长期处于超负荷状态。4.自救不当，报警迟。发现起火时先用灭火器灭火，由于火势太大，然后用消火栓灭火，而此时漂染车间内已被大火封住，无法进入，这时才向“119”火警台报警。5.日常消防管理混乱，防范意识差。该公司在对漂染车间屋顶进行装修时，没有按照国家有关规定报消防部门审核，违章使用易燃材料，造成先天火灾隐患，导致火势蔓延迅速。

火灾处理 1.对南通泰慕士服装有限公司罚款4万元；2.对公司总经理加藤纪生罚款1000元；3.对公司当班值班干部张小勇、漂染车间主任吴屏、生产二部部长陈金平等有关责任人分别给予行政处分。

江苏淮阴市汇通市场火灾

基本情况 汇通市场地处淮阴市长途汽车总站北侧，建于1983年，1984年5月正式开业。前期工程投资42万元，搭建了2170平方米的钢架玻璃钢大棚，其后历经新建、改建和扩建，使市场逐步由大棚式向群楼大厅式发展，形成了以汇通市场八区为龙头的8个专业连片的市场群体。市场占地面积6万平方米，营业面积4.6万平方米，累计总投资1亿多元，拥有营业柜台3000多节、营业门面房820间。9个交易区分别主营服装、鞋帽、针织、百货、食品、五金、电器等商品，年成交额10亿多元。汇通市场原没有消防水源，只有部分室内消火栓，存在重大火灾隐患。省、市、区三级消防部门曾对该市场进行检查，并提出了整改意见。1998年5月20日，中央电视台《东方时空》栏目也报道了汇通市场存在的重大火灾隐患。1998年7月，汇通市场增设4个室外消火栓，但由于七区、八区在1997年11月未经公安消防部门验收就投入使用，埋下了先天性火灾隐患。1998年，公安消防部门共对汇通市场检查8次，下发整改通知书13份，提出整改意见数十条，该单位对重大火灾隐患虽整改了一些，但整改不彻底。

起火经过和扑救情况　1月24日18时30分，汇通市场八区二楼海宁皮装城值班员田友烈，在皮装城西侧的楼梯口洗脸时，闻到一股烟味，往下看发现一楼西南部13号门面房向外冒烟，于是与一楼的清洁工一起用灭火器灭火，但未成功，即喊清洁工刘某报警。淮阴市消防支队19时19分接警后，迅速调动三中队5辆消防车奔赴火场，随后又调二中队、淮阴县、淮安市消防大队出动。支队长孙志超接报后，向一中队、涟水大队、洪泽大队发出增援命令，并立即向省消防总队和淮阴市公安局、市政府报告。19时23分，责任区中队到达火场，此时火势已处于猛烈燃烧阶段。19时25分，孙志超等支队领导到达火场，成立了火场临时指挥部。19时37分，增援的二中队5辆消防车到场，与先期到达的三中队形成有效的配合。19时39分，淮阴县消防大队3辆消防车到达火场，组织向火场供水。针对部分个体摊主争抢疏散物资，迅速调派公安干警前往火场维持秩序，并集中力量阻截火势向东侧蔓延。20时许，增援的淮安大队、洪泽大队、涟水大队相继到场。20时30分左右，淮阴市委书记赵学风、市长陈从亮先后到达火场指挥灭火。20时35分，火势得到控制。21时15分许，火被全部扑灭。整个灭火战斗共投入7个公安消防大（中）队的22辆消防车、167名消防官兵。经过近2个小时的奋力扑救，保护了毗邻长途汽车站及八区内价值数千万元的商品。

火灾损失　烧毁建筑1200平方米、门面房37间、柜台69节及皮装、音像制品、服装、针纺织品等，直接财产损失189.2万元。

火灾原因　火灾系市场八区一楼13号门面房北厅上方电缆桥架内一根多股铜芯电缆线与桥架底板发生短路，产生的电弧将桥架底板熔穿，大量高温金属熔珠掉落在下方的可燃物上所致。

主要教训　1.市场七区、八区未经公安消防部门验收便投入使用，没有自动报警和水喷淋系统。2.缺乏水源。3.个体工商户防火意识淡薄，自防自救能力差。4.火灾扑救中兵力的调集，忽视了市区专职消防队的作用。

火灾处理　淮阴双龙商贸有限公司在八区的建设过程中，擅自取消原设计内容中的火灾自动报警系统、自动水喷淋灭火系统等消防设施。在使用期间又擅自改造精品屋，增加了建筑物的火灾危险性，室内消防用水达不到规范要求，影响了火灾扑救，对副经理潘晓飞给予行政处分。当晚值班员程金城擅离岗位，未能及时发现火灾，导致火灾蔓延扩大，予以开除。

江苏沭阳宁波大酒店火灾

基本情况 宁波大酒店位于沭阳县东关大街1号，共3层，座北朝南，砖混结构，建筑总面积315.5平方米。其中一层114平方米、二层125平方米、三层76.5平方米。酒店东连重庆火锅城（尚未开业），西与城北邮政支局临街门面房相接，北面为城北邮政支局办公大院，南面隔东关大街为广场花园。8月22日，浙江宁波人王家林将宁波大酒店转租过来，在未向公安消防机构申报的情况下，擅自将酒店重新装修改造为康乐城，从事足部按摩和推拿服务。9月15日，当地消防部门会同文化、公安、工商等部门对该酒店进行安全检查时，责令停止装修，要求向消防部门申报。以后消防部门又多次催报，但王一拖再拖，直至火灾发生。康乐城一楼为足部按摩房，共有3个双人小包间和1个大包间；二楼设有9个推拿包间；三楼为老板和员工宿舍共6个房间。其中二楼原为舞厅，重新装修改造过程中使用了大量的可燃材料，包括吊顶、木隔断、墙软包、纤维地毯和木地板，大多数为高分子材料。10月17日晚至18日凌晨，康乐城共接待顾客28人次。18日2时许，康乐城员工朱伟良（男，34岁，浙江省象山县人）将大门反锁后，到三楼宿舍休息。当晚三楼共住有17人（其中包括老板王家林夫妇和4岁的女儿、朱伟良夫妇及12名服务员）。二楼无人住宿。一楼住有3人，其中2名值班人员和1名木工。

扑救情况 10月18日7时5分，沭阳县消防大队接警，立即出动3辆消防车、16名消防官兵前往扑救，7时8分到达火场，发现有被困人员，立即展开救人和灭火。同时向宿迁市消防支队请求增援。支队值班领导王立才支队长接报后，迅速率特勤中队1辆消防车、10名消防官兵于7时40分赶到现场。沭阳县消防大队到场后，中队指挥员根据火场情况，组织精干力量，从酒店东侧平房上酒店三楼破拆救人，同时从酒店内部楼梯强攻二楼灭火。2分钟后，从三楼救出1人，同时消防官兵利用水枪掩护强行攻入三楼火场内部，陆续抢救出3名人员（均已死亡）。再次进入火场救人时，火场突然发生爆燃（事后调查得知是一油漆罐爆炸），致使3名消防队员被灼伤。支队指挥员到场后，根据火场情况，重新部署灭火力量，集中优势兵力强攻火点，8时40分许扑灭火灾。

火灾损失 造成14人死亡（老板王家林全家3人，服务小姐11人）、3人受伤，过火面积140平方米，直接财产损失8.5万元。

火灾原因 火灾系推拿房内遗留的烟头长时间阴燃所致。

主要教训 1. 擅自改变建筑的使用性质，未经公安消防机构审核批准，就将原酒店改为康乐城。2. 使用大量可燃材料进行室内装修。3. 该酒店管理混乱，没有制定安全管理制度，员工缺乏自防自救常识。

浙江省火灾情况

1999年，全省共发生火灾17581起，死192人，伤274人，直接财产损失1.22亿元，烧毁建筑56.7万平方米，受灾3381户。与上年相比，起数、死人、伤人和损失分别上升29.4%、21.5%、20.7%和0.9%。其中，特大火灾2起，死10人，伤6人，直接财产损失218.6万元；重大火灾56起，死27人，伤13人，直接财产损失2844万元。全省日均火灾48.2起、损失33.5万元；次均火灾损失0.7万元；人均火灾损失2.8元。全省公安消防部队共接警出动18199起，出动消防车33321辆次、人员23.4万人次，救助人员361人，保护建筑165.7万平方米，保护财产价值7.3亿元。其中，参加社会救援1425起，出动消防车1806辆次、人员10175人次，救助人员281人。从公安消防机构调查的1714起火灾分析，主要有以下特点：

一、**火灾相对集中的地区，四项数字所占比例较大**。温州、绍兴、台州火灾发生数所占比重大，共866起，占全省火灾总数的一半以上。其中，温州占18.5%，绍兴占17.6%，台州占14.5%；杭州、温州因火灾死亡人员较为严重，共死97人，占死人总数的50.5%。其中，杭州22人占11.5%，温州75人占39%；温州、台州和丽水火灾损失比较严重，共5947.7万元，占损失总数的48.7%。

二、**住宅、厂房火灾突出**。住宅火灾810起，死137人，伤90人，直接财产损失3472.1万元，分别占总数的47.3%、71.4%、32.8%和32.6%。厂房火灾419起，死22人，伤98人，直接财产损失3695.1万元，分别占总数的24.4%、11.5%、35.8%和34.7%。

三、**乡村火灾居高不下**。共876起，死104人，伤107人，直接财产损失5243.3万元，分别占总数的51.1%、54.2%、39.1%和49.3%。其中，重大火灾27起，直接财产损失1343.9万元，分别占重大火灾总数的48%和47.3%。全年93起放火案件中有64起发生在乡村，占68.8%。乡镇企业火灾208起，直接财产损失2171.2万元，分别占总数的12.1%和20.4%。

四、联营企业火灾所占比重较大。共852起，死93人，伤132人，直接财产损失4017.9万元，分别占总数的49.7%、48.4%、48.2%和37.8%。与上年相比，除起数下降2.7%外，死人和损失分别上升25.7%和19.4%；私营企业火灾250起，死14人，伤63人，直接财产损失2679.7万元。

五、火灾原因结构变化不大。电气火灾仍居首位，共627起，死39人，伤69人,直接财产损失4128.5万元,分别占总数的36.6%、20.3%、25.2%和38.8%;其次是用火不慎317起,占总数的18.5%;违章操作204起,占总数的11.9%;吸烟88起，占总数的5.1%；放火93起，占总数的5.4%；玩火55起，占总数的3.2%。

六、一、二月和十二月份火灾较为严重。从火灾发生的月份看，一、二、十二月份火灾较为严重，共发生730起，死109人，伤93人，直接财产损失4263.6万元，分别占总数的42.6%、56.9%、33.9%和40.1%。

浙江分地区火灾综合情况

地区	起数	死人	伤人	直接损失（元）	特大火灾				重大火灾			
					起数	死人	伤人	直接损失（元）	起数	死人	伤人	直接损失（元）
合计	17581	192	274	122224315	2	10	6	2186068	56	27	13	28440179
杭州	2749	22	14	8431821								
宁波	2566	10	12	8972291					1			780000
温州	3222	75	76	32768194	1	10	6	105000	23	23	6	9718754
嘉兴	1012	10	11	7592702					4			2412138
湖州	723	9	13	4786581					2			1412222
绍兴	1755	15	42	11040384					2			879920
金华	2265	11	26	11009083					6		1	2953400
衢州	498	7	22	3891225					1			608829
舟山	322	6	5	2047955					1			724060
丽水	740	14	31	13147638	1			2081068	7	1	1	3322856
台州	1729	13	22	18536441					9	3	5	5628000

浙江温州市永中镇姜氏祠堂火灾

基本情况 姜氏祠堂位于温州市瓯海区永中镇1号横街中河路姜宅巷易燃建筑密集区内，建于50年代，砖木结构，占地面积约640平方米，唯一进出通道设在祠堂南面，紧挨着姜宅巷。祠堂内部由前堂、天井、后堂及两侧厢房和走廊组成。

起火经过和扑救情况 2月15日，嵊州籍、新昌籍临时组建的戏班演职人员住进两侧厢房二楼，准备在2月16日演戏。2月16日4时40分左右，睡在祠堂东厢房二楼的姚福江发现祠堂后堂佛像前一片火光。瓯海区消防中队4时45分接警，4时49分到达火场。龙湾消防中队增援的1辆消防车、8名消防官兵也随后抵达。此时，后堂、两侧的走廊和厢房及天井的屋盖已被烧塌，可供进入祠堂的唯一通道也被大火封锁，整座建筑已是一片火海。消防官兵从祠堂南侧、东南面和北侧进攻，阻止火势向周围蔓延，6时许将火基本扑灭。

火灾损失 10人死亡，6人受伤，烧毁建筑526平方米，直接财产损失10.5万元。

火灾原因 火灾系供神用的大蜡烛引燃方桌所致。

主要教训 1. 报警迟，延误战机。2. 没有配备灭火器材，缺乏水源。3. 防火措施没有落实，没有制定用火、值班巡逻等制度。4. 消防意识淡薄，缺乏火场逃生常识。5. 违章封闭天井，使该建筑原有的自然排烟功能遭到破坏，以致大量人员遭烟气侵害而伤亡。

火灾处理 负有直接责任的姜昌弟被依法判处有期徒刑3年。

浙江青田县格瑞斯鞋业有限公司火灾

基本情况 格瑞斯鞋业有限公司系中外合资企业，位于青田县温溪镇安定西路298号，该公司生产大楼共5层，高19.1米，面积4078.72平方米，除五楼原料仓库为砖木结构外，其余为钢混框架结构。一楼是餐厅等生活用房，二至四楼是生产车间，五楼是原料仓库和成品仓库。该大楼未经消防验收。东面是本厂职工宿舍，南面是大院空地，西面是空地，北面为居民住宅。

起火经过和扑救情况 8月1日23时43分，水泥厂工人陈共选发现格瑞斯厂房顶楼起火立即报警。青田县消防大队接警后，出动3辆消防车于2日零时7分到场，此时火势已处于猛烈燃烧阶段。消防官兵迅速沿楼梯垂直铺设水带，出2支水枪到五楼灭火，出1支水枪到四楼阻止火势蔓延。1时20分控制火势，5时20分将火全部扑灭。

火灾损失 烧毁、烧损建筑544平方米，烧毁成品鞋32695双、针织毛4002.8米、羊毛3250斤、牛皮2460.5尺以及砂轮机、汽泵等设备，直接财产损失208万元。

火灾原因 放火嫌疑。

主要教训 1. 乡镇消防基础设施落后，消防水源十分缺乏。2. 呼吸器不足，没有通迅工具，照明工具不够，给扑救工作带来一定困难。3. 公司生产大楼未经消防验收，擅自搭建五层原料仓库，造成建筑耐火等级低。4. 消防安全管理措施不落实，未建立健全消防安全制度，仓库物品堆放混乱。5. 未设置专兼职消防员，无义务消防安全组织，对职工缺乏消防安全教育和培训，自防自救能力差。

安徽省火灾情况

1999年，全省共发生火灾6289起，死69人，伤153人，直接财产损失3754万元。其中，重大火灾10起，死15人，伤2人，直接财产损失412万元。全省公安消防部队共接警出动6620起，出动人员74358人次、消防车11732辆次，抢救人员170人，保护建筑27.8万平方米，抢救和保护财产价值12.5亿元。从全省火灾情况看，主要有以下特点：

一、**从经济类型看，私营企业火灾严重，损失巨大**。共1335起，死32人，伤90人，直接财产损失1717万元，分别占公安消防机构参与调查火灾总数的40%和46.8%。

二、**从起火场所看，居民住宅火灾接连发生**。共发生1330起，死48人，伤76人，直接财产损失630万元。四项数字分别占公安消防机构参与调查火灾总数的39.3%、69.6%、49.7%和17.2%。交通工具火灾不容忽视，共273起，直接财产损失638万元。

三、**从起火原因看，电气火灾居多**。共1010起，死11人，伤35人，直接财产损失1195万元。违章操作及用火不慎是引起火灾的主要原因，共1111起，死34人，伤71人，直接财产损失953万元。吸烟和小孩玩火引起火灾较上年有较大幅度上升，共609起，死12人，伤14人，直接财产损失462万元，较上年增加51.8%。

四、**从火灾发生季节看，春节期间火灾突出**。2月15日至2月20日发生火灾738起，占全年总数的11.7%。麦收期间火灾大幅度下降，共发生135起，直接财产损失16万元。火灾原因主要是焚烧麦秸、麦茬不慎。

1999年，全省火灾形势比较严峻，重大火灾时有发生。主要原因：一是一些单位在设计、施工、装修及生产、经营过程中，堵塞消防安全通道，使用易燃材料装修，乱拉乱接电线，导致火灾多发。违章用火、用电、用气引起的火灾占总数的60%。二是消防安全责任制不落实。一些单位、部门只顾经济效益，忽视消防安全，没有建立消防安全责任制。有的虽建立了但不落实，只停留在口头上、书面上，消防安全责任制形同虚设。不少企业在租赁承包过程中消防安全无人过问。从各地公安消防机构参与调查的火灾看，绝大多数起火单位消防安全责任制都未真正落实。三是社会消防安全意识淡薄，自防自救能力差。一些单位法人代表、业主和员工消防安全意识和法制观念淡薄，麻痹大意。特殊工种的职工未经消防培训就上岗作业，不懂自防自救常识，不会报警，不会使用灭火器材，不会扑救初起火灾。四是火灾隐患整改不力，导致火灾发生。尤其是一些高层及大型公共建筑缺少自动报警和自动灭火设施，有的虽然安装了建筑消防设施，但由于缺乏维护保养，不能正常发挥作用。

安徽分地区火灾综合情况

地区	起数	死人	伤人	直接损失（元）	特大火灾				重大火灾			
					起数	死人	伤人	直接损失（元）	起数	死人	伤人	直接损失（元）
合计	6289	69	153	37539702	1			1300000	10	15	2	4122284
合肥	892		15	1850056								
芜湖	255	1	5	1710686								
蚌埠	614	6	10	1586200								
淮南	395	1	16	2407129								
淮北	329		10	1071945								
铜陵	161	2	4	1164710								
安庆	507	12	17	2512620					1	3		5000
黄山	204	5	7	3372316	1			1300000				
阜阳	1002	15	10	7182204					5	11	1	1701720
滁州	560	1	14	1260517								
马鞍山	275	5	1	1120520								
宿县	268	7	10	2627832								
宣城	76	3	5	2615358					2	1	1	1135700
巢湖	275	5	14	2873889					1			969864
池州	195	4	7	1173779								
六安	280	2	8	3009641					1			310000

安徽歙县江腾摩托车销售公司火灾

基本情况 江腾摩托车销售公司位于歙县城关镇人民路61号，为一栋6层钢混结构建筑，底层面积500平方米，北部为仓库区，其南面、西面为样车区。第二层为农工商公司，三、四层为县土地局职工宿舍，五、六层为县广播电视局。

起火经过和扑救情况 11月22日零时40分左右，该公司值班员王东、汪建高突然发现卷帘门内有熊熊大火，火焰已将卷帘上部烧出一个洞。汪建高连忙直奔老板家去报告。与此同时，在小北街摆夜摊的人发现火情后，拨打“119”报警。歙县消防大队零时55分接警，出动2辆消防车、12名消防人员前往扑救，屯溪消防一中队和徽州区消防中队也各派1辆水罐车增援。为防止楼上人员伤亡和东面县建工队的一栋宿舍免遭火灾，在县建工队大院内出1支水枪阻击火灾，于3时左右将火扑灭。

火灾损失 底层500平方米的大厅全部过火，烧毁各种品牌摩托车185辆，电视机13台，冰箱20台，洗衣机19台，空调14台以及VCD影碟机和电扇等物品。直接财产损失130万元。

火灾原因 放火。

主要教训 1. 该建筑为“三无”工程，在竣工后又将楼层分别出售给了3家单位，各单位又结合自己的需要进行了改建，使原来设计的2个疏散楼梯中的1个被封闭。另外，该楼距北面私人住宅（3层楼）不足2米，防火间距严重不足。2. 该公司值班人员不懂消防常识。发生火灾后，2个值班员未及时将起火部位周围的摩托车疏散开来，而是去老板家报告，导致火灾损失增大。3. 该建筑虽然设有室内消火栓，但是没有消防用水和灭火设施。4. 市政消防水源缺乏。

福建省火灾情况

1999年，全省共发生火灾5200起，死98人，伤185人，直接财产损失9910.5万元。全省公安消防部队共接警出动5920起，出动消防车11345辆次、人员75856人次。与上年相比，火灾起数、伤人、死人、财产损失分别上升17.5%、21.4%、16.3%和1.15%。特大火灾10起，死13人，伤2人，直接财产损失2367.7万元。从全年火灾情况看，主要有以下特点：

一、重特大火灾呈上升趋势。共发生40起，伤49人，损失3767.3万元。与上年相比有较大幅度上升，起数、伤亡人数、直接财产损失分别上升37.9%、81.5%和18.1%。重特大火灾发生的主要区域是市区、县镇和乡村，分别占重特大火灾总数的32.5%、27.5%和35%。从火灾发生的场所看，住宅和厂房占重特大火灾总数的67.5%。

二、经济发达的沿海地区仍是火灾的多发区，内陆山区火灾不容乐观。福、厦、漳、泉和莆田五个地区火灾3611起，直接财产损失6219.7万元，分别占总数的69.4%和62.7%，与上年相比，火灾起数减少2个百分点，直接财产损失增加11个百分点。其中，泉州市1317起，损失1703万元，分别占总数的25.3%和17.2%。由此看来，经济发达地区由于经济的逐年发展以及消防宣传力度的不断加大、消防安全意识的不断增强，消防安全环境逐步改善，火灾上升势头在一定程度上得到遏制；内陆山区由于城市公共消防设施、消防装备等落后，改善消防安全环境、控制火灾上升势头的任务较为艰巨。

三、私营企业火灾依然突出。在各类企事业单位火灾中，私营企业火灾524起，伤亡103人，直接财产损失2336.9万元，占总数的66.1%、78.6%和45.3%。与上年相比，起数、伤人、直接财产损失分别下降16.0%、5.5%和7.0%。其中，重特大火灾12起，伤亡18人，直接财产损失718.4万元。私营企业中普遍存在的“重经济效益、轻消防安全”的现象，致使火灾居高不下。从行业看，工业火灾439起，死伤81人，直接财产损失3299.3万元，分别占总数的20.3%、28.6%和39.3%，起数和死伤人比上年下降4.8%和11.0%。轻工业火灾尤为突出，共发生301起，死伤46人，直接财产损失2887.0万元，分别占工业火灾总数的68.6%、56.8%和87.5%，且重特大火灾所占比重大。10起特大火灾中的7起和30起重大火灾中的13起均是轻工业火灾。

四、商业和交通运输业火灾损失急剧上升。随着经济的发展，作为第三产业的服务性行业迅猛发展，其火灾伤亡和损失在较高区域运转。年内，共发生170起商业火灾和155起交通运输业火灾，伤亡44人，直接财产损失1423.4万元，与上年相比，起数和人员伤亡分别下降0.9%和17%，直接财产损失上升4.9%。

五、建筑火灾占很大比重。从起火场所来看，建筑火灾占相当比重。在统计的2163起火灾中，1676起为建筑火灾，死伤247人，直接财产损失7459.5万元，分别占总数的77.5%、87.3%和88.9%。其中，居民住宅火灾935起，死伤149

人，直接财产损失2486.9万元，分别占总数的43.2%、52.7%和29.6%，死伤人数和财产损失与上年相比，分别上升30.7%和29.2%，起数下降5.7%。

六、乡村火灾有所下降，乡镇企业火灾形势进一步好转。乡村火灾787起，伤亡133人，直接财产损失2246.5万元，分别占总数的36.4%、47.0%和26.8%，与上年相比，起数、财产损失分别下降7.9%和15.8%，伤亡人数上升56.5%。其中，重特大火灾14起，伤亡34人，分别占重特大火灾总数的34.0%和69.4%。乡镇企业火灾129起，伤亡26人，直接财产损失927.8万元，分别占总数的2.5%、9.2%和9.4%，与上年相比，起数下降38.3%，伤亡人数上升1.5%，直接财产损失基本持平。

七、电气和用火不慎火灾居多。在统计的2163起火灾中，电气火灾663起，直接财产损失3166.1万元，占总数的30.7%和37.7%，与上年相比，分别减少1个百分点和5个百分点；用火不慎引起的火灾516起，直接财产损失1201.4万元，分别占总数的23.9%和14.3%，与上年相比，起数减少4个百分点，直接财产损失增加1个百分点。加强用火、用电消防安全教育，强化用火、用电消防管理，是预防和减少火灾发生的一项重要措施。

福建分地区火灾综合情况

地区	起数	死人	伤人	直接损失（元）	特大火灾				重大火灾			
					起数	死人	伤人	直接损失（元）	起数	死人	伤人	直接损失（元）
合计	5200	98	185	99104812	10	13	2	23677136	30	24	10	13995610
福州	1096	11	14	15066667	1			3490000	1	3		195700
厦门	330	3	11	8981164	2			5055964	1			935000
莆田	300	6	8	11573468	2			8944000	3	5	3	749964
三明	246	8	16	7552603	1			1587613	4			2527000
泉州	1317	25	45	17029720					7	6	5	2740373
漳州	868	21	17	9546390	2	12		1989559	2	6		472930
南平	301	6	24	10591226	1			1700000	6	3		3020772
宁德	441	11	28	13062189	1	1	2	910000	3		2	1863300
龙岩	301	7	22	5701385					3	1		1490571

福建三明市缝纫机台板厂火灾

基本情况 三明市缝纫机台板厂位于三元区新市南路297号，火场为租给个体经营户刘日红的家电仓库。该仓库座落在台板厂南面，东面毗邻澡堂，南面为篮球场，西面为办公楼，北面是仓库，西南角紧连着值班室。该仓库为两层砖木结构，楼板为现浇砼，耐火等级三级，中部有一货梯井。

扑救情况 2月20日4时55分，三元区消防大队接警，立即出动4辆消防车、21名消防官兵前往扑救，随后市消防支队又调集6辆消防车增援，经过1个多小时战斗，于6时许将火扑灭。

火灾损失 烧毁建筑686平方米和库存的电饭煲、微波炉等物品，直接财产损失158.7万元。

火灾原因 火灾系邻近群众燃放的烟花窜入仓库顶棚内阴然所致。

主要教训 1. 未经消防监督机构审核，擅自将油漆车间改为仓库出租。2. 违反《仓库防火安全规定》，严重超储，且在库内使用电热水器。3. 值班制度不落实，值班人员责任心不强，未能及时发现火灾。4. 消防通道狭窄，厂内无环形车道，影响消防车辆的调动和转移。

火灾处理 对租用台板厂油漆车间并擅自将其改为家电仓库的侨兴商店法人代表刘日红和台板厂值班人员占任泽分别处以10日拘留。

福建莆田市电信局火灾

基本情况 莆田市电信局位于城厢区雷山巷8号（梅园路北侧），电信楼为6层混凝土框架结构。该楼南面各层均有室外走廊，东西两端有防烟楼梯间，底层南面设有铁栏栅及铁栅门。该建筑东西长42.1米，南北宽14.6米，每层建筑面积为614平方米。

扑救情况 3月8日1时25分，莆田市消防一中队接警，立即出动2辆消防车、14名消防官兵于1时29分到场，市消防支队随后又调集莆田县消防大队3辆消防车、23名消防官兵增援，于1时42分控制火势，3时45分将火扑灭。

火灾损失 过火面积320平方米，楼房轻度烧损，共烧毁“112”配线架4套、自动测试TWS一套、8M光端机2架、烧损VMC光环路1680线、贝尔LSTP设备一套、长途TS部分设备、SDH37717测试仪一套等电信设备，直接财产损失457.4万元。

火灾原因 黄玉荣窃电所牵拉的线路因接触不良产生高温，导致电话线搭接处的绝缘层被烧焦击穿，造成外部强电流沿用户电缆侵入机房，引起芯线发热燃烧。

主要教训 1.“电信综合楼”工程未经消防专项验收，擅自投入使用。2. 大楼未按《电信综合楼防火设计审核意见书》设计施工，未建立消防控制室。投入使用后新建工程未按有关防火设计规范设置火灾自动报警系统和火灾自动灭火装置。3. 值班员素质差，值班制度不健全。4. 城建改造时，没有开设通向电信楼的消防车通道或应急通道。电信局周围仅有一个消火栓。5. 城市消防站缺少特种消防车。火灾报警线路灾前仅有一对，不符合消防站的建设标准。

福建武夷山市九曲茶叶精制厂火灾

基本情况 九曲茶叶精制厂位于武夷山市星村镇，该厂于1985年建成并投入使用，属私营企业，建筑面积3792平方米，周围为居民区。

起火经过和扑救情况 4月25日4时，正在加工春茶的车间主任李土生、工人周正友发现二楼仓库东南角起火，立即组织扑救。市消防大队4时39分接警，出动3辆消防车、22名消防官兵前往扑救，于8时23分将火扑灭。

火灾损失 烧毁两幢砖木结构房屋及制茶设备、电脑、茶叶等物品，直接财产损失170万元。

火灾原因 火灾系杀青车间的烟囱破裂窜火，引燃附近的茶叶所致。

主要教训 1.公共消防设施缺乏，全镇仅一个消防栓可用。2.建筑耐火等级较低，建筑消防设施不足，无消防水池。3.防火安全责任制不落实，员工消防安全意识淡薄。

福建莆田县群立特种胶带有限公司火灾

基本情况 该公司位于莆田县西天尾镇洞湖口龙山村（国道324线100公里处）南侧，其北面为空地，东面为厂内道路，南面距厂区围墙9米，西面靠围墙。主厂房为2层混凝土框架结构，第一层建筑面积为4202平方米，第二层建筑面积为1441平方米。

扑救情况 7月9日9时44分，莆田市消防一中队接警，出动2辆消防车、8名消防官兵，莆田县消防中队出动3辆消防车、24名消防官兵赶赴火场。市消防支队随后又调集涵江大队、仙游大队4辆消防车、20名消防官兵增援。因厂区消防水源缺乏，火灾于11时30分被扑灭。

火灾损失 烧损建筑1930平方米，直接财产损失437万元。

火灾原因 该公司在理胶车间内增设丙烯酸胶生产线，在试产过程中，因反应釜内丙烯酸酯、乙酸乙酯及有机过氧化物等反应失去控制，致使可燃气体大量泄漏，遇电火花发生爆炸。

主要教训 1.该公司厂房及附属厂房，未经消防机构验收，擅自在非防爆场所增加具有火灾爆炸危险性的生产线。2.新增丙烯酸胶生产工艺及其设备，没有委托具备相应资质的单位进行设计、施工。3.违反化工生产操作规程。4.事故处理不当，在大量可燃气体泄漏时，错误地采取“切断电源”的措施。5.缺乏室外消防给水设施，室内消火栓水压、水量不足，以致火场供水困难。

火灾责任 公司副经理廖修申在具体组织指挥增设丙烯酸胶生产线的安装及试产中，违反有关规定，负直接责任。董事长周安章在对增设丙烯胶生产线项目的主要环节上起决策作用，负直接领导责任。法人代表陈嘉升未能履行增设丙烯酸胶生产线的消防审批手续，负领导责任。

福建厦门奇鸿鞋材有限公司火灾

基本情况 厦门奇鸿鞋材有限公司为台资企业，位于杏林区杏西路24号，厂区东邻厦门立宇塑胶有限公司，北邻厦门电厂。厂房为原省第四建筑公司煤渣砖厂旧厂房，耐火等级三级。未经消防审核、验收。

扑救情况 7月25日8时30分，市消防支队接警，立即调动二中队5辆消防车前往扑救，8时34分到场时，火势已处于猛烈燃烧阶段，并迅速向四周蔓延。8时38分，五中队、七中队4辆消防车前往增援，10时6分将火扑灭。

火灾损失 烧毁车间和成品仓库以及车间、仓库内的机器设备，过火面积1540平方米，直接财产损失263.5万元。

火灾原因 放火。

主要教训 1. 厂房之间的防火间距太小，使火灾从仓库迅速蔓延至车间。2. 厂区内未设室内外消防给水系统，以致未能有效地扑救初起火灾。3. 擅自搭建房屋和堆放可燃物品。

福建龙海市鞋业有限公司成品仓库火灾

基本情况 龙海鞋业有限公司位于龙海市石码镇人民西路100号，属台资企业，建于1990年，现有职工2000余人，年生产能力300万双，产值1.2亿元。成品仓库位于该公司厂区西侧中段，座西朝东，正东面为开阔水泥地面，南连简易生产车间，北面6米为制鞋成型车间，西面有一附属建筑。该仓库系3层钢筋砼框架结构，高15.1米，占地面积980平方米，建筑总面积2940平方米。第一层建筑内有一夹层阁楼，第二、三层仓库内贮存大量成品鞋。

起火经过和扑救情况 9月8日4时50分，该厂员工甘佳松发现正面的成品仓库两个窗口有火光。4时59分，市消防大队一中队接警，5时3分到场时火灾已处于猛烈燃烧阶段。5时5分，角美、龙文、芗城等5辆消防车、32名消防人员相继到达现场。8时30分将火控制，11时20分将火扑灭。

火灾损失 死2人，仓库全部烧毁，过火面积1960平方米，直接财产损失192万元。

火灾原因 放火。

主要教训 1. 值班人员脱岗；2. 易燃化学危险物品管理存在漏洞；3. 厂房未经消防部门审核，消防设施不完善；4. 员工的消防安全意识淡薄，自防自救能力差。

火灾处理 龙海市人民政府责令该公司停业整改；公司开除值班人员。

福建漳州市一打火机厂火灾

基本情况 打火机加工厂位于龙文区步文镇长福村黄明喜住宅内，房屋座西朝东，为2层砖混结构，北邻黄明涛住宅（间距2.59米），南邻黄木盛住宅（间距2.32米），东临省道郊柏线，西连黄林松住宅。建筑面积368.5平方米，第一层为大客厅、半成品库、打火机充气间。第二层为卧室（两间）、会客厅、打火机“调火”工作间和装配工作间。

起火经过和扑救情况 9月8日下午，该厂女工黄丽贞和赵碰珠在进行“调火”作业时发生火灾。14时56分，芗城区消防中队接警，迅速出动2辆消防车于15时1分到场。第二出动的2辆消防车、20名消防人员于15时7分到场。消防官兵一边从南、北两侧进攻火点，驱散烟雾，一边救人。经多方搜寻，救出3名被困人员，在充装打火机工段房间发现9具尸体。由于燃烧迅速、猛烈，烟雾浓、能见度低，灭火救援行动受到影响。

火灾损失 烧毁大量一次性打火机成品、半成品及零配件等，死10人，烧损建筑123.4平方米，直接财产损失6.3万元。

火灾原因 “调火”工序操作女工黄丽贞调试打火机气体喷咀时，螺丝脱落，喷出的气体遇工作台上的调试火源。

主要教训 1. 该厂是典型的家庭作坊，消防安全条件极差。2. 业主黄明喜消防意识淡薄，重生产、轻安全。3. 员工消防安全意识淡薄，缺乏自防自救能力。

火灾处理 龙文区人民法院一审对责

任人黄明喜和黄春花分别判处有期徒刑6年和5年。

福建寿宁县斜滩镇火灾

基本情况 斜滩镇距寿宁县城关约35公里，镇新华街两旁是各类商店及木质结构房屋，街道仅3米宽。中心现场系火场东南侧新华街105号郭正龙住房。该住房为2层半木质结构，座南朝北，占地面积41.5平方米。

扑救情况 9月26日14时55分，寿宁县斜滩镇新华街发生火灾。县消防大队15时10分接警，于16时5分到场，采用堵截包围、逐片消灭的灭火战术，于17时30分控制火势。在福安消防大队一中队和南阳等地义务消防队的协助下，于21时25分扑灭火灾。共投入4辆消防车、28名消防人员参加战斗。

火灾损失 过火面积9449平方米，受灾139户，死1人，伤2人，烧毁房屋120栋及家具、电器、日杂品、茶叶加工设备等，直接财产损失91万元。

火灾原因 火灾系居民郭正龙（男，70岁）烧火炖鸭未加看管，灶火掉落在柴草上所致。

主要教训 1. 居民住宅密集，且为土木结构。仅有的几个消火栓因缺乏维护，不能使用。2. 义务消防组织形同虚设。3. 居民防火意识淡薄。

福建厦门厦华四号厂房火灾

基本情况 4号厂房是厦华公司的彩电生产车间，共四层，每层面积3607平方米，耐火等级一级。未经消防部门审核、验收。

扑救情况 11月15日21时58分，市消防支队接警，先后出动17辆消防车、160多名消防人员前往扑救，22时32分将火控制，23时12分将火扑灭。

火灾损失 过火面积810平方米，烧毁彩电组装生产线及其成品、半成品一批，直接财产损失242万元。

火灾原因 深圳川崎电子设备有限公司工人康世云在二楼电焊C线4号提升机护栏时，焊渣溅落到一楼C线7号提升机旁边的聚苯乙烯上。

主要教训 1. 无证焊工违章作业。2. 室内消火栓不足，自救能力差。3. 违章搭盖的仓库占用消防通道。

火灾处理 主要责任人康世云和林祖平被刑事拘留；其他有关责任人员分别给予党纪、政纪处分。

福建福州市仓山区火灾

基本情况 火灾现场为木屋毗连区，东至浮洲16号弄和菖蒲三弄，西至打索程巷，北至闽江防洪堤，南至菖蒲5号弄，火场面积约8400平方米。

起火经过和扑救情况 11月27日零时30分左右，菖蒲16号弄居民唐美珍发现厕所旁的木材垛起火。由于当晚风力四级，风助火势，很快形成连营大火。市消防支队零时43分接警后，先后调集47辆消防车、179名消防人员投入灭火战斗，于6时5分扑灭火灾。

火灾损失 烧毁建筑16800平方米，受灾228户、982人，直接财产损失349万元。

火灾原因 厨房木桌上的电饭煲温控开关损坏，在长期通电的情况下持续升温，引燃木桌子等可燃物。

主要教训 1. 火灾现场为木屋毗连

区，房屋为砖木结构。2. 菖蒲、港洲两居委会未能履行《消防法》赋予的职责，消防安全责任制不落实，检查流于形式，措施不得力；临江街道办事处对下属居委会的消防工作缺乏指导和监督。3. 该区域内道路狭窄，违章搭盖杂物挤占消防通道情况严重。4. 火场四周仅有 4 个消火栓可用，闽江取水口又被防洪堤隔断，以致火场供水不足。5. 居民防火意识淡薄，偷电和乱拉电线情况较为普遍。

江西省火灾情况

1999年，全省各地共上报火灾4301起，死亡91人，伤154人，直接财产损失3939.5万元。其中，重大火灾14起，死24人，伤19人，直接财产损失372.2万元。年内，公安消防部队接警出动4665起，出动人员47222人次、消防车6953辆次，抢救遇险群众155人，保护建筑36.6万平方米，抢救财产价值1.9亿元。

从全年火灾情况看，主要有以下特点：

一、起数大幅上升，损失大幅下降。起数上升46.3%，死人上升82%，伤人上升13.2%，直接财产损失下降37%。

二、重特大火灾得到有效遏制。年内，全省未发生特大火灾，与上年相比，重大火灾起数减少5起，直接财产损失减少364.2万元，分别下降31.6%和49.5%(1998年，全省火灾2939起，死50人，伤136人，直接财产损失6254.5万元，其中特大火灾3起，直接财产损失2443.6万元；重大火灾19起，死9人，伤16人，直接财产损失736.4万元)

三、从火灾直接原因看，电气及用火不慎是造成火灾的主要原因。电气1070起，死9人，伤14人，直接财产损失1087.1万元；用火不慎1092起，死39人，伤23人，直接财产损失678.7万元。以上两类火灾分别占火灾四项数字的50.8%、54.6%、24%和44.8%。其他依次的分别是违章操作253起，死11人，伤60人，直接财产损失395.2万元；玩火199起，死3人，伤11人，直接财产损失135.7万元；吸烟134起，死2人，伤1人，直接财产损失105.5万元。

四、从起火单位行业看，工业火灾居多。共发生447起，死4人，伤28人，直接财产损失687.6万元；居第二位的是商业，共发生278起，死7人，伤15人，直接财产损失502.2万元。其他依次是农业226起，死8人，伤12人，直接财产损失231.4万元；交通运输业201起，伤12人，直接财产损失574.3万元；建筑业155起，死3人，伤1人，直接财产损失69.4万元；餐饮业110起，伤4人，直接财产损失94.5万元；娱乐服务业73起，伤1人，直接财产损失86.0万元。

五、从起火单位经济类型看，私营企业火灾呈上升趋势。共发生1203起，死34人，伤90人，直接财产损失1675.9万元，四项数字分别占火灾总数的28%、37.4%、58.4%和42.5%。其他依次是：国有企业380起，死5人，伤8人，直接财产损失546.7万元；集体企业168起，死2人，伤8人，直接财产损失283.4万元。

六、从起火场所看，城镇居民住宅火灾居高不下。年内，共发生1986起，死65人，伤64人，直接财产损失1345.1万元，四项数字分别占火灾总数的46.2%、71.4%、41.6%和34.1%。

江西分地区火灾综合情况

地区	起数	死人	伤人	直接损失（元）	特大火灾				重大火灾			
					起数	死人	伤人	直接损失（元）	起数	死人	伤人	直接损失（元）
合计	4301	91	154	39394872					14	24	19	3721895
南昌	485	20	8	4086219					4	11	3	707068
景德镇	176	4	8	1597432								
萍乡	172	10	18	2381986					4	7	16	1056687
九江	494	3	18	3360702								
新余	177	3	1	1580201					1	3		
鹰潭	126	3	8	747068								
赣州	756	19	35	7345360					3	3		735914
宜春	772	6	10	5709879								
上饶	354	9	21	5936045								
吉安	401	12	22	4447074					1			408500
抚州	388	2	5	2202906					1			813726

山东省火灾情况

1999年，全省共发生火灾17441起，死177人，伤282人，直接财产损失1.1亿元。与上年相比，起数、死人和直接财产损失分别上升29%、42%和28%，伤人下降1%。全省公安消防部队接警出动1.8万次，出动消防车3万辆次、消防人员20万人次，抢救遇险人员404人，保护建筑112万平方米，抢救和保护财产价值22亿元。

年内，发生一次损失1万元以上的火灾1456起，造成81人死亡、135人受伤，直接财产损失8954万元，分别占公安消防机构参与调查火灾总数（16100起，下同）的9%、46%、48%和86%；发生一次损失10万元以上的火灾159起，造成29人死亡、41人受伤，直接财产损失5478万元，分别占总数的1%、16%、15%和53%。年内，东营供销商场（508万元）、青岛市棉麻采购站红寨仓库（429万元）、枣庄鑫源植物油厂（271万元，死4人，伤7人）、青岛汽巴纺织染料有限公司（450万元）、威海橡胶厂峰西分厂（141万元）等5起特大火灾；平原县东方商厦（97万元）、东营市杨海燕家电仓库（98万元）、苍山县商业局（95万元）、菏泽天扶木制品厂（75万元）、牟平海德大酒店（75万元）、菏泽海马歌舞厅（62万元）等26起重大火灾，共造成41人死亡、14人受伤，直接财产损失3094万元，分别占总数的0.2%、23%、5%和30%。

从全省火灾情况看，主要有以下特点：

一、用火不慎、电气引起的火灾居多。炉灶、烟道设置使用不当、余火复燃、明火照明、祭祀扫墓等引起的火灾上升幅度较大，共4569起，占总数的28%，比上年增加4个百分点。电气火灾虽有所下降，但仍占较大比重，共4062起，占总数的25%，比上年减少3个百分点。另外，吸烟引起的火灾1683起，占总数的11%；违章操作引起的火灾1376起，占总数的9%；放火引起的火灾1205起，占总数的8%；玩火引起的火灾1197起，占总数的7%。

二、商业、交通运输业和农产品加工业火灾严重。商业发生火灾1120起，死19人，伤77人，直接财产损失2804万元，分别占总数的7%、11%、27%和27%；交通运输业发生火灾826起，死17人，伤31人，直接财产损失1042万元，分别占火灾总数的5%、10%、11%和10%；农产品加工业发生火灾855起，死8人，伤18人，直接财产损失1539万元，分别占总数的5%、5%、6%和15%。以上三类行业共发生火灾2801起，死42人，伤126人，直接财产损失5385万元，分别占火灾总数的17.4%、24%、45%和52%。

三、私营企业火灾突出。私营企业火灾四项数字继上一年后，又一次全面超过国有、集体、联营、股份制企事业火灾总量，共5404起，造成59人死亡、143人受伤，直接财产损失3347万元，分别占总数的34%、33%、51%和32%。其中，重大火灾11起，造成12人死亡、3人受伤，直接财产损失490万元，分别占重大火灾总数的42%、32%、43%和16%。

私营企业普遍存在重效益、轻安全的思想，房屋、设施简陋，先天不足，设备老化和超负荷运转现象日趋突出，火灾隐患越积越多，以致火灾发生率高。

四、住宅火灾居高不下。城乡居民住宅火灾共5871起，受灾2369户，烧毁住宅10万平方米，造成96人死亡、62人受伤，直接财产损失1296万元，分别占总数的31%、54%、34%和12%。住宅火灾的主要原因是用火不慎，共2407起，占住宅火灾总数的41%；其次是电气原因，共1748起，占住宅火灾总数的30%。

五、物资贮存场所火灾频发。仓库、货场、加油站和油罐区等物资贮存场所共发生火灾2530起，死6人，伤43人，直接财产损失2555万元，分别占总数的16%、3%、15%和25%。值得注意的是，吸烟、用火不慎是仓储场所的首要原因，其中吸烟引起的火灾500起，占仓储场所火灾的20%；用火不慎引起的火灾457起，占仓储场所火灾的18%。另外，放火引起的火灾405起；玩火引起的火灾316起，分别占仓储场所火灾的16%和12%，反映出当前仓储场所安全管理亟需加强。

山东分地区火灾综合情况

地区	起数	死人	伤人	直接损失（元）	特大火灾				重大火灾			
					起数	死人	伤人	直接损失（元）	起数	死人	伤人	直接损失（元）
合计	17441	177	282	110969061	5	4	7	19727536	26	37	7	11019862
济南	1473	17	28	4114888								
青岛	2963	19	21	19415174	2			8790000	1	6		62000
淄博	1632	14	15	4695935					1			500000
枣庄	479	9	15	5520880	1	4	7	2710000	1	4		200000
东营	475	10	24	11458471	1			5076986	2	3	2	994300
烟台	520	19	51	7696498					4	7	2	1853930
潍坊	2335	8	17	8808374								
济宁	1759	8	13	9222141					1			400000
泰安	787	2	5	1481382								
威海	1179	8	1	5959462	1			1409050				
日照	756	5	4	2196615								
莱芜	183	2		1542994					1			452132
临沂	593	17	21	12352914					6		3	3511500
德州	392	17	27	5761259					5	11		1651000
滨州	827	6	14	4495758								
聊城	446	4	12	1374836								
菏泽	642	12	14	4677980					4	6		1395000

山东东营供销商场火灾

基本情况 东营供销商场隶属于东营市供销社，位于济南路215号，西侧4米处是胜利油田公安处办公楼，南邻公司办公楼和小商品城区，东侧4米处是商业大厦，北邻济南路，主楼4层、局部5层，建筑面积15029平方米。一楼经营金店、百货、家电，二楼经营服装，三楼经营针织品、鞋帽，四楼经营文体、家具、游戏厅，五楼是仓库、礼堂。该商场共有职工670名。

扑救情况 东营市消防支队3月10日零时8分接警，立即调集公安、专职消防队的38辆消防车、280名消防人员前往扑救。商场保卫人员及时启动消防水泵和三楼的自动喷水灭火系统进行灭火，防止了火势蔓延，为灭火赢得了宝贵时间。经消防人员和商场职工的奋力扑救，于11日5时将火扑灭，保住了一、二楼全部商品及三楼部分针织品。

火灾损失 商场三、四楼和五楼大部分过火，面积达7000平方米，烧毁鞋帽、内衣、家具、空调、洗衣机等商品，五楼钢结构屋架礼堂倒塌，直接财产损失507万元。

火灾原因 火灾系遗留火种所致。

主要教训 1. 单位防火安全责任制不落实，值班人员违反单位安全规定，在值班期间看电视、睡觉，未能及时发现火灾，以致报警晚，造成火势迅速蔓延。2. 自动报警系统与喷淋系统不配套，只有四期工程安装了自动报警和自动喷水灭火系统，而其他几期工程均未安装。3. 建筑防火分区不符合消防技术规范要求，致使不能有效地阻止火势的蔓延。

火灾责任 1. 宋树亮，作为当日值班经理，违反商场值班制度，夜间值班期间睡觉并放任下属在值班时吸烟、睡觉，未能及时发现火灾，应负主要责任。2. 黄海防，当日值班员，值班期间违反商场制度，吸烟、睡觉，未能及时发现、扑救火灾，应负主要责任。3. 宋建春、王长兴、倪国伟，当日值班人员，违反商场值班制度，夜间值班睡觉，未能及时发现和扑救火灾，应负次要责任。4. 刘清华，商场法人代表，未能全面落实消防安全措施，应负直接领导责任。5. 张希军，分管商场消防安全工作，未能落实商场消防安全制度，应负领导责任。6. 燕东国，商场副总经理兼三楼鞋帽部经理，对商场值班制度落实不力，应负领导责任。7. 从建旭，保卫科长，具体负责商场消防安全工作，对商场值班监督检查不力，应负领导责任。

山东青岛市棉麻站红寨仓库火灾

基本情况 棉麻站红寨仓库是国家投资兴建的大型棉花储备专用仓库，位于青岛市城阳区仙山路，地处青岛娄山火车站旁，紧靠济青高速公路，西连胶州湾环海高速公路。有干部、职工44人，其中从事安全警卫人员29人。仓库占地154亩，内有225米铁路专用线，140米装卸火车货物站台，14个站台货位。库房面积16300平方米，可储存各类棉花32000余吨；3个露天货场共13000余平方米，可储存棉花10000余吨。

起火经过和扑救情况 6月6日15时许，红寨仓库的警卫人员林胜玉从仓库澡堂出来，发现16号库区东北角第一个垛冒烟，就向棉麻站仓储安全部经理刘仁峰报告。与此同时，仓库东边的青岛铁路混凝土预制构件厂厂长丁红礼发现露天堆垛最东边的棉垛中间部位冒烟，随即打电话报警。市消防支队15时3分接警，立即调集市区10个公安消防队和民航、石油化工厂等4个专职消防队的26辆消防车、160余名消防人员进行扑救。市、区政府同时调集了青岛警备区和城阳区民兵应急分队500人进行协同作战，抢救疏散棉花包。经过3个多小时的连续作战，于18时30分将火控制，23时10分将火基本扑灭。

火灾损失 13618个棉花包不同程度的烧损，烧毁蓬布68个，围墙333平方米，直接财产损失429万元。

火灾原因 火灾系用磷化铝对出口棉花作熏蒸杀虫处理后，由于气候变化，使磷化铝发生化学反应，致使分解出的磷化氢气体自燃所致。

山东枣庄鑫源植物油厂火灾

基本情况 鑫源植物油厂位于枣庄师专西侧，09公路东侧，占地面积31680平方米。该厂浸出车间是二层钢混框架结构，西邻预处理车间，南邻打包车间，北邻2个30吨的6号抽提溶剂油油罐，占地面积378平方米。

起火经过和扑救情况 7月17日12时许，由于浸出车间浸出器下方被落料杂质堵塞，经分管生产的副厂长黄传兴同意，值班班长李民安排冯国栋等8人抢修。他们首先打开浸出器的落料斗入孔，然后用木棒进行投料。12时48分，负责看守配电盘的黄文革发现院子起火。12时53分，厂长助理孔杰打电话报警。市消防支队在接警后，立即调集公安、专职消防队的10辆消防车、80余名消防人员前往扑救，于15时30分将火控制，16时将火扑灭。

火灾损失 直接财产损失271万元。死4人，轻伤2人。

火灾原因 火灾系检修人员打开入孔进行清理湿粕时，因扒料过多，使浸出器上部的混合溶液从入孔排出，造成混合溶液中的溶剂油大量挥发，形成爆炸性混合气体，遇检修人员作业产生的火花所致。

主要教训 1. 消防安全制度不落实。设备检修前，既没有履行审批程序，又没有采取消防安全措施的情况下，分管生产的副厂长黄传兴即安排值班班长李民等检修人员冒险作业。2. 工作人员消防安全意识差。参加抢修人员是临时从其他车间抽调的，消防安全意识淡薄，存在麻痹思想和侥幸心理。分管厂长黄传兴及值班班长李民等人明知打开落料斗入孔扒料过多会引起溶剂油的外溢挥发，形成爆炸性混合气体，但为了生产进度仍冒险作业。

山东青岛汽巴纺织染料有限公司火灾

基本情况 青岛汽巴纺织染料有限公司位于青岛市四方区兴隆路86号，该公司是青岛市染料厂与瑞士合资企业，以甲醇、甲苯、浓硫酸、纯碱、亚硝酸钠等为原料，主要生产纺织染料和有机颜料。该公司成品仓库面积600余平方米，单层砖混结构建筑，高度约11米，用实体墙分隔为东西两间。车间库内有8排钢体货架，货架上有用纸箱、木箱包装的纺织染料和有机颜料100余吨。

扑救情况 8月23日1时50分，青岛染料厂职工发现起火后拨打119报警。青岛市消防支队接警后，先后出动30辆消防车、近200名消防人员前往扑救，于5时7分将火扑灭。

火灾损失 烧毁仓库近300平方米，染料、颜料约100吨，直接财产损失457万元。

火灾原因　火灾系停放在仓库内的拖拉机继电调压器发生故障，导致调压器内的线圈发热所致。

火灾处理　拖拉机司机刘显鹏违反仓库消防安全管理规定，在仓库内停放拖拉机，应负直接责任。依据《山东省消防条例》第46条规定，对其处以500元罚款。

山东威海橡胶厂峰西分厂火灾

基本情况　威海橡胶厂峰西分厂位于烟威公路峰西村驻地，化工原料仓库位于厂区西南，规划批准为临时建筑，于1994年3月建设，10月投入使用，耐火等级四级，占地面积2112平方米，主要存放活性碳粉等各种化工原料及部分成品。

起火经过和扑救情况　10月27日14时许，一辆装有12吨白碳黑货车停靠在仓库门口卸货，货车从仓库中门进入库内，白碳黑堆放在胶粉北面2米处，呈“一”字型堆放。卸完白碳黑后，保管员黄欣玉未清点数量，便叫搬运工锁好门、下班。28日1时15分，山东威海橡胶厂炼胶工王志安等人在车间休息时，无意发现与该车间毗邻的原料仓库有火光，便喊人救火，同时经警林永方打电话报警。威海市消防支队1时24分接警后，调动11辆消防车、57名消防官兵赶赴火场，于4时30分将火扑灭。

火灾损失　烧毁车辆内胎、乳胶等物品，直接财产损失140.9万元。

火灾原因　火灾系机动车辆进入仓库卸货时，排气管喷出的火星引燃可燃物所致。

主要教训　1.厂方在未办理建筑防火审核手续的情况下，擅自建设简易仓库，建筑耐火等级极低，防火分区面积过大，消防设施不足。2.仓库消防安全管理制度不落实。

火灾责任及处理　1.仓库保管员黄欣玉指使他人违反禁令，应负直接责任。依据《山东省消防条例》第44条规定，对黄欣玉罚款3000元。2.该厂法人代表李仁书对消防安全工作不够重视，负有领导责任。依据《山东省消防条例》第44条、第46条规定，对李仁书罚款1000元。3.对山东威海橡胶厂罚款2万元。

河南省火灾情况

一、基本情况

1999年，全省发生火灾9223起，死137人，伤233人，烧毁建筑21.8万平方米，直接财产损失6468.3万元。与上年相比，起数、死人、损失分别上升27.6%、14.2%和20.5%，伤人持平。其中，公安消防部门参与调查的火灾为4016起，直接财产损失5951万元。

二、主要特点

（一）重、特大火灾有所上升。年内，共发生31起，死伤72人，直接财产损失1950.8万元（占总数的30.2%），与上年相比，起数上升29.2%，损失上升58.4%。其中，直接财产损失100万元以上的特大火灾3起，共损失756.7万元；死10人以上的特大火灾1起，死伤26人；重大火灾27起，死伤46人，直接财产损失1194万元。

（二）仓库、货（堆）场、厂房、商场商店、宾馆饭店、歌舞厅和集贸市场等场所火灾较为突出。在消防部门参与调查的火灾中，这类场所共发生火灾1255起，死60人，伤107人，损失3784.8万元，分别占总数的31.3%、43.8%、45.9%和63.6%。20起重大火灾和4起特大火灾发生在此类场所，占重、特大火灾总数的77.4%，直接财产损失1879万元。其中，仅仓库就发生3起特大火灾和6起重大火灾，损失1167.2万元。

（三）住宅、车间、加油站和汽车火灾人员伤亡较多。此类场所共发生火灾1971起，死90人，伤156人，直接财产损失2434.6万元。死伤人数占总数的66.5%，损失占总数的40.9%。其中，重大火灾9起，伤亡16人，损失291.2万元。

（四）工业、商业、交通运输行业、娱乐服务业和仓储业等火灾损失严重。发生在以上行业的火灾1560起，死伤200人，直接财产损失4464.8万元，分别占总数的38.8%、54.1%和75%。工业火灾622起，死伤117人，直接财产损失2065万元。其中，重、特大火灾10起，损失1169.4万元。商业火灾472起，死伤41人，损失1115.4万元。其中，重大火灾7起，损失351.5万元。交通运输业火灾295起，死伤17人，损失732.7万元。娱乐服务业火灾103起，死伤17人，损失207.5万元。仓储业火灾68起，损失344.2万元。

（五）私营企业和股份制企业火灾所占比重较大。从起火单位经济类型看，私营企业和股份制企业共发生火灾1780起，死伤193人，损失3867.8万元，分别占总数的44.3%、52.2%和65%。有19起重大火灾和4起特大火灾发生在此类企业。

三、引起火灾的主要原因

电气安装使用不当和用火不慎是造成火灾的直接原因。在公安消防部门参与调查的火灾中，因电气安装使用不当和用火不慎引起火灾2143起，死伤164人，损失2948.9万元，分别占火灾总数的53.4%、44.3%和49.6%。有13起重、特大火灾是由此类原因引起的。但根本原因还在于：

（一）消防工作严重滞后于经济建设的状况未从根本上得到改变。一些地方和单位领导对消防安全工作仍然存在着“说得多，做得少”、“讲起来重要，做起来次要”的现象，消防安全责任制没有落到实处。一些职工群众对火灾危害缺乏警觉，没有担起社会消防安全的责任和义务。全社会抵御火灾的整体能力仍很薄弱。

（二）城市公共消防基础设施和建筑消防设施欠账仍然严重。按照国家有关规定的要求，全省应建消火栓14350个，现在还不到一半。郑州市虽然从1995年开始每年增设550个消火栓，到1999年底，全市消火栓距国家规定的标准仍差三分之一。开封市应安装市政消火栓1300个，按照开封市每年增加20个消火栓的计划，需要50年后才能补齐。全省建筑消防设施状况也不容乐观，有60%不符合规定要求。造成这种状况的原因：一是先天不足；二是在建筑装修过程中不考虑消防安全问题，不仅不按要求施工，而且又将原有的消防设施拆除或损毁；三是消防设施本身质量低劣，起不到应有的作用；四是对消防设施不能定期维护保养，使其功能丧失或降低。

（三）消防站欠帐大，消防装备落后，消防警力不足。全省城镇应建消防队（站）220个，现有123个，欠帐近50%。1999年底，全省还有近40个县没有公安消防队，全省公安消防部队执勤消防车辆欠账18%，另有超期服役车辆72辆。全省共有高层建筑800余幢，但仅有30米以下登高车8辆、30米以上的5辆。洛阳市区应配备消防车58辆，实际仅有34辆（其中，超期服役的8辆）。开封市仅有1辆登高消防车，因年限已久，无法修复，不能使用。1999年，全省发生石油化工、易燃易爆火灾和毒气泄漏等事故298起，死伤100余人，直接财产损失692万元。而扑救、处置这类火灾事故的装备缺乏，全省仅郑州市有1辆防化抢险救援车。破拆、切割、救生以及防火隔热服、空气呼吸器等特勤器材和个人防护装备也严重缺乏。消防警力不足，与日益繁重的消防保卫任务之间的矛盾更显突出。以防火监督人员为例，全省消防部队编制数853人，实有不足600人。而全省各级消防机构列管的重点单位就有10500个，每个消防监督员要监管几十个重点单位，监督检查工作鞭长莫及。

（四）一些重大火灾隐患仍久拖不改。全省尚有重大火灾隐患540多处。省防火安全委员会通报的包括郑州商业大厦、黄河饭店等单位在内的40个单位存在重大火灾隐患，仍有11个单位由于资金、选址等问题整改力度不大。这些重大隐患久拖未改的原因是多方面的。首先，部分单位领导消防法制观念淡薄，消防安全意识不强，不注重消防投入。其次，整改火险隐患所需资金较大，部分单位经济效益不好，资金紧张，短期内无力整改。第三，一些重大火灾隐患的整改涉及多部门、多行业、多单位，问题复杂、整改难度大，一时难以解决。

四、扑救火灾和抢险救援情况

年内，全省公安消防部队参加火灾扑救9220起，抢险救援和社会救助250余次，出动消防车2万辆次、人员12万人次，抢救遇险人员330人，保护财物价值近20亿元。

河南分地区火灾综合情况

地区	起数	死人	伤人	直接损失（元）	特大火灾				重大火灾			
					起数	死人	伤人	直接损失（元）	起数	死人	伤人	直接损失（元）
合计	9223	137	233	64683037	4	19	7	7566626	27	39	7	11941005
郑州	1560	11	30	8060501					2			1741446
开封	647	16	21	4951525					5	7		2266384
洛阳	699	10	12	3301270					1	4		300000
平顶山	470	7	14	4856062	1			3000000	1			485000
安阳	683	13	11	3991639					2	4		571563
鹤壁	195		9	2851960	1			1892946				
新乡	644	18	7	1772950					3	14	1	621950
焦作	468	5	18	2291053					1		2	430000
濮阳	247	5	19	1652756					1	3	2	40000
许昌	753	3	5	4477534					1			875844
漯河	153		2	2549611					3			1855780
三门峡	471	7	10	3460989					2	4	1	417038
济源	88			124880								
商丘	438	6	1	6653745	1			2600000	2	3		786000
周口	361	2	12	2994114					1			300000
驻马店	230	3	8	2133170					1			550000
南阳	721	26	30	4663215	1	19	7	73680	1		1	700000
信阳	395	5	24	3896063								

河南淇县龙马集团一原棉仓库火灾

基本情况 河南南方纺织责任有限公司位于鹤壁市淇县铁西工业区20号，隶属于河南龙马集团。该公司组建于1992年8月，固定资产2900万元，占地面积8000平方米。棉花仓库位于该公司东北部，为钢筋混凝土结构，长78米，宽18米，高13米。

起火经过和扑救情况 1月24日13时，河南南方纺织责任有限公司仓库保管员孙国英到公司上班，在进门存放自行车时，突然发现北边棉花仓库西北角起火，燃烧面积已有两间房大。当即去门岗喊人救火，并拨打“119”报警。淇县公安消防队13时10分接警后，迅速出动2辆消防车赶赴火场。因仓库为敞开式，中间无隔墙，风力大，火势蔓延迅速。消防队到场整个仓库已是一片火海，指挥员13时16分向市消防支队请求增援。支队调度室迅速调动市区一中队、二中队进行增援，同时向新乡市消防支队求援。共有11辆消防车、85名消防官兵参加了灭火战斗，于25日1时30分将火扑灭。

火灾损失 烧毁建筑1404平方米，各类提净棉403.5吨，直接财产损失189.2万元。

火灾原因 不明。

主要教训 1.仓库禁烟火制度和值班制度不落实；2.公司内部消防设施和消防器材管理混乱。

河南商丘市神力车行仓库火灾

基本情况 商丘市神力车行租赁市建筑材料公司摩托车仓库，位于商丘市货场东路，与化轻公司、金属材料公司8幢仓库构成库区，每幢仓库建筑面积为500平方米。该仓库为砖木结构，耐火等级三级，建于60年代。近年来，建筑材料公司由于经营困难，将该仓库租给了市神力车行，并于1997年11月签订了租赁合同，改储摩托车。

起火经过和扑救情况 2月4日16时许，仓库装卸工靳运成等人，发现该仓库东大门往外冒烟，跑去一看，仓库西部烟很大，立即意识到该仓库失火了，一边喊一边打“119”报警。市消防支队16时5分接警后，先后调集3个公安消防队、1个专职消防队的9辆消防车、62名消防人员前往扑救，于17时13分将火扑灭。

火灾损失 烧毁库存摩托车600辆，过火建筑555平方米，直接财产损失260万元。

火灾原因 火灾系外来火源从仓库西墙中部距地面1米高处的孔洞引入所致。

主要教训 1.该仓库未经公安消防机构审批，擅自改储摩托车。2.该仓库消防安全制度不落实，管理混乱。3.该仓库缺乏消防器材，初起火灾扑救不力。4.消防基础设施落后，市政消火栓严重不足。

河南南阳市天府家具厂火灾

基本情况 天府家具厂位于南阳市工农路13号楼南阳军分区营房修缮队院内，座东向西，东邻汉代冶铁遗址博物馆筹建处家属楼，南靠军分区教导队家属楼，西边为塑料管堆场，北面为民房和空地。天府家具厂占地面积约1000平方米，建筑面积600平方米，两座平房于1954年建成，呈T形布局，砖木人字梁结构，耐火等级三级，东边10间为成品、半成品库及民工住房，其前方为油毡搭建的简易生产工棚，存放加工机械和部分原材料。西边10间中，东侧3间为家具油漆间，存放油漆、稀料、喷漆设备，西侧7间被另一单位租赁。该厂由四川遂宁市个体业主卢士中于1996年2月起租赁经营，当晚着火时厂内住有26人，均为该厂职工及卢士中子女。

起火经过和扑救情况 4月15日1时许，天府家具厂发生火灾。市消防支队1时34分接警后，迅速调集10辆消防车赶赴火场扑救。1时39分到场时，家具厂东西10间房屋及北面东侧3间房屋的屋顶已全部烧塌，整个厂区一片火海，火势处于猛烈燃烧阶段，并向东南侧家属楼（距3米）和北面西侧7间平房、塑料管堆场蔓延，睡在屋内的26人，除7人冒死逃生外，其余19人在消防队到达火场之前已全部被砸压在火海之中。1时41分，支队领导迅速成立火场指挥部，决定按照救人第一，救人和灭火同时进行的指导思想，采取堵截包围、前后夹击、逐片消灭的措施，命令部队立即组织救人，并从东西两侧控制火势蔓延。1时58分火势得到控制，2时20分扑灭火灾，共从火场中挖掘19具尸体，保住了火场东侧家属楼和7间仓库及塑料管堆场等物资的安全。

火灾损失 烧毁房屋13间共497平方米，刨床4台，气泵1台和成品、半成品家具一批，死19人，伤7人，直接财产损失7.4万元。

火灾原因 天府家具厂工棚内的铜线和铝线接头处短路滋火，引燃附近可燃物。

主要教训 一是发现晚、报警晚。据多名报警者证实，当发现火情时，工棚及10多间房屋已大部分燃烧，并向西迅速蔓延，消防队赶到时，工棚和13间房屋已烧塌，错过了扑救火灾、抢救人员的最佳时机。二是建筑耐火等级低，可燃物多，没有防火分隔，火灾蔓延迅速。房内和工棚内堆放大量家具成品、半成品和油漆、橡胶水等物品，地面有刨花、锯末，为火灾的迅速蔓延提供了条件。三是人员居住密集，疏散通道不畅。当晚家具厂住有10人，另一间宿舍住有16人。为了生活方便，在房间用家具、板材隔成若干个小单间，通道狭窄弯曲，仅容一人侧身通过。火灾发生后，房门被燃烧的工棚封住，后窗被钢筋、砖封堵，惊慌失措的人员无路可逃。四是用电管理混乱。据调查，整个家具厂电线象蜘蛛网一样，棚内设有10个100瓦的白炽灯泡，电线直接钉在棚子上。特别是确定的起火部位电线最乱，接头最多，且都是多股铜线与铝线相接，用透明胶布绝缘。五是个体业主卢士中重效益、轻安全，对存在的火灾隐患置若罔闻，拒不整改。辖区派出所干警在检查时，对该厂没有消防水源、消防器材、私拉乱接电线、用火管理混乱等问题，多次下发通知书要求整改，但卢士中以准备搬迁和效益不佳为由，再三推拖搪塞，迟迟不落实整改意见和措施。

火灾处理 天府家具厂业主卢士中违反消防安全管理规定，对这次火灾事故负主要责任，依照《中华人民共和国刑法》第139条规定，已构成消防责任事故罪，后果特别严重，本应依法追究刑事责任，但因卢士中在火灾中丧生，已无法追究其责任。南阳军分区营房修缮队是租赁房屋的产权单位，在租赁协议中未将消防安全列入其中，负有一定责任，但因是军事单位，根据《中华人民共和国消防法》第4条规定，已移交南阳军分区作出处理。

河南润力鞋业有限公司火灾

基本情况 河南润力鞋业有限公司，

位于平顶山市经济技术开发区建设路东段路北，系原平顶山市中原公司与香港华天有限公司合资企业，共投资1060万元。建成投产后，由于市场形势变化，经营一直不好，被迫停产，后采取租赁承包的方式，也未能使企业恢复生产，厂房一直闲置。公司注册法定代表人为李国安，临时负责人董学智。1999年9月，上海水仙电器股份有限公司营销实业公司租用市中原公司叶宝路仓库储存洗衣机等家用电器。10月28日，经双方协商改用河南润力鞋业有限公司闲置厂房开始放货。12月8日，双方盘点，仓库内共存放洗衣机、电热水器等家电8224台（其中，正品机2564台，报废机1464台，受损机4506台）。上海水仙电器股份有限公司与平顶山市中原集团公司储运分公司未签订货物存放合同，上海方也未支付款项。

起火经过和扑救情况　12月10日9时50分，河南润力鞋业有限公司仓库发生火灾。市消防支队10时40分许接警后，迅速调集市内3个公安消防队和天使集团等5个企业专职消防队的18辆消防车、120余名消防人员前往扑救。因报警晚，仓库耐火等级低（为三级耐火等级），库内可燃物严重超量，加上风大（西北风5、6级），火场周围3公里内无消防水源，致使火势迅速蔓延。经消防人员奋力扑救，12时许将火控制，13时30分将火扑灭，保住了相邻厂房的安全。

火灾损失　烧毁砖木结构库房1609平方米，上海水仙电器股份有限公司存放的各类成品洗衣机、电热水器等2564台，各类受损洗衣机、电热水器等电器4506台，报废机1165台，直接财产损失300万元。

火灾原因　平顶山市经济开发区城管中心职工石伍行（男，48岁，已被刑事拘留）焚烧清理的垃圾，由于可燃物多，风力大，火势失去控制，引燃仓库大门起固定作用的橡胶皮，火借风势窜入库内，引燃存放的家用电器。

湖北省火灾情况

1999年，全省共发生火灾6207起，死58人，伤110人，受灾809户，烧毁建筑6.9万平方米，直接财产损失2019万元。平均每天发生火灾17起，次均损失3253元。与上年相比，起数上升5.9%，死人、伤人和直接财产损失分别下降24.7%、43.9%和36.7%。其中，重大火灾9起，死17人，伤7人，直接财产损失243万元，与上年相比，分别下降50%、39.3%、66.7%和73.8%。未发生特大火灾和群死群伤恶性火灾事故。统计表明，1999年全省消防工作在各级政府的重视和全社会的大力支持下，以贯彻江泽民总书记的重要批示和《消防法》为动力，狠抓省政府下达的消防工作“八项责任目标”和重点单位消防监督管理，全省消防工作取得了明显的成效，实现了“预防特大火灾和群死群伤恶性火灾事故发生，保持火灾形势相对稳定”的预期目标。从公安消防机构调查的1773起火灾看，主要有以下特点：

一、从火灾的直接原因看，电气仍是引发火灾的首要原因。电气原因引起的火灾572起，死7人，伤8人，直接财产损失635万元，分别占总数的32%、12.1%、7.3%和33.7%。其中，重大火灾2起，死3人，直接财产损失66万元。电气火灾的成因主要有五种：一是电线短路，二是线路过负荷，三是接触不良，四是漏电，五是电气设备使用不当。尤以电线短路引起的火灾较多。9月14日，房县城关镇一美发厅因电线短路引发火灾，3名女服务员被熏死，直接财产损失1.7万元。用火不慎引起的火灾300起，死18人，伤10人，直接财产损失225万元，分别占总数的16.8%、31%、9.1%和11.9%。其中，重大火灾1起，死4人，直接财产损失8万元。违章操作引起的火灾164起，死2人，伤49人，直接财产损失345万元，分别占总数的9.2%、3.4%、44.5%和18.3%。玩火引起的火灾107起，死1人，直接财产损失52万元，分别占总数的6%、1.7%和2.8%。此外，放火92起，死9人，伤12人，直接财产损失142万元；吸烟62起，死3人，伤2人，直接财产损失63万元；自燃17起，直接财产损失13万元；雷击3起，直接财产损失5450元；其它163起，死8人，伤22人，直接财产损失147万元；原因不明308起，死10人，伤7人，直接财产损失264万元。与上年相比，除放火、玩火引起的火灾起数有所上升外，其它均有所减少。火灾原因不明的比重较大，一方面反映出火场勘查和火灾事故鉴定的手段落后，另一方面也反映出一些地方消防监督干部的业务素质不高。需大力改进火灾原因鉴定的科技手段，全面提高消防监督干部的业务素质。

二、从发生单位的行业看，工业火灾居首位，其次是商业、交通运输业、农业、娱乐服务业。工业发生火灾252起，死13人，伤29人，直接财产损失309万元，分别占总数的14.1%、22.4%、26.4%和16.4%。其中，重大火灾3起，死7人，伤3人，直接财产损失58万元。5月15日，江汉油田一采油车在运行过程中离合器发生爆炸，爆炸碎片撞击附近一油罐车产生火花引起火灾，烧毁油罐车

1辆，伤3人，直接财产损失48.6万元。商业发生火灾242起，死11人，伤25人，直接财产损失462万元，分别占总数的13.6%、19%、22.7%和24.5%。其中，重大火灾2起，死3人，直接财产损失61万元。4月17日，宜都市物资大楼第一、二层商业门面因电线短路引起火灾，直接财产损失59万元。交通运输业发生火灾130起，死1人，伤14人，直接财产损失203万元，分别占总数的7.3%、1.7%、12.7%和10.8%。农业发生火灾128起，死3人，伤3人，直接财产损失114万元，分别占总数的7.2%、5.2%、2.7%和6.1%。娱乐服务业发生火灾67起，死5人，伤1人，直接财产损失179万元，分别占总数的3.8%、8.6%、0.9%和9.5%。仓储业发生火灾27起，伤6人，损失154万元，分别占总数的1.5%、5.5%和8.2%。仓库一向被列为防火重点部位，物资集中，发生火灾容易造成重大财产损失。由于一些仓库的建筑耐火等级低，电气线路老化，货物存放混乱、消防安全管理不严等因素，仓库火灾时有发生。有的仓库无消防设施或消防设施不完善。1月17日，武汉市东窗物业发展有限公司，因雇请的民工从仓库搬运玩具手枪打火药不慎，火药掉在地上发生爆炸，伤4人，直接财产损失85万元。

三、从发生单位的经济类型看，私营企业和股份制企业火灾呈上升趋势。私营企业发生火灾603起，死33人，伤56人，直接财产损失889万元，分别占总数的57%、78.6%、62.9%和56.4%。其中，重大火灾6起，死14人，直接财产损失108万元，分别占重大火灾总数的75%、100%和44.8%。与上年相比，起数上升6.5%，死人、伤人和直接财产损失分别下降8.3%、40.7%和29%。3月10日，宜昌县三斗坪镇石板村五组一违章建造的简易加油站，因业主在检修设备过程中违章使用非防爆多功能蓄电池手提灯，在开启瞬间引起室内汽油蒸气与空气所形成的爆炸性混合气体爆燃，死3人，直接财产损失7800元。分析私营企业重特大火灾案例，教训十分深刻。一方面，由于一些业主消防安全素质低，一味追求经济效益而忽视消防安全，违章经营、违章装修、乱拉乱接电线、舍不得花钱添置消防器材，存在不少火灾隐患。加之从业人员流动性大，未经消防安全培训即上岗，违章操作，自防自救能力差。另一方面，一些地区公安消防监督机构因警力有限，无力顾及点多面广的私营企业的消防安全管理，使大多数私营企业的消防安全处于失控漏管状态。股份制企业发生火灾25起，伤10人，直接财产损失110万元，与上年相比，起数和直接财产损失分别上升8.7%和28.7%。国有企业发生火灾234起，死5人，伤10人，直接财产损失330万元，分别占总数的22.1%、11.9%、11.2%和20.9%。与上年相比，分别下降24%、70.6%、71.4%和61%。集体企业发生火灾183起，死4人，伤13人，直接财产损失226万元，与上年相比，起数、伤人和直接财产分别下降17.9%、50%和43.2%，死人持平。

四、从发生火灾的区域看，城市市区火灾起数多、伤亡重。城市市区共发生火灾1060起，死21人，伤45人，直接财产损失894万元，分别占总数的59.3%、36.2%、40.9%和47.4%。与上年相比，起数、伤人和直接财产损失分别下降3.6%、18.2%和38.2%，死人上升10.5%。其中，重大火灾4起，死3人，伤4人，直接财产损失177万元，分别占重大火灾总数的44.4%、17.6%、57.1%和72.6%。县镇发生火灾285起，死17

人，伤16人，直接财产损失417万元，分别占总数的15.9%、29.3%、14.5%和22.1%。与上年相比，分别下降26%、29.2%、78.1%和53.6%。

五、从发生火灾的场所看，住宅火灾仍居首位。居民住宅发生火灾695起，死33人，伤41人，直接财产损失360万元，分别占总数的38.9%、56.9%、37.3%和19.1%。其中，重大火灾1起，死4人，直接财产损失8万元。居民住宅火灾的主要原因是电气，共248起，占住宅火灾总数的35.7%。居民住宅家用电器多，用火、用电、用气频繁，不少居民缺乏消防安全知识，乱接乱拉电线，违章装修，对火、电、气疏于管理，致使火灾频发。厂房发生火灾134起，死2人，伤3人，直接财产损失188万元，分别占总数的7.5%、3.4%、2.7%和10%。商店商场发生火灾118起，死5人，伤6人，直接财产损失309万元，分别占总数的6.5%、8.6%、5.5%和16.4%。与上年相比，起数上升19.2%，死人、伤人和直接财产损失分别下降61.5%、40%和23%。影剧院、加油站、邮电局（所）和货（堆）场的火灾与上年相比呈上升趋势，其它场所火灾有所减少。从火灾起数上升的场所看，仍是人员、物资集中的商贸场所、娱乐服务场所以及易燃易爆场所。这些场所人员、物资集中，经济价值大，人员活动频繁，大多消防安全环境差，有的大量采用可燃材料装修，有的功能复杂，有的前店后库，有的从业人员消防安全意识淡薄，一旦发生火灾，极易造成严重的财产损失和人员伤亡。

湖北分地区火灾综合情况

地区	起数	死人	伤人	直接损失（元）	特大火灾				重大火灾			
					起数	死人	伤人	直接损失（元）	起数	死人	伤人	直接损失（元）
合计	6207	58	110	20190052					9	17	7	243818
武汉	3016	12	10	3493024					2	3	4	867846
黄石	469	3	9	792722								
十堰	165	10	8	1674274					2	7		149745
荆州	261	5	8	2072232								
宜昌	346	6	20	2080387					2	3		599123
襄樊	413	6	15	1586664					1			307574
鄂州	247	1	1	370152								
荆门	163	1	3	960620								
黄冈	428	5		1770254					1	4		25000
孝感	328	5	1	792695								
咸宁	186		12	1856468								
恩施	147	2	9	1771900								
神农架												
随州	19		5	302020								
天门	4	1	5	24100								
仙桃	5	1	1	1123310								
潜江	10		3	530230					1		3	485530

湖南省火灾情况

1999年，全省火灾形势相对平稳，共发生火灾2871起，死86人，伤145人，直接财产损失6275.3万元。与上年相比，起数下降1.3%，死人上升3.6%，伤人下降22.9%，直接财产损失上升5.1%。其中，特大火灾6起，死4人，直接财产损失1620万元；重大火灾28起，死22人，直接财产损失1219.8万元。与上年相比，重、特大火灾起数下降5.6%，死人持平，直接财产损失上升21.5%。

一、基本情况

（一）从重、特大火灾情况看，怀化最多，共发生10起，死12人，直接财产损失635.4万元，分别占重、特大火灾总数的29.4%、46.2%和22.4%；长沙、湘潭、郴州和娄底各发生特大火灾1起。

（二）从火灾造成的直接损失看，怀化市最为突出，长沙市次之。怀化市全年火灾直接财产损失1047万元，占总数的16.7%；长沙市火灾直接财产损失906.8万元，占总数的14.5%。

（三）从火灾的调查起数看，永州、湘西自治州和邵阳3个地区公安消防机构调查的火灾起数较多。其中，永州调查火灾275起，湘西自治州210起，邵阳167起；调查火灾起数比较少的地区是岳阳和长沙，分别为43起和54起。

（四）从时间分布看，18时至次日6时是重、特大火灾发生的高峰期，共26起，占重、特大火灾总数的76.5%。

二、主要特点

1999年，全省各级公安消防机构共调查火灾1827起。从这些火灾情况看，主要有以下特点：

（一）市区、乡村火灾严重。乡村火灾334起，死33人，伤38人，直接财产损失1963.1万元；城市火灾814起，死22人，伤37人，直接财产损失2475.1万元。城市造成火灾的主要原因是电气，乡村造成火灾的主要原因是用火不慎。此外，乡村放火引起的火灾起数占放火总数的一半，是上年的2.3倍，损失比上年上升54.8%。

（二）个体、私营企业火灾仍很突出，外商投资企业火灾有所增加。年内，各类经济类型的企事业单位共发生火灾1155起，死52人，伤115人，直接财产损失4701.5万元。其中，个体、私营企业674起，死33人，伤87人，直接财产损失1928万元，分别占企事业单位火灾总数的58.4%、63.5%、75.7%和41%。这些火灾的主要原因是电气、用火不慎和违章操作，共567起，占总数的84.1%。外商投资企业共发生火灾4起（其中，特大火灾1起），直接财产损失265.1万元。

（三）仓储业火灾十分严重，娱乐服务业、商业火灾频发。仓储业火灾42起（其中，重、特大火灾各2起），直接财产损失1248.8万元（占损失总数的20%，居各行业火灾损失之首）。与上年相比，损失上升4.2倍。商业火灾312起，占公安消防机构调查的企事业单位火灾总数的

17%（其中，重、特大火灾14起，占重、特大火灾总数的41.2%）。

（四）住宅火灾居高不下。共发生779起，死40人，伤57人，直接财产损失1861.4万元。起数占公安消防机构调查火灾总数的42.6%，引发此类火灾的主要原因是用火不慎和电气。

（五）易燃易爆化学物品火灾多、损失大。共发生火灾131起，死15人，伤55人，直接财产损失1084.8万元，分别占公安消防机构调查的火灾总数的7.2%、17.4%、37.9%和17.3%。与上年同类火灾相比，直接财产损失上升近2倍。此类火灾的主要原因是违章操作和用火不慎。

三、引发火灾的主要原因

（一）消防安全责任制不落实。一些地区、部门和单位领导不能正确地处理好消防安全与经济建设两者之间的关系，消防投入少；有的没有切实履行好法律赋予的消防工作职责，对本地区、本系统、本单位消防工作中存在的重大问题缺乏研究和有效预防措施；有的职能部门仍错误地认为消防工作是公安消防部门的事，没有积极主动地履行法定的消防工作职责，有的地区和单位虽然制定了消防安全规章制度，但仅只是写在纸上，根本没有落到实处。怀化市迎丰市场12月2日发生火灾时，场内无人值守（安排的4名保安，1人睡觉、3人脱岗），导致重大火灾发生。湖南省药材公司仓库安全管理不严，值班人员责任意识差，存放物资价值上千万元的仓库，竟然对进出仓库的人员没有任何记录，外来人员可随意进出，无人过问。

（二）消防安全意识淡薄。一是消防法制观念淡薄。有些单位新建项目不经防火审核就擅自施工；有的在施工中擅自改变原审核同意的消防设计；有的为节约资金，擅自砍掉消防设施项目；有的未经消防验收或验收不合格就投入使用。祁东县中心市场，在施工中擅自砍掉建筑内的消防设施，且工程竣工后未经消防验收就擅自投入使用。二是缺乏消防常识。有的单位对职工缺乏消防常识教育，职工消防安全意识淡薄。祁东县中心市场在开业后长达五年的时间里，从未开展过消防宣传、消防培训等活动；湘潭市翔鹏精细化工有限公司原料仓库保管员上班达3个月之久仍未进行消防安全培训。三是火灾隐患整改不力。有的单位没有按照国家有关消防技术规范安装建筑消防设施，有的对建筑消防设施缺乏维护和管理，运行良好率较低，有的处于瘫痪状态，不能发挥应有的作用。还有个别单位领导对火灾隐患的危险性缺乏足够的认识，存有侥幸心理，对公安消防部门检查发现的火灾隐患，既不研究整改方案，也不采取有效措施加以防范。

（三）消防基础设施薄弱。城市公共消防设施欠帐问题仍很突出。按国家有关规定，全省应安装消火栓17143个，实有11890个，尚差5253个，欠帐30.7%，个别城市消火栓欠帐高达55%。有的地方由于缺乏消防水源，发生火灾时不能保证火场供水，以致造成重、特大火灾。

（四）消防力量不足，消防装备落后。全省城镇消防队（站）缺口较大，目前还有十多个县没有公安消防队。消防车辆超期服役多，特种消防车辆缺乏，现有消防装备不能满足扑救现代火灾的需要。少数专职消防队的人员、经费、装备得不到保障，执勤工作被迫停止；有的专职消防队名存实亡，没有发挥应有的自防自救作用。

四、消防部队接警出动情况

年内，全省消防部队共接警出动2762起，出动消防车5298辆次、人员37993人次，抢救遇险群众345人，保护物资价值3.7亿元。从各地接警出动情况看，邵阳市公安消防部队接警出动起数最多，为490起；其次分别为衡阳371起、株洲346起和永州285起；怀化、郴州、常德和长沙接警出动起数较少，分别为58、72、80和111起。

湖南分地区火灾综合情况

地　　区	起数	死人	伤人	直接损失（元）	特大火灾				重大火灾			
					起数	死人	伤人	直接损失（元）	起数	死人	伤人	直接损失（元）
合　计	2871	86	145	62752593	6	4	1	16200445	28	22	2	12197596
长　沙	112	1	6	9067704	1			7850000	1			380000
株　洲	338	3	5	899407								
湘　潭	147	3		3513700	1			2380000	1			440000
衡　阳	348	11	23	6018254					5			3206129
邵　阳	523	20	19	6458818					4	12		915500
岳　阳	198		8	2340092					2			996000
常　德	83	7	5	3191600					1			780000
张家界	168	3	4	2131827								
益　阳	94	2	11	2151068					1			350000
郴　州	96	4	14	4461395	1			2378000	2			825000
永　州	290	4	13	3118417								
怀　化	118	19	11	10469893	2	4	1	2774514	8	7	2	3579830
娄　底	108	3	21	5288741	1			817931	1			393509
湘　西	248	6	5	3641677					2	3		331628

湖南通道侗族自治县一村寨火灾

基本情况 独坡乡地坪村位于通道侗族自治县偏远山区，距县城80余公里，交通不便，通讯落后，属典型的少数民族聚居形成的自然大村寨，全村共180户、800多人。

起火经过和扑救情况 3月6日9时许，地坪村村民杨元意之子杨领（男，10岁）、杨领波（男，8岁）、杨凡光之子杨秀满（男，12岁）、向银东之子向春波（男，9岁）、杨再环之子杨领标（男，10岁）、杨端亮之子杨俊俏（男，2岁）6人，吃过早饭后在村旁小溪边玩。9时20分左右，杨领波让向春波到店里买了8个大炮和一盒擦炮，准备用气体打火机点燃擦炮来炸水，9时40分左右，杨领波拿着插有擦炮的大炮，由杨秀满用气体打火机点燃后，用力一扔，原想丢到水渠里，不料却扔到了村民杨再顺家的稻草垛上，稻草立即着火燃烧。杨领跑到稻草堆边用脚踩火，未踩熄，反将其头发烧了一些。看到起火后，杨秀满、向春波、杨领标3人分头向村里跑。杨领见火未踩熄，反而越烧越大，便带着弟弟杨领波、表弟杨俊俏向外祖父家跑去，此时，刚到河边洗衣的五组村民杨金葵（女，70岁）发现杨再顺家的稻草垛起火，就大声喊叫。村民杨有德听到喊声，看到粮仓方向起火，就立即组织村民提水灭火。但由于建筑密集、耐火等级低，大火在风的作用下迅速蔓延，并形成飞火，造成多处起火点，火势无法控制。不到50分钟，整个村寨被烧。村民杨大瑜（男，60岁）、杨区能（男，30岁）、杨梦解（女，30岁）在抢救自家财物时被烧死。

10时40分左右，一村民跑向距本村约5公里远的独坡乡政府报警。乡政府接警后，立即向县公安局、县政府报警，同时组织力量赶赴火灾现场进行扑救。11时20分，县公安局、县消防大队接到乡政府的电话报警后，立即组织人员赶赴火灾现场，并及时向县政府汇报。12时55分左右，县公安局、县消防大队到场时，火已基本熄灭。14时30分左右，县政府副县长杨家敏率员赶到火灾现场查看灾情、慰问灾民，组织救灾工作。

火灾损失 烧毁地坪村相毗连的一至六组房屋544间，面积16880平方米，死亡3人，烧毁粮食21万余公斤，直接财产损失209.9万元，受灾120户、509人。

火灾原因 火灾系村民杨元意（外出打工已两年未回）之子杨领、杨领波，杨凡光之子杨秀满等燃放鞭炮不慎引燃稻草所致。

主要教训 1. 房屋耐火等级低，消防安全条件差。由于侗族的生活习俗，加之受自然环境的影响，该村对村民建房没有实行统一规划，村民房屋的防火间距不足，且均为木质结构，内有大量柴草、稻草，为火势迅速蔓延提供了条件。2. 消防设施严重缺乏，自防自救能力差。该村没有配备任何消防器材及相关设施。1997年，该村虽在附近修建了2个水池，但因经费问题，未安装消防水管及消火栓。3. 村民消防意识淡薄，缺乏消防常识。该村在建房时，只考虑生活习俗，而没有留出必要的防火间距；柴、草等易燃物乱堆乱放；电气线路乱拉乱接；小孩玩火、玩鞭炮现象屡见不鲜；生活用火随意性大；过去的“打更”、“喊寨”等防火宣传形式未能坚持。4. 政府部门严重忽视农村消防工作，责任制不落实。县政府对农村消防工作没有引起高度重视，工作部署不力，检查督促不到位。乡政府虽然有一个5人组成的防火安全领导小组，但因人员外出打工，有名无实。该村村委会无防火领导小组，无义务消防组织，县、乡、村三级组织均未签订消防安全责任状，没有真正落实逐级防火责任制。5. 消防投入过少。通道县每年的消防预算经费仅2万元，而实际到位的每年不足1万，连正常的油料费、车辆维修费都不能保证，更无法更新和添置消防设施、设备。由于经费不足，农村大屋场的消防监督工作被忽视。6. 基层警力严重不足。县公安消防大队只有2名干警，日常消防监督工作十分繁重，抓农村消防工作心有余而力不足。独坡乡派出所也仅有2名干警，负责12个村的治安、刑侦等工作，没有精力来抓消防安全工作。

火灾责任及处理　1. 县人民政府对消防工作重视不够，分管消防安全工作的政府调研员姚吉信应负领导责任。2. 独坡乡政府在消防工作中责任不明确，力度不够，制度不健全，乡长粟文玉和定点包干地坪村的乡人民武装部部长赵世华应负直接领导责任，依照有关规定给予粟文玉、赵世华以党内警告处分。3. 村支部、村委会对本村的消防安全工作没有采取具体的防范措施，没有对村民，特别是小孩进行必要的防火和灭火常识教育，应负领导责任。4. 肇事者杨领、杨领波、杨秀满因不满14岁，未达到法律责任年龄，不予追究。但肇事者的法定监护人杨元意、杨凡光没有履行法定监护职责，导致小孩肇事引起火灾，并造成巨大的经济损失，负有直接监护的过失责任，依照《中华人民共和国治安管理处罚条例》的规定，给予杨元意、杨凡光处以治安拘留10日。

湖南湘潭市翔鹏精细化工有限公司火灾

基本情况　翔鹏精细化工有限公司位于湘潭市化工区竹埠巷，是一家外商独资企业，建于1987年7月，开始为新加坡鹏程投资有限公司与湘潭染料化工总厂的合资企业。1993年发展为新加坡独资企业，总经理是加拿大籍的陈尔谟先生。公司有员工200余人，占地面积31000平方米，拥有固定资产2483万元，主要生产一品红、二品绿等染料产品，经济效益较好。起火的化工原料仓库位于该公司北端，建于1987年，是一栋砖墙水泥石棉瓦屋面、钢质屋架简易结构建筑，座北朝南，东西长40米，南北宽20米，呈矩形。库内北墙分设10个墩位，无门窗；南面为5个铁栏门；东、北两端无建筑；南临生产厂房；西面一墙之隔是化工成品仓库。起火前仓库共储存各种化工原料84种，其中大部分是易燃易爆有毒化学危险物品，且相互混存，无防火分隔。当地消防部门在消防安全检查中，曾多次就该库化学物品混存、堆放混乱、保管制度执行不严等问题提出整改意见，但由于种种原因一直没有得到改正，以致养患成灾。

起火经过和扑救情况　6月4日16时左右，该公司购进工业盐10吨，司机沈建东驾驶一辆康明斯货车进入化工原料仓库卸货时，不慎将一桶氯丙烯原料撞倒，使之流散在地上，仓库保管员高国香发现后用拖把进行清理后，于17时30分下班回家。5日4时左右，该公司喷雾工序当班工人赵继湘到车间门口洗手时，看到车间对面的化工原料仓库有火光，边喊叫边敲打睡在隔壁的仓库值班员熊爱国的门。公司保卫科长张仕荣及当班员工刘青兰等人闻讯后迅速灭火。同时，位于仓库东侧南面的冰机房操作工董卫东闻到一股烟味，也发现仓库起火，于是迅速取2具干粉灭火器与张仕荣等人共同灭火。当张仕荣等人破门进库灭火时，发现仓库里面的火势已经很大，而且有一股刺鼻难闻的气味迎面袭来。4时6分，湘潭市公安消防支队接警，调集5个公安、企业专职消防队的12辆消防车、78名消防人员赶往现场施救。第一出动于4时26分赶到，此时火势已进入猛烈燃烧阶段，并伴有氯丙烯、丙烯腈桶的爆炸，火舌夹着浓烟冲出屋面数十米高，附近弥漫着刺鼻的臭味。面对十分危急的火情，火场指挥员向支队指挥中心请求增援。经过近2个小时的奋力扑救，于6时10分将火全部扑灭，保住了仅一墙之隔的成品仓库（价值1000余万元）。在这场灭火战斗中，有14名消防官兵、5名专职消防人员中毒。

火灾损失 烧毁库房400平方米，各种化工原料51种，直接财产损失238万元。

火灾原因 起火部位是仓库东起第1至第5个墩位之间距南墙8米处的化工原料堆垛。起火点是仓库东起第3至第5个墩位之间靠北墙的化工原料堆放处。火灾系氯丙烯、丙烯晴等有机易燃物质与重铬酸钠、亚硝酸钠等无机氧化剂混合发生分解、放热、聚合等化学反应引起自燃所致。

主要教训 1. 消防站建设滞后，消防车装备不能满足灭火需求。按照规定，湘潭市区应建消防站4个，而目前仅有2个，特勤队的建设工作尽管已纳入规划，但建设难度仍然很大。翔鹏精细化工有限公司距最近的市区公安消防队有12公里，需要24分钟才能赶到，以致延误了战机。市区2个公安消防中队，应配备的空气呼吸器、防毒面具、防火隔热服等个人防护装备严重缺乏，致使19名消防人员中毒受伤。2. 公司领导消防法制观念淡薄，管理混乱。该公司是一家外商独资企业，在建设初期和竣工后应按规定申报消防部门进行消防安全审查，但由于种种原因没有进行申报；在建成投产后，使用的易燃易爆化工原料没有专库贮存，80多种化学性质相互抵触的化学物品全部堆挤在一个不足800平方米的简易仓库内，每天出入货物频繁，人员进出随便，多次发生散包、渗漏等问题，公司领导竟无人过问，熟视无睹，以致养患成灾。3. 公司职工防火业务素质差，安全意识淡薄。该公司员工和管理人员，全部实行聘用制，所有岗位人员在雇用前只是以会代训交待过一些安全事项，没有按照国家《消防法》的规定进行正规的消防安全培训，无一人取得消防安全培训合格证，加之员工流动性大，三级安全教育更是流于形式，根本不落实。起火的化工原料仓库保管员是从传达室随意抽调的一个女同志，根本就不了解化工原料的危险性。

事故责任及处理 1. 作为公司法人代表、总经理陈尔谟对公司仓库贮存条件落后，各种化工原料混存，尤其是在消防部门多次检查提出整改意见后，重经济效益，轻消防安全，一直没有采取积极态度进行整改；公司贮运部经理朱芒种负责对仓库的管理，本身负有防火责任，但对仓库存在的日常消防安全管理问题不管不问，尤其是对仓库漏雨的问题和6月4日车辆入库撞倒氯丙烯的问题，没有采取有效措施，工作严重失职，上述2人均负直接领导责任。2. 公司行政部经理谢清华主管人事工作，在安排岗位工种人员时，尤其是在安排仓库保管员问题上，不按照国家有关安全规定，将不懂仓贮安全知识，不熟悉岗位火灾危险性的人员安排到重要岗位上；公司保卫科长张仕荣是公司担负日常消防安全管理工作的部门负责人，在扑救火灾中，虽有立功表现，但却疏于日常安全管理，对公司日益暴露出来的消防安全问题没有采取有效的整改措施，尤其是对化工原料仓库存在的问题放任自流，养患成灾。上述2名同志应负间接责任。3. 公司化工原料仓库保管员高国香在担任保管员期间，不熟悉业务，使各种化学性质相互抵触的化学物品混存，没有采取必要的防火分隔措施，疏于管理，多次发生原料散包、渗漏问题。公司货车驾驶员沈建东在6月4日下午倒车入库卸货时，在没有征求保管员意见的情况下，无视安全规定，擅自驾车入库，粗心大意，马虎行事，将一桶氯丙烯原料撞倒，使之流散在地上。上述2人应负直接责任。根据消防有关法规，对翔鹏公司罚款2万元；对法人代表陈尔谟罚款5000元；对防火负责人、事故直接责任人分别罚款1000至3000元。责令湘潭市人民政府对翔鹏精细化工有限公司进行全面整治，建立和完善各项消防安全措施。

湖南郴州市万达市场火灾

基本情况 万达市场位于郴州市国庆北路29号，北湖区郊区粮站（原市郊粮站）商住楼二楼，建筑面积1700平方米。商住楼于1993年初开始建造，1994年底投入使用，耐火等级二级，主体高29米，地上8层，建筑总面积10800平方米，1层为临街门面，3层为正在改造尚未完工的小套住宅，4至8层为住宅。1996年7月北湖区郊区粮站将商住楼二楼租赁给个体老板陈云飞、肖建国（均系郴州市人）组建万达市场，主要经营化妆品、日用品等。但因经营不景气，双方于1998年10月终止租赁合同。1999年4月，郊区粮站又将大楼2层租给24家个体户作仓库使用。以致该大楼成为集商贸、仓储、住宅为一体的综合性建筑。

起火经过和扑救情况 6月30日9时45分，郊区粮站保安员李元梅发现大楼北端东侧紧挨二楼市场建成的铁皮仓库屋顶上方电线闪火花。同时，正在办公室上班的保卫小组长陈江和保卫人员刘小华看到灯光忽明忽暗，便出去观看，也发现市场北端东侧第一、二两个铁皮仓库之间冒烟。于是，刘小华、李元梅等人取灭火器迅速赶到现场，此时明火已大，施救困难。9时55分，郴州市北湖区消防中队接到群众报警后，立即前往扑救，因火势太大，且消防水源缺乏（大楼临街面的2个室外消火栓无水），致使难以控制火灾。郴州市消防支队接到北湖区消防中队报告后，迅速调集4个公安消防队、3个专职消防队的14辆消防车、200余名消防人员前往增援。经过近4个小时的激烈战斗，于14时左右控制火势，16时50分将火扑灭。保住了一楼门面、三楼以上住宅和东面粮食仓库的安全。

火灾损失 烧毁大量日用品、橡胶制品、塑料制品等物资，过火面积1500平方米（二楼仓库），直接财产损失237.8万元。

火灾原因 火灾系电气线路短路所致。

火灾教训 1. 违反消防法律、法规。北湖区郊区粮站商住楼动工前未办理消防报批手续，擅自施工，后经消防部门多次督查，于1994年8月补办了消防建审手续。1994年底该大楼又未经消防部门验收，擅自投入使用。1997年3月，该单位开始装修将二楼兴建万达市场，也未向消防部门申报办理装修审批手续；1997年5月，又在大楼东侧外搭建一排铁皮仓库，占用防火间距。1999年4月中旬，郊区粮站未经消防审核，擅自将市场改变使用性质，将原来的零售摊位改作24个小型批发仓库出租，大量储存鞋类、橡胶、塑料制品以及日用化工等可燃易燃物资。直到起火前三楼（原设计亦为商场）

仍在进行小套住宅改造，致使整幢大楼存在许多“先天不足”。2. 施工单位偷工减料，弄虚作假。该大楼由湘南房地产开发有限公司承建，消防未按图施工，将原设计的消防水泵房在施工过程中擅自砍掉，致使消防供水管网无消防给水。尤为严重的是临街的两个室外消火栓未能与市场供水管网相连接，象“种树”一样插埋在地下，以致消防车到达火场无法近距离取水，贻误灭火战机。3. 消防管理混乱，消防器材严重缺乏。作为市场主管单位的北湖区郊区粮站，单位领导只抓经济效益，不抓防火工作，整幢大楼为高层建筑，建筑总面积上万平方米，仅配有10具4公斤干粉灭火器、4台干粉推车，远远达不到国家规定的配置标准。

火灾责任　1. 北湖区郊区粮站兴建该商住楼，于1994年8月在消防部门的多次督促下，才补办了消防报建手续，但在工程施工、改变建筑使用性质、装修、竣工使用等均未经消防部门许可，留下许多先天性火灾隐患。作为北湖区郊区粮站的有关领导负有直接领导责任。2. 湘南房地产开发有限公司承建该工程项目时，偷工减料、弄虚作假，将两个室外消火栓埋在地下未与供水管网连接，严重影响了灭火施救。其施工总包人及其施工人员负有直接责任。3. 该单位电工安装电气线路违反操作规程。造成电气线路短路打火，应负直接责任。

湖南怀化市迎丰市场火灾

基本情况　迎丰市场系市工商局下属单位，国有企业，未参加保险。市场小商品城位于迎丰中路迎丰市场西北角，东临旧公园路，南接迎丰市场菜市场，西对新公园路。迎丰市场建于1995年5月，1996年12月竣工，砖混结构，占地面积1929平方米，建筑高度22.5米，共7层。底层为商业门面，二层为小商品城，三层以上为住宅。市场内配有灭火器，安装有室内消火栓。2楼的小商品城总面积1929平方米，呈直角梯形，共有摊位148个，摊户83人，主要经营服装、鞋子、床上用品、小电器、小五金等，由鹤城区迎丰派出所管辖。

起火经过和扑救情况　12月2日23时30分左右，市场旁电话亭老板黄忠林，金蔷薇美容院员工刘婷，园中园风味餐馆老板张利华等人均在同一时间发现商品城南面起火。张利华立即向“119”报警。鹤城区消防中队接警后，立即出动3辆消防车、21名消防人员前往扑救。市消防支队接警后，支队领导及全体机关官兵增援，同时调集安江中队、芷江公安专职队前来增援。市委书记杨泰波、市长吴宗源等领导闻讯后，也先后赶赴现场。军分区、武警支队、治安支队、110、120、政府110（电力）等单位也集结火场增援。经过全体消防人员及广大干部群众的齐心努力，3日零时40分将火控制，2时5分将火扑灭，保住了小商品城北半部及3楼以上住户的安全。

火灾损失　摔死1人，烧伤1人，过火面积1200平方米，烧毁市场摊位148个（主要有服装、百货、五金交电等），受灾73户，直接财产损失为67.5万元。

火灾原因　火灾系窗外敷设的电气线路短路产生火花，引燃导线表面及遮盖窗户用的塑料薄膜所致。

主要教训　1. 单位消防安全意识淡薄，管理混乱。该市场小商品城电气线路均未穿管保护，但怀化市市场服务中心作为迎丰市场的管理单位，既没有及时组织防火检查，也没有采取有效的措施加以防范，以至养患成灾。2. 值班制度不落实，延误了灭火战机。市场虽有4人值班，但保安员李荣安值班期间饮酒、睡觉，未履行值班职责；谌辉、杨绍华擅离岗位，伙同他人赌博；何卫红身为带班人员，带班期间没有履行带班职责，未对值班人员的值班情况进行监督，还伙同值班人员在办公室赌博，致使值班人员未能及时发现火情。

火灾责任 1. 怀化市电力公司所属营业部违反《低压配电装置及线路设计规范（试行）及条文说明（GBJ54－83）》的有关规定，将电线沿小商品城东南面外窗檐而设，距市场南面外窗檐距离仅为15至20厘米，并未穿管保护，以至电气线路短路打火引燃窗户上的薄膜，因此，怀化市电力公司应负直接责任。2. 怀化市市场服务中心未履行对所属迎丰市场的管理职责，没有及时组织防火检查、消除火灾隐患，应负间接责任。3. 李荣安、杨绍华、谌辉3名当班保安人员值班期间未认真履行职责，1人饮酒、睡觉，2人擅离岗位，伙同他人赌博，未能及时发现、扑救初起火灾，应负间接责任。4. 何卫红身为带班人员，未对值班人员的值班情况进行监督，还伙同值班人员在办公室赌博，致使未能及时发现、扑救初起火灾，应负间接责任。5. 尹恒身为怀化市市场服务中心主任，负责全面工作，在负责保卫工作的副主任刘晓秋外出学习期间，对市场消防安全工作疏于管理，应负直接领导责任。6. 董绍铁身为怀化市市场服务中心副主任，负责迎丰市场安全防范工作，对市场消防安全疏于管理，应负直接领导责任。

湖南新化县大熊山林场火灾

基本情况 大熊山林场位于新化县圳上镇，距新化县城78公里。该林场建于1958年，下设7个工区，共有人口3560人。整个林场的防火工作由场长主管，下属工区由各工区长分管。林场内建筑大多数为木结构，耐火等级低，同时，由于林场处于大熊山脉之间，与外界联系仅依存于一条山间羊肠小道，林场的高峰工区距乡级公路几十公里，人员进入该工区要走两个多小时的山路。工区的生产队之间几乎是屋连着屋，无任何防火间距，全部为木结构。整个工区与外界既无消防车道，又无任何通讯联络，同时，内部也无消防组织和消防自救器材，消防安全状况极差。

起火经过和扑救情况 12月6日12时15分左右，林场高峰工区发生火灾。当时正值天气晴朗，且风力较大。高峰工区大队陈玉和在桃树弯运木材途中，发现河对面有一间房子冒烟起火，就忙喊人救火。当时工区内男劳力都未在家，也无人组织灭火，村中老人、小孩慌作一团，在不到一个半小时的时间内就将毗连的房屋全部烧毁。

新化县消防大队当天未接到报警，也未出动车辆和人员，直到12月7日才接到县林业公安分局的报告。大队接报后，一方面由大队副教导员带领有关人员赶赴火灾现场，一方面及时向娄底消防支队报告。支队领导随即率员于当日赶到现场，调查火灾事故。

火灾损失 烧毁房屋46栋，造成61户、158人受灾，直接财产损失81.8万元。

火灾原因 火灾系高峰工区七队居民余槐花（女）在家煮猪食时离开，灶内燃烧的木柴引燃灶边的柴草所致。

主要教训 1. 内部消防管理混乱，居民消防意识淡薄，自防自救能力差。2. 林区建筑耐火等级较低，消防自救器材缺乏。3. 新化县委、县政府对农村大屋场的消防管理工作没有引起足够的重视，平时也没有将消防工作纳入重要议事日程。

火灾处理 火灾事故直接责任者余槐花已被刑事拘留，移交司法机关追究刑事责任。

湖南省药材公司仓库火灾

基本情况 省药材公司仓库位于长沙市东风路 175 号，建于 1986 年，钢筋混凝土结构，座北朝南。仓库共 5 层，建筑总面积 13500 余平方米。该仓库每层都用防火墙和防火门分为 3 个独立的防火分区，每个防火分区的面积为 900 平方米，自东向西依次为 1、2、3 号库。1、2 号库 1 至 5 楼全部贮存省药材公司数千万元的中、西药品及中药材；3 号库一楼租赁给长沙大轮贸易有限公司贮存汽车轮胎，二楼租赁给湖南商厦贮存家用电器、日用百货，三、四、五楼贮存省药材公司的中、西药品及中药材。仓库大楼四周有一环形车道，大楼前为停车场（发生火灾时，停车场内停有 5 辆货车，其中 1 辆货车堵住 3 号库的南大门）；东临东风路；西临该公司 2 层楼的仓库及药材加工厂；南临该公司办公楼、仓库和长沙冷冻加工厂宿舍；北临长沙冷冻加工厂。该公司院内共有室外消火栓 2 个，1、2、3 号仓库内 1 至 5 层共有室内消火栓 5 个及多线制的普通自动报警设备一套。东风路上在保护半径范围的消火栓有 3 个，隔壁冷冻加工厂内也有室外消火栓 3 个，消防用水比较充足。

起火经过和扑救情况 12 月 11 日 23 时 35 分左右，省药材公司传达室值夜班的肖润东和程百耕听到火灾自动报警器的报警后，以为是报警器出现误报，未予理睬。此时住在仓库对面宿舍的长沙冷冻加工厂一装卸工下班回到宿舍，无意中发现省药材公司仓库一楼西大门有烟向外冒，便立即大喊“药材公司仓库起火了”。过了约 8 分钟，值班员肖润东听到喊叫声才提一个水桶慢慢地走到 3 号仓库的西头，发现真的着火了，便到传达室拿一具干粉灭火器，因不会使用又回到传达室，一边拉电铃召集人员灭火，一边叫程百耕拨打“119”报警，此时仓库内已火光冲天。

23 时 46 分，长沙消防支队接警后，迅速调集伍家岭消防中队 2 辆水罐车、丝茅冲消防中队 3 辆水罐车为第一出动力量前往火场扑救。23 时 55 分，第一出动丝茅冲中队首先赶到火场，发现 3 号仓库一楼西大门内火势凶猛，整个仓库内浓烟滚滚，在迅速展开灭火的同时向支队请求增援，随后市消防支队又迅速调集五里牌消防中队 2 辆水罐车、特勤一队 3 辆水罐车、劳动路消防中队 2 辆水罐车赶赴火场增援。火场指挥员根据火势情况，先后又调集了长沙市范围内的所有公安消防中队及部分企业专职消防队的车辆投入灭火战斗。经 8 个公安消防队和 5 个专职消防队的 32 辆消防车、150 余名消防人员的全力扑救，于 12 日 6 时 30 分将火扑灭，保住了 1、2 号仓库价值几千万元的中、西药品和中药材。

火灾损失 烧毁仓库 4945 平方米及大量的轮胎和中、西药品，直接财产损失 785.1 万元。

火灾原因 起火部位是 3 号仓库一楼西大门内堆放回收轮胎的部位；起火点 3 号仓库一楼距西门 3.5 米处的 B4 轮胎堆垛的上部；火灾系人为放火所致。

主要教训 1. 仓库内设置的火灾自动报警系统属多线制的普通报警设备，无继电装置和记忆功能，而且每层设置为一个地址编码，发生火灾后，从报警控制器上无法确定最先报警的探头位置，无法查证起火部位、起火点。2. 单位防火安全责任制、消防安全检查、值班巡逻等各项制度不落实，对内部人员和租赁单位管理松懈。3. 门卫值班人员责任心不强，不遵守管理制度，对往来人员和车辆不进行检查登记，以致给犯罪嫌疑人有机可乘。特别是值班人员听到报警器报警后无动于衷，且不会使用灭火器，致使失去了扑救初期火灾的时机。4. 长沙大轮公司仓库管理混乱，没有明确专人管理，没有制定防火安全责任制，致使仓库内人员随意进出，钥匙保管混乱，货物没有按“五距”的要求进行堆码，留下严重的火灾隐患。

广东省火灾情况

1999年，全省各级公安消防部门认真贯彻执行《中华人民共和国消防法》和江泽民等中央领导同志关于消防工作的一系列重要指示精神，开展了对“三合一”、易燃易爆、家庭作坊式企业的专项治理，全力遏制重、特大火灾事故的发生，有效地保障了国家财产和人民生命安全，为建国五十周年和澳门回归创造了良好的消防安全环境。但是，全省的火灾形势仍较严峻。共发生火灾8782起，死349人，伤382人，直接财产损失14051.7万元。与上年相比，四项数字分别上升95.7%、44.2%、10.1%和23.6%。其中，特大火灾11起，死71人，伤50人，直接财产损失3012.4万元；重大火灾88起，死99人，伤13人，直接财产损失3771.8万元。重、特大火灾的四项数字与上年基本持平。平均每天发生火灾24.1起、直接财产损失38.5万元；每万人发生率为1.2，人均火灾损失2元。据不完全统计，全省公安消防部队共出动消防车2万辆次、人员14.7万人次，抢救财产价值98.4亿元。从全年火灾情况看，主要有以下特点：

一、重大节日、庆典活动期间无大火。今年以来，全省各级公安消防部门围绕做好建国五十周年、澳门回归两大政治活动的消防安全保卫工作，开展了一系列的消防监督检查工作，消除了一大批火灾隐患，确保了重大庆典活动期间无大火。

二、易燃易爆化学物品火灾得到有效控制。加大了对易燃易爆场所进行的专项治理力度，有效地控制了易燃易爆化学物品火灾。年内，共发生此类火灾239起，死63人，伤147人，直接财产损失1776.3万元，与上年相比，起数上升6.7%，死人下降6.0%，伤人下降9.8%，直接财产损失上升4.6%。

三、娱乐服务业火灾有所下降。通过对公众聚集场所尤其是娱乐服务场所的专项治理，取得了明显的效果。年内，共发生此类火灾47起，死14人，伤7人，直接财产损失260.5万元，与上年相比，起数下降39.7%，死人上升75%，伤人下降50%，直接财产损失下降44.0%。

四、群死群伤恶性火灾事故较为突出。共发生特大火灾11起，死71人，伤50人，直接财产损失3012.4万元。其中，一次死亡10人以上或死亡、重伤20人以上的火灾5起，死70人，伤50人。具体是：1月23日，东莞市石碣镇东聚电业有限公司火灾，死14人，伤2人；2月15日，茂名市电白县羊角镇一村民火灾，死5人，伤21人；6月12日，深圳市智茂电器制品厂火灾，死16人，伤18人；10月9日，广州市白云区永发购销综合店火灾，死15人；10月26日，广州增城市石滩镇鸿成皮具厂火灾，死20人，伤9人。群死群伤特大恶性火灾事故的发生，暴露出我省一些地方尤其是城乡结合部和农村消防安全责任制不落实、公共消防设施严重缺乏、群众消防意识薄弱等问题。

五、电气和用火不慎仍是火灾的主要原因。电气火灾764起，死119人，伤91人，直接财产损失7554.6万元；用火不慎火灾428起，死72人，伤69人，直接财产损失1418.9万元。电气和用火不慎引起火灾的四项数字，分别占火灾总数的57.9%、54.3%、41%和63.5%。年内，发生的11起特大火灾，8起是电气原因引起的，其余3起是用火不慎引起的。2月2日，揭阳市榕城区一废品回收场因外来人员用火不慎造成火灾，烧毁11家工厂、仓库共6000平方米，直接财产损失422万元；4月11日，广州番禺市莲花山保税加工区台华、将威有限公司因电气故障引起火灾，烧毁大批成品、半成品及原料，直接财产损失917万元。

六、私营企业尤为严重。年内，私营企业共发生火灾1222起（其中，特大火灾5起，重大火灾61起），死230人，伤237人，直接财产损失7799.5万元，分别占各类企事业单位的74.0%、82.4%、76.2%和57.8%。

七、住宅火灾不容忽视。共发生火灾638起，死145人，伤118人，直接财产损失913.4万元，分别占起火场所火灾的31%、41.2%、30.3%和6.5%。住宅火灾主要是由于电气和用火不慎、玩火、液化石油气罐泄漏等原因引起的。7月2日，潮州市饶平县钱东镇居民在煮饭时，因小孩用打火机点火，引爆了泄漏的液化石油气造成火灾，死3人，直接财产损失15万元；11月27日，潮阳市胪岗镇新庆村一妇女在“拜老爷”时，铁桶内未烧尽纸钱引燃海绵垫成灾，一家5口被烧死，直接财产损失15万元。

八、乡村火灾形势比较严峻。共发生乡村火灾685起，死180人，伤134人，直接财产损失5531.5万元，分别占总数的33.3%、51.1%、34.4%和39.2%。乡村火灾多发和死伤惨重的主要原因在于群众消防安全意识差、消防设施缺乏、水源不足、距消防站远等。广州、佛山、中山、揭阳四市全年火灾损失均超过1000万元，深圳、惠州、潮州三市的火灾起数和直接财产损失比上年均有所下降，肇庆、云浮等市的火灾形势比较平稳。

广东分地区火灾综合情况

地区	起数	死人	伤人	直接损失（元）	特大火灾				重大火灾			
					起数	死人	伤人	直接损失（元）	起数	死人	伤人	直接损失（元）
合计	8782	349	382	140517391	11	71	50	30124317	88	99	13	37718535
广州	3919	70	105	21572065	3	36	9	10090000	8	3	2	3924638
深圳	67	31	41	4494603	1	16	18	2000	1	3	1	2000
珠海	69	5	18	3484455					4			1915758
汕头	135	35	24	4910956					8	25		1978575
韶关	87	5	3	3743910					4	3		2040300
河源	61	5	10	1987390					1			450000
梅州	46	2	16	4358714	1			1250000	2			1692000
惠州	60	18	6	2659519					2	4		540000
汕尾	26	4		2965541	1			2203417	1	3		20000
东莞		38	22	9865500	1	14	2	4801400	5	13		1413000
中山	335	7	8	14730508	1			4049500	8			5712002
江门	852	13	8	8446903					6			3466000
佛山	1553	26	30	19409685					8	4	1	4144000
阳江	94	16	7	4650544					7	9	3	2419500
湛江	366	9	14	6161646					4			2108595
茂名	286	8	37	3099620	1	5	21	30000	1			850000
肇庆	252	6	11	5475266					5	1	1	2491000
清远	69	6	6	3092064	1			1500000	1			350000
潮州	113	12	11	2295553					4	10	3	683488
揭阳	248	26	2	10398638	1			4200000	6	18		1157679
云浮	144	7	3	2714311					2	3		360000

广东东莞市东聚电业有限公司二厂火灾

基本情况 东莞市石碣镇西南管理区东聚电业有限公司二厂是一家台商独资企业，厂房共三层，建筑总面积7200平方米，一层为仓库，二、三层为车间，主要生产电脑配件，有员工620多人。

起火经过和扑救情况 1月23日2时58分，该厂保安员牛文周从警卫室到该厂东南角一楼楼梯间的打卡机打卡，当走到距打卡机2米远的厂公告栏位置，闻到一股焦味，看见公告栏上部的铁丝网有烟冒出，同时发现2号木房小仓库冒烟并有火焰喷出，保安班长刘新华在2号木房小仓库附近取来灭火器灭火，牛文周跑到塑胶B座打电话报警。石碣镇专职消防队3时5分接警，迅速出动2辆消防车前往扑救，用三节拉梯将三楼天台被火围困的2人救出。由于仓库堆放大量可燃物质和易燃化学物品，大火迅速向仓库与二、三楼车间蔓延。石碣镇消防队无法控制火势，遂向东莞市消防支队报警。东莞支队先后调集15个公安、专职消防队的27辆消防车（其中3辆云梯车）前往支援。经过消防人员奋力扑救，大火于8时20分被控制，13时20分彻底扑灭。

火灾损失 造成14人死亡、2人受伤，直接财产损失486.1万元。

火灾原因 一楼木房仓库内的空调机长期通电运行，造成其温控器故障，产生高温引燃木房内的可燃物。

火灾处理 1. 对东聚二厂厂长石浩军给予15日拘留并建议撤销其厂长职务。2. 对石碣镇政府安全办副主任叶文仔撤销其安全办副主任职务。3. 撤销石碣镇公安分局治安股长兼消防队长翟柱峰职务。4. 责成石碣镇人民政府及主管安全和消防工作的领导向东莞市人民政府做出书面检讨并报省人民政府、省安全生产委员会备案。

主要教训 1. 该厂易燃易爆危险物品无专用仓库，与一楼仓库普通物品混存，是造成火势迅速蔓延的直接原因。2. 该厂保安人员的消防意识淡薄，发生火灾后，不会使用本厂的消火栓系统灭火，没有及时组织三楼的工人疏散。3. 该厂员工缺乏火场逃生常识，不会自救。

广东揭阳市一废品回收场火灾

基本情况 废品回收场位于揭阳市榕城区榕华办事处港乾村北河大桥头东南侧，东临盐务局仓库，西临北河大桥及榕华大道，南临榕江路，北临沿江路，回收场主体南北长76米，东西长63米，系竹棚及铁皮结构，火灾现场是11家仓库、工厂相连的建筑，主要是化工仓库和五金加工、塑料制品生产的工厂。

起火经过和扑救情况 废品回收场，原是一块外地盲流人员聚居与堆放破烂的空地，堆放有各种杂物。火灾发生前有20多人集居此地，废品场南面、电焊间的西墙外居住着安徽省蒙城县辛集乡一外号叫“六老头”的一家三口人。2月2日20时30分，“六老头”在住处用煤炭炉生火做饭，火星被风吹到与煤炭炉相隔约1米的可燃物上引起小火，因“六老头”扑灭不当，使小火越烧越大，直至无法控制。“六老头”在此情况下带着家人逃离现场。周围群众于21时5分报警，消防队接警后迅速出动5辆消防车、20多名消防人员于21时10分到场，火场指挥员根据火场情况立即报告支队请求增援，支队先后调集揭东县消防中队、普宁市消防中队和曲溪油库、润丰油库专职消防队的

10辆消防车、100多名消防人员参加灭火战斗，于3日2时30分基本扑灭火灾。

火灾损失 烧毁11家工厂、仓库共6000平方米及化工产品、塑料制品及机器设备一批，直接财产损失422万元。

火灾原因 生活用火不慎。

主要教训 1. 火灾现场的11家工厂、仓库属于未经公安消防机构批准的违章简易建筑，该地区的工厂、仓库没有任何防火间距和防火分隔，导致火灾蔓延扩大。2. 废品场盲流人员的集居，未能有效的管理，在不具备安全条件下随意使用明火。3. 起火后未及时报警，贻误战机，使小火酿成大灾。

广东茂名市电白县一个体爆竹厂火灾

基本情况 茂名市电白县羊角镇坡子管区田中间村有村民100多户，村民林天昌居住在该村中央，有平房4间。1998年2月，其侄林日权未经其叔林天昌的许可，擅自将爆竹引存放在位于南面的一间空房里，而且摆放凌乱，没有采取安全措施，留下火灾隐患。

起火经过和扑救情况 2月15日21时5分，电白县羊角镇坡子管区田中间村村民林天昌家发生爆炸，茂名市公安消防支队和电白县消防大队接警后，立即调集5辆消防车、40名消防人员赶到现场会同公安干警100多人进行救援，于16日3时完成灭火抢救工作。

火灾损失 死5人，伤21人，受灾38户，直接财产损失3万元。

火灾原因 火灾系小孩烧烟花所致。

主要教训 1. 该爆竹厂未经有关部门审批。2. 负责人没有采取安全措施，消防意识淡薄，管理不严。3. 对事故处理不力（以前曾多次发生事故，均未受到严肃处理）。4. 宣传不力，群众安全意识差，存在“宁可炸死，不要饿死”的思想。

广东番禺市台华鞋业有限公司火灾

基本情况 番禺市莲花山保税加工区台华鞋业有限公司位于灵兴工业区9号楼，该楼于1989年落成，是一幢高25米、每层建筑4400平方米的六层钢筋混凝土框架结构的高层工业建筑。1989年底，台商独资企业台华鞋业有限公司（以下简称台华厂）与将威鞋业有限公司（以下简称将威厂）相继在灵兴工业区9号楼设厂经营。

起火经过和扑救情况 4月11日5时38分，将威厂一楼值班员胡生武听到异常响声，跑出厂外即发现三楼台华厂的外包装区纸箱板仓库冒黑烟，立即报警。灵兴派出所接警后，调集保税区2辆消防车前往扑救，随后，广州市消防支队也调集26辆消防车前往增援。10时许将火控制，13时30分将火基本扑灭。保护了临近厂房、仓库、油库的安全，将损失降到最低限度，而且在大楼倒塌时避免了救火群众和消防人员的伤亡。

火灾损失 烧死1人，烧毁建筑26400平方米，烧毁台华厂生产设备165台，将威厂生产设备142台及台华厂、将威厂的成品、半成品鞋及原材料一大批，直接财产损失917万元。

火灾原因 火灾系台华鞋业有限公司三楼北侧外包装区A6至A7柱间纸箱板堆垛南侧电气故障所致。

主要教训 1. 台商鞋厂的消防管理混乱。2. 莲花山保税加工区管委会消防意识薄弱。3. 室内外消防设施严重不足。4. 公安消防部队接警太迟，导致未能及时控制火势。5. 工人上班时被锁在车间，难以逃生。

火灾处理 1. 台华厂大包装班班长谭小兵等3人负有间接责任，给予治安拘留10天。2. 周程章作为台华厂电工班班长对火灾负有间接责任，给予治安拘留10天。3. 庞文军作为台华厂三楼保安员对火灾应负间接责任，给予治安拘留10天。4. 毛正兵作为台华厂副厂长对火灾负有直接的领导责任，给予治安拘留7天。5. 陈茂绍作为台华厂副总经理对火灾应负直接领导责任，对陈茂绍给予警告处分。6. 邬富尧作为莲花山保税加工区防火责任人对火灾负有领导责任，建议番禺市政府对邬富尧同志做出适当的行政处分。7. 梁国雄作为莲花山保税加工区负责人对火灾负有领导责任，建议番禺市政府对梁国雄同志做出适当的行政处分。8. 陈正宗作为将威厂厂长、防火责任人，只顾生产管理，无视消防安全，对陈正宗给予警告处分。

广东中山市鑫和五金制品有限公司火灾

基本情况 中山市鑫和五金制品有限公司位于中山市东区长江村口，是台湾雅尚实业股份有限公司与中山市东区商业集团公司合资经营的企业，主要生产圆轮锯片。该公司有生产厂房二幢，系单层钢框架砖墙锌铁皮结构，分包装车间、磨齿车间、点焊车间、喷砂车间、磨板车间、热处理车间、冲压车间、仓库和办公室等，建筑面积1500多平方米，于1992年底建成投入使用。

起火经过和扑救情况 5月3日17时30分，该公司生产厂房包装车间的油浸烘干流水线起火，立即引燃生产用的透明甘油、香蕉水及流水线下面存放的多桶有机溶剂（天那水、甲苯等），并迅速向附近车间蔓延。17时40分，中山市消防中队接警，迅速出动4辆消防车（水罐车3辆、破拆专勤车1辆）、28名官兵赶到现场。当时火势已处于猛烈燃烧阶段，公司右边的厂房大部分已着火燃烧。到场后中队立即开展灭火战斗，1辆水罐车出三条干线三支水枪，采取堵截包围的战术，控制火势向厂房及其他部位蔓延，其他2辆水罐车负责供水，在消防官兵的奋力扑救和公安干警、公司工人的协助下，于18时35分将火彻底扑灭。

火灾损失 烧毁框架铁皮顶厂房744平方米，进口生产设备和原材料一批，直接财产损失404.9万元。

火灾原因 火灾系包装车间的油浸烘干流水工序使用的有机溶剂滴漏，接触电热设备所致。

主要教训 1. 厂方（公司）没有安全生产制度，没有对员工进行消防安全培训，以致油浸槽的油渣未清除引起滴漏，且起火后工人未能及时扑救初起火灾。2. 没有设置专门的危险物品仓库，而将大量的有机溶剂堆放于通道和流水线下面，以致起火后火势猛烈。3. 各车间之间没有防火分隔，且采用可燃材料吊顶，以致火灾发生后火势迅速向其他车间蔓延。4. 厂内及厂区附近没有地上消火栓，消防水源严重不足，以致供水出现间断，影响火灾扑救。

广东深圳市智茂电器制品厂火灾

基本情况 智茂电器制品厂位于深圳市宝安区沙井镇上星村第三工业区，是由台湾商人胡建舟（又名胡廷舟）假借上星经济发展公司曾楚帆之子曾锦庭的名义开办的一家来料加工企业，主要生产、加工、销售暖风机和风扇。厂房为钢筋混泥土结构，楼高4层，共4450平方米。一、二层为仓库，主要存放包装纸箱及塑料制品；三、四层为生产车间。厂房内设有敞开式楼梯和敞开式货梯一部，二层至四层楼板开口，设有货物输送带，除三、四楼靠南边无防盗网外，其余窗口均安装防盗网，楼梯通往天面出口均安装防盗门并上锁，仓库与生产车间之间无独立防火分区。该厂共有员工180人。

起火经过和扑救情况 6月12日17时10分左右，智茂电器制品厂搬运组员工农成利、刘三毛在一楼大门左侧楼梯口搬运纸箱装货时，听到有人呼叫着火了，随后发现仓库东南角纸箱处有浓烟和火光。一楼仓库管理员彭乐江也听到喊叫声并有灯管爆裂声，彭认为可能是电线着火，随即拉下电闸，切断电源。在二、三楼工作的十余名员工正陆续下楼准备下班，发现烟火，纷纷跑出厂门。此时，大火、浓烟夹着强烈的塑胶气味迅速沿楼道、电梯井向各层扩散，四楼大部分员工被困，有7名员工撬开天面防盗门到楼顶天面逃生。17时23分，宝安区消防大队“119”值班室接警，迅速调集沙井公安消防中队6辆消防车、30名消防人员赶赴现场灭火救人。与此同时，宝安消防大队又组织机关全体干警及特勤、新安2个中队，出动1辆云梯车、1辆照明车、7辆水罐车前往增援，消防人员利用云梯车从四楼和天台救出49名被困人员，引导24名员工从窗口跳下逃生，有3人沿下水管逃生，经消防人员全力扑救，于18时30分将火扑灭。

火灾损失 造成16人死亡、18人受伤，烧损4层厂房一栋共4450平方米，烧毁（损）电风扇半成品、原材料及机械设备一批，直接财产损失200万元。

火灾原因 智茂电器制品厂一楼仓库西部存放纸张处上方的日光灯，由于水泥松脱而随之一起落下，处于通电状态下的日光灯镇流器散发的热量，被周围纸皮等可燃物挡住积蓄，使可燃物阴燃成灾。

主要教训 1. 政府有关部门，尤其是基层的镇、村领导对消防安全的重要性认识不足，对本部门和辖区存在的问题，没有下决心予以解决，思想上麻痹大意。2. 一些企业安全管理存在不少薄弱环节，甚至不惜以牺牲工人的合法权益来换得一时的经济效益，对火灾隐患整改存有侥幸心理。3. 镇、村一级安全管理责任制没有落实，对有关单位存在的火灾隐患，没有下决心督促整改；对上级部署的消防安全检查工作消极应付，对企业消防安全隐患整改不敢动真格，导致检查、整改走过场，安全检查没有取得预期的效果；政府有关部门在进行安全监督检查时，也存在执法不严，监督不到位等问题。4. 各级消防安全管理部门，尤其是镇、村一级消防安全管理机构不健全，人员、编制不落实，致使监督检查不到位；由于机构编制问题，镇、村两级消防监督均由镇政府防火办实施，其法律地位不明确，除业务素质难以保证外，也缺乏必要的法律手段，导致执法力度不够。5. 对广大企业员工消防安全教育不够。部分员工消防安全意识淡薄，自防自救能力差。

火灾责任及处理 1. 智茂电器制品厂无视消防规章，安全管理混乱。火灾发生时，该厂无人及时采取措施，组织员工疏散，对火灾事故应负直接责任，应承担事故伤亡人员的全部医疗和善后费用，并依法给予经济处罚。2. 上星村村委会作为村内企业安全防火工作的直接管理单位，安全检查走过场，对智茂电器制品厂存在的问题视而不见，导致该厂重大事故隐患未能及时发现。上星村委会对这起事故负有直接的领导和管理责任。应认真吸取教训，做出深刻检查。3. 沙井镇政府对安全管理工作的重要性认识不足，对有关部门的督促不够，检查流于形式，对这次事故负有领导责任，应做出深刻检查。4. 胡建舟，智茂电器制品厂实际经营管理负责人，是该厂安全管理第一责任人。既未制定安全责任制，又未对该厂的消防安全实行有效的监管，并擅自更改厂房建筑结构，堵塞、封锁消防通道，安装防盗网，造成员工无法逃生，酿成重大人员伤亡，负有主要的直接责任。由公安机关立案侦查，依法追究其刑事责任。5. 曾锦庭，智茂电器制品厂法定代表人。未履行法定代表人职责，并非法将营业执照有偿转让给胡建舟经营，对事故负有直接责任。由公安机关立案侦查，依法追究其刑事责任。6. 何国龙，润都电器制品厂的副总经理，协助胡建舟管理智茂电器制品厂。只注重生产，对火灾隐患熟视无睹，没有提出有效措施进行整改，也没有制定消防安全管理制度，对员工未进行消防安全培训；在火灾发生时，更没有组织员工进行疏散与逃生，对这次事故的发生负有直接责任。由公安机关立案侦查，依法追究刑事责任。7. 曾楚帆，上星村村委、上星经济发展公司经理。曾在任职期间，利用职务上的便利，出具假证明，以其子曾锦庭的名义为智茂电器制品厂办理营业执照，对这次事故的发生负有直接责任。由公安机关立案侦查，依法追究其刑事责任。8. 曾志坚，上星村村委会主任。作为村安全生产第一责任人，在安全检查中，不认真履行职责，对智茂电器制品厂违反消防法规的行为视而不见，甚至隐瞒不报，对这次火灾事故负有领导责任，由公安机关立案调查，依法做出处理。9. 方荣添，原沙井镇防火办主任（现任副镇长），未认真履行职责，没有认真组织开展消防安全检查，未能及时发现企业存在的安全问题，对火灾事故的发生负有一定领导责任。由行政监察机关进一步调查后，给予适当的行政纪律处分。

广东连南县 107 国道大货车火灾

基本情况　8 月 30 日 5 时 10 分，一辆河南箱式大货车（车牌号码：豫 R35702）满载玉器行使至 107 国道 2119 公里 654 米处（广东省清远市连南县牛头岭路段）发生火灾。

扑救情况　30 日 5 时 30 分，连南县公安消防队接警后，立即出动力量赶赴现场扑救，因路遥远扑救不及时，大货车和货物全部被烧毁。

火灾损失　烧毁大货车 1 辆及玉器一批，直接财产损失 150 万元。

火灾原因　火灾系司机违章抽油打火所致。

广东广州市永发购销综合店火灾

基本情况　永发购销综合店是由四层楼房改造成的前店后厂式的家庭作坊，一层面积 144 平方米，后楼各层面积为 80 平方米，天面用锌铁皮搭建成工场。一层是店铺，堆放大量海绵、万能胶水、成品坐垫、塑料包装带等易燃物品，在门口还设置加工切割海绵的工场，夹层和第二层为生产坐垫套的工场，第三、四层为店主陈永朝夫妇和儿女的住房。

起火经过和扑救情况　10 月 9 日 9 时 45 分，永发购销综合店的工人在店门口用电热丝切割海绵时，因操作过程中高温电热丝引燃海绵起火，大火封住了该店正门的唯一出口，店门口堆放聚胺酯泡沫材料及万能胶水，燃烧猛烈，烟气毒性大，正在店内加工场工作的10多名员工被困。由于该地段距最近的公安消防中队有21.7公里，消防队于10时15分到场时，被困人员已全部被烧死或窒息致死；大火已波及毗邻的三间店铺。

广州市公安消防局9时51分接警后，先后调集6个中队的12辆消防车、85名消防官兵前往扑救。由于火灾现场没有消火栓和消防水池，严重缺乏灭火用水，消防车采用串联供水的方式，从公路旁的沟渠中和距离火场300多米的流溪中抽水灭火。经过消防人员的奋力扑救，11时40分基本将火扑灭，12时30分彻底消灭残火。

火灾损失 15人死亡（其中2名男工，13名女工，均是本地村民），烧毁建筑1300平方米，直接财产损失92万元。

火灾原因 永发购销综合店的员工高伟鸿在店门口用电热丝切割海绵过程中，高温的电热丝引燃海绵。

主要教训 1. 消防安全措施不落实。2. 市政消防设施严重不足。3. 三级消防监督管理未落实。4. 私营企业消防安全意识淡薄，只顾赚钱，不顾员工生命安全。

火灾处理 1. 对永发购销综合店业主陈永潮、员工高伟鸿分别依法追究法律责任。2. 对竹料镇乌溪村村长周沛命、副村长周本西、该村第二经济合作社社长周桂潮分别给予撤职处分，并由公安机关依法给予治安处罚。3. 对竹料镇政府副镇长冯炳周、张均明，经济办主任、安委办主任肖伟根，工商所所长谢永和分别给予撤职处分。4. 对竹料镇镇长刘捷、工商所长林远光、派出所民警苏凝瑞分别给予行政记大过处分。5. 对白云区政府副区长曾建伟给予行政记过处分。6. 事故责任人是中共党员的，在行政处分的同时，给予相应的党纪处分。

广东增城市鸿成皮具厂火灾

基本情况 鸿成皮具厂位于增城市石滩镇马修村村心二巷25号，是一栋三层简易钢筋混凝土结构的家庭作坊，主要生产皮具，建筑总面积270平方米，单层面积90平方米，第一层为业主宿舍和厨房，且在一层大厅里堆放了大量海绵、纸箱、活力胶等易燃物品和杂物；在一层至二楼的楼梯底放置胶水45桶；二楼为剪裁车间和成品皮袋仓库；三楼为皮具的缝制车间（有15台衣车、8张工作台）。

起火经过和扑救情况 10月26日7时37分，员工吴昌华走到二楼包装组门口，突然发现一楼有很强的火光，浓烟滚滚，马上跑到楼上叫其他员工逃生。增城市公安消防大队7时40分接警，出动2辆消防车于8时到场扑救，8时15分将火扑灭。

火灾损失 死20人（其中，女18人，男2人），伤9人（重伤4人，轻伤5人），烧毁建筑100平方米，直接财产损失2.5万元。

火灾原因 火灾系一层大厅东墙上的电源插销板接触不良产生电弧，引燃下部堆放的边角废料所致。

主要教训 1. 员工消防意识淡薄，不懂得自防自救和逃生常识。2. 消防设施严重不足。3. 个体私营企业老板消防法制观念淡薄。4. 防火安全制度和消防宣传教育不落实。

火灾处理 1. 鸿城皮具厂法人代表谢成灿、谢成照由司法机关追究其法律责任。2. 对广州市工商行政管理局增城分局石滩工商所专管员吴晃斌，建议给予行政记大过处分。3. 负责马修村防火工作的石滩公安局分局民警梁星云，建议解除其责任区民警职务，行政记大过处分，并调离公安机关，对分管消防安全工作的石滩公安分局副教导员何伟雄，建议给予撤职处分。4. 对专职负责安全防火、安全生产工作的石滩镇政府企业办专职安全员列刘初，建议解除其安全员职务；对负责防火安全工作的石滩镇企业办主任、安委办主任、交通安全防火工作协调组成员陈汝添，建议给予撤职处分；对石滩镇安全生产直接责任人、副镇长肖惠和，建议给予撤职处分；对石滩镇镇长蓝锦强，建议给予行政记大过处分；对私自供电给鸿成皮具厂的马修村丽达机修厂厂长刘镜胡，建议供电部门按照《中华人民共和国电力供应与使用条例》的有关规定进行处罚。5. 对增城市政府副市长、市消防安全责任人李沃田，建议监察部门给予行政警告处分。

广东梅县侨特商场火灾

基本情况 梅县侨特商场位于梅州市城区江北民主路西侧，建于30年代，砖木结构，占地总面积为1334平方米，距离管辖区消防队约1.2公里，距离市消防支队指挥中心约3公里。该商场沿街部分为商铺，后面仓库存放大量的百货商品，其东面沿街为一排单层商铺，北面沿街为一排三层建筑，一层为商铺，二、三层为美容美发厅，商铺主要经营劳保用品、服装成衣、化妆品和日杂用品等，经营、储存的物资都是易燃可燃物品。

起火经过和扑救情况 12月28日3时37分，梅县侨特商场发生火灾，支队直属一中队接警后，立即出动3辆消防车前往火场，由于夜深人静、天气寒冷干燥，发现晚、报警迟，当一中队到场时，火灾已进入发展阶段，东面7间单层商铺（其中6间商铺是用木板相隔）已被殃及，经消防官兵近2个小时的奋力扑救，于5时30分将火扑灭。

火灾损失 烧毁店铺12家，烧毁成衣、日用百货、空调机和家具等财物一批，烧毁建筑600平方米，直接财产损失125万元。

火灾原因 火灾系侨特商场内立玉时装店西面墙体长期渗水，致使电气线路短路所致。

主要教训 1. 服装个体户防火安全意识差，平时发现电气线路有时会断路，只是用棍子拍打，没有很好地检查线路，对安全存有侥幸心理。2. 商场随意改变格局，未设置防火间距，以致火灾迅速蔓延。3. 建筑进行内部装修未向消防监督机构申报，采用未经防火处理的易燃材料装修，电气线路铺设不符合防火要求。4. 报警迟，给扑救和疏散物资带来困难，造成巨大财产损失。

广西自治区火灾情况

1999年，全区火灾形势较为平稳，共发生火灾2761起，死77人，伤235人，直接财产损失4170.2万元。与上年相比，起数上升2.4%，死人、伤人和损失分别下降19.8%、17.3%和25.3%。年内没有发生群死群伤恶性火灾事故。全区公安消防部队接警出动3374起，出动消防车6018辆次、消防人员37915人次，抢救人员89人，保护建筑6万余平方米，抢救公私财产价值19亿元。从公安消防机构参与调查的2325起火灾看，主要有以下特点：

一、**重、特大火灾下降幅度较大**。共发生重、特大火灾13起，死13人，伤9人，直接财产损失1796.3万元，与上年相比，分别下降69%、50%、82.4%和34.6%。其中，特大火灾6起，死2人，伤7人，直接财产损失1604.1万元。其中，重点单位1起，损失900余万元。从区域看，县镇4起，乡村6起，城市市区、市郊及其它各1起；从24小时分布情况看，主要发生在18时至次日6时，共8起（其中特大火灾3起）；从起火场所看，住宅6起，厂房3起，仓库、货（堆）场、商场及其它各1起。4月17日，凭祥市弄怀村四方岭边贸点，因孙均泉租用的铺面用火不慎引起火灾，直接财产损失180.2万元。

二、**住宅火灾居高不下，乡村火灾尤为突出**。年内，发生在城乡居民住宅的火灾1005起，受灾居民1281户，烧毁（损）建筑9.6万平方米，死54人，伤88人，直接财产损失892.2万元，分别占总数的36.4%、70.1%、37.4%和21.4%。其中，重特大火灾6起，死9人，伤2人，直接财产损失233.3万元，分别占重特大火灾总数的46.2%、69.2%、22.2%和13%。9月22日，三江县八江乡八江村平江屯发生火灾，烧毁房屋86间、粮食5万余公斤等，受灾97户、445人，直接财产损失78.4万元。

三、**厂房、仓库、商场等物资集中的场所火灾损失严重**。此类场所共发生火灾389起，死12人，伤85人，直接财产损失2072.5万元。火灾起数仅占全区总数的16.7%，直接财产损失却占50%，比上年增加17个百分点。7月30日，苍梧县石桥镇东安藤竹工艺品厂发生火灾，烧毁厂房及大量藤竹制品，直接财产损失186万元。

四、易燃易爆化学物品火灾时有发生。近年来，从事易燃易爆化学物品储存、经营、运输的企业不断增多，由于一些单位和个人忽视消防安全，致使火灾增多。年内，共发生此类火灾194起，死17人，伤94人，直接财产损失159.8万元。5月12日，陆川县马坡镇大良村公所伟龙液化气店因店主违章充装液化气引起火灾，死1人，伤24人。

五、机动车辆火灾有所减少。共发生火灾218起，死1人，伤18人，直接财产损失463.1万元，起数和损失分别比上年下降30.8%和33.1%。10月10日，南宁至北海二级公路16.7公里处，一大客车（桂P·80236）因一乘客违章携带危险品引起火灾，死1人，伤11人。

六、电气和生活用火不慎是引起火灾的主要原因，违章操作造成的火灾损失最

严重。因电气引起的火灾707起，死6人，伤24人，直接财产损失939.5万元，分别占总数的30.4%、7.8%、10.2%和22.6%。12月21日，合浦县裕华大厦因一楼商场吊顶内电线接触不良造成火灾，烧毁摩托车等商品一批，死1人，伤6人，直接财产损失123.7万元；因生活用火不慎引起的火灾690起，死24人，伤51人，直接财产损失722.6万元，分别占总数的29.7%、31.2%、21.7%和17.4%；因违章操作引起的火灾181起，死5人，伤87人，直接财产损失1112.5万元，分别占总数的7.8%、6.5%、37%和26.8%。5月16日，柳州微型汽车厂涂装车间因违章操作发生火灾，烧毁自动喷涂生产线，直接财产损失900.4万元。放火引起的火灾也不容忽视，共发生156起，损失482.4万元（其中，重特大火灾4起，损失264.6万元，分别占重特大火灾总数的30.8%和14.7%）。

从全年火灾情况分析，引发火灾的原因是多方面的，但最主要有以下几个方面：一是一些单位领导缺乏对消防安全工作重要性的认识，消防安全责任制不落实；管理不严、违章作业、盲目蛮干等现象较为普遍。柳州微型汽车厂火灾就是一个典型例子。二是城镇公共消防基础设施薄弱，消防装备落后。近几年，全区城镇公共消防设施和消防装备虽有所改善，但欠账依然严重，致使一些火灾得不到及时扑救而造成重大损失。如凭祥市弄怀边贸点火灾，因当地消防队只有1辆超期服役的消防车，到达火场时，火势已发展到猛烈阶段，且附近无消防水源，以致小火酿成大灾。三是随着人民生活水平的不断提高，居民住宅使用大量可燃材料装修，多数城镇居民使用煤气和液化气，各类电器大量进入居民家庭，致灾因素增多。部分居民用火不当，电气线路老化以及超负荷用电，导致居民火灾居高不下。少数民族聚居地经济欠发达，建筑耐火等级低，用火设施简陋，一旦发生火灾，极易造成火烧连营。四是社会消防宣传教育和安全培训力度不够，相当一部分群众对消防安全工作的重要性和国家消防法律法规缺乏应有的了解，消防常识缺乏。

广西分地区火灾综合情况

地区	起数	死人	伤人	直接损失（元）	特大火灾				重大火灾			
					起数	死人	伤人	直接损失（元）	起数	死人	伤人	直接损失（元）
合计	2761	77	235	41702417	6	2	7	16040593	7	11	2	1922167
南宁	443	11	39	2669124								
柳州	448	1	29	11004264	1		1	9003908	1			370000
桂林一	261	4	12	867261								
桂林二	256	14	17	2896583					2	4	1	388807
梧州	87	4	15	2936827	1			1860000	1	3		6000
北海	128	1	7	2653110	1	1	6	1237000				
防城港	65	1	7	346123								
钦州	102	5	1	712581								
贵港	155	1	9	1260557								
玉林	149	6	44	1681361								
南宁	167	8	14	5249279	2			3155651				
柳州	110	5	4	2901901	1	1		784034	1			748400
贺州	50	5	3	924980					1	3	1	2960
百色	162	4	18	1948866								
河池	178	7	16	3649600					1	1		406000

注：桂林一是指桂林市市区，桂林二是指桂林市所辖县，其消防监督管理由桂林市消防一支队、二支队分别实施。

广西横县良圻新兴造纸厂火灾

基本情况 横县良圻新兴造纸厂位于横县良圻镇良圻实业总公司内，距横县县城41公里。该厂原为国有良圻农场造纸厂，1997年11月由个体工商户陈福鸿以1300万元买下经营，更名为横县良圻新兴造纸厂，主要生产瓦楞纸和有光白纸，年产量15000吨。纸厂从北到南分布为原料堆场、简易仓库、造纸车间。原料堆场长150米、宽85米，内堆放有11个大小不一的甘蔗渣堆垛，堆垛间距从0.7米到2.8米不等。料场内有2个消火栓，其中1个已损坏，距原料场150米有1个室外消火栓。

起火经过和扑救情况 3月21日下午，该厂装卸工卢树设等5人正在料场北部往拖拉机上装甘蔗渣，准备运到车间使用。16时10分，卢树设首先发现料场东北角最大的甘蔗渣堆垛（约2000吨）的东南角顶部起火，当即大喊救火。该厂负责人陈飞、陈勇（均为该厂法人代表陈福鸿的儿子）接到报告后，当即组织十几名工人用铁桶从附近的一个消火栓取水灭火，此时着火面积仅有1平方米左右。因料场消防设施不足，且刮着5级大风，火借风势，约20分钟，其它堆垛也相继起火，在无法控制火势的情况下，陈飞向横县消防中队报警。16时35分，县消防中队接警后，迅速出动2辆消防车、16名消防官兵前往扑救。17时22分到场时，原料堆场和南面的简易仓库已是一片火海，火灾已发展到猛烈阶段，并不断有飞火从料场飞向西南边，严重威胁西面职工宿舍和南面造纸车间及500米外的良圻实业总公司糖厂的安全。由于风大火猛，火场面积大，消防水源不足，大火难以控制，火场指挥员当即向市消防支队请求增援，支队迅速调集宾阳县消防中队一辆水罐车驱车100多公里，于20时5分达到。经过近20个小时的紧张战斗，22日12时控制火势，21时5分将火彻底扑灭。

火灾损失 烧毁简易仓库700平方米，甘蔗渣11000吨，废纸76吨，直接财产损失135.3万元。

火灾原因 甘蔗渣堆垛长时间蓄热自燃。

主要教训 1. 该厂领导消防安全意识淡薄，对存在的火灾隐患置若罔闻，不予整改。1月13日，由县政府、公安局、消防大队等单位组成的消防安全检查组对该厂进行检查时提出消防器材、消防给水不足和料场堆垛堆放不规范等问题，但直到火灾发生时，仍没有得到整改。2. 值班制度不落实，值班人员只有一位老人，巡逻检查不到位，未能及时发现火情。3. 堆垛之间无防火间距，消防设施缺乏。4. 消防水源、水压严重不足。

火灾处理 1. 对横县良圻新兴造纸厂处以40602元罚款。2. 对负有直接领导责任的厂领导陈飞、陈勇两人分别处以1500元罚款。3. 对该厂法定代表人陈鸿福处罚500元罚款。

广西凭祥市弄怀村四方岭火灾

基本情况 凭祥市弄怀村四方岭与越南接壤，当地居民为方便与越南客商做生意，自发在四方岭一带劈山建造一些砖木结构的简易房屋（属无证建筑），出租给前来做生意的各地客商。由于条件限制，很多客商将运来的货物堆积在房屋内，集仓库、经营、生活于一体。四方岭水源匮乏，饮水仅靠一口水井和用汽车从几公里以外运水。起火的铺面“广东中山八达电子厂弄怀经营部”，为二层砖木结构建筑，耐火等级四级，由孙均泉（广东中山人）承租，主要经营电子元件、电风扇、热水器等商品。

起火经过和扑救情况 4月17日22时许，孙均泉邀请看铺面的赵善飞夫妇和他的帮工黄其明等6人到500米外的弄怀边贸小区喝啤酒。18日零时左右，住在孙铺面附近的黄亚虾（广东湛江人）发现孙的铺面二层厨房煮饭处有一团火，便大声呼喊。由于屋内没人，前来救火的几个人就打烂木隔板进行灭火。由于耽误了时间，火势难以控制。凭祥市消防中队零时15分接警，立即出动唯一的一辆水罐车和14名官兵前往扑救。由于火场距中队较远（22公里），到达火场已是零时58分，此时火势已发展到猛烈阶段。由于无水源，打完第一车水后，消防车不得不到20公里外的市区运水，造成火场供水中断，余火复燃。凭祥市政府在接到消防大队报告后，立即增派市建委一辆4.5吨的洒水车前往灭火，17时40分将火扑灭。

火灾损失 烧毁铺面4间296平方米以及彩电、收录机、移动电话、摩托车、电风扇、热水器、电子元件、食品等一大批，直接财产损失180.2万元。

火灾原因 铺面业主孙均泉用液化气烧开水未加看管，致使铝壶烧干后引燃附近的可燃物。

主要教训 1. 当地居住人员缺乏消防安全常识，防火意识差。2. 水源缺乏，建筑耐火等级低，无灭火器材。3. 消防中队装备陈旧落后，不具备灭大火的条件。

广西柳州微型汽车厂火灾

基本情况 柳州微型汽车厂位于柳州市河西路18号，总面积2万平方米，为大型国有企业，职工8000人，年产值32亿元，主导产品为五菱牌微型汽车。该厂是柳州市的消防安全重点单位，有企业专职消防队。企业财产分别向中国保险公司和太平洋保险公司投保。起火的涂装车间为单层砖混钢架结构，坐北向南，面积7637.7平方米。1996年5月，厂房经市公安消防支队审核。车间内的面漆返修线总投资4000多万元，年涂装车身5万辆。1998年5月，与生产线配套设计的二氧化碳自动灭火系统通过消防单项验收，7月，面漆返修线技改项目通过消防整体验收投入使用。涂装车间有灭火器228具，室内消火栓37个，并设有消防值班室。

起火经过和扑救情况 5月16日8时30分，负责安装油漆线设备的江苏省无锡市南兴涂装输送设备厂副厂长奚建新、冷作工单小明在涂装车间为新面漆返修线喷漆室脱落的铁门合页作焊接动火准备，单小明备了两桶水，并用一块0.5平方米纤维板简单遮挡了一下喷漆室门。当奚、单两人尚未焊完一个合页时，奚突然发现喷漆室门内栅格板底部起火。奚建新和在场的卢德仕急忙从车间附近分别拿来干粉灭火器，但两人都不会使用，单小明从车间的室内消火栓拉消防水带，因不会连接水枪，小火未能及时扑灭。火灾发生后，一职工立即启动生产线内的二氧化碳自动灭火系统，但因操作失误，导致二氧化碳自动灭火系统失去灭火效能。由于生产线内积漆较多，用于净化空气的过滤棉又为易燃物质，因而火势燃烧猛烈。9时45分，该厂专职消防队接警，立即出动2辆消防车、7名消防员赶到现场灭火。由于烟雾过浓，能见度极低，火势凶猛，专职消防队于9时54分向柳州市公安消防支队报警。消防支队调集12辆消防车、40名消防官兵于9时59分到场扑救。10

时30分，火势被控制，11时将火彻底扑灭。由于扑救及时，该生产线其它部分和毗邻总价值2.3亿元的两条生产线免遭损失。

火灾损失 过火面积261平方米，一条面漆返修线被严重烧损，直接财产损失900.4万元。

火灾原因 奚建新和单小明在喷漆室进行焊接时，焊渣溅落到喷漆室栅格板底部的积漆上。

主要教训 1. 有关消防法规和企业的规章制度不落实。涂装车间是柳微厂的消防重点部位，尤其是喷漆室火灾危险性极大。但车间安全员和消防干事思想麻痹，在办理审批动火手续时，既没有问清楚情况也未到现场检查，车间领导、保卫部门也没有按规定审核把关。动火时没有人员进行监护，没有清除动火部位周围易燃可燃物。2. 职工消防安全意识淡薄，防火安全教育工作不扎实，缺乏基本的灭火技能。3. 管理混乱，对消防设施缺少维护管理。涂装车间生产线配套设计有二氧化碳自动灭火系统，火灾发生前数月，1号和11号二氧化碳钢瓶因漏气被拆走，但一直没有修复。火灾发生当天，因车间搞卫生而关闭了灭火系统主用、备用电源，以致火灾发生时，系统的自动启动灭火功能失效。职工消防安全素质低，对系统不熟悉，手动启动操作错误，使二氧化碳自动灭火系统未能发挥灭火作用。

火灾处理 1. 依法追究直接责任人奚建新、单小明刑事责任。2. 对有关责任人孟凡华、张克宽、孔祥雄、胡继超、劳远、刘为林、白先柳、华盛海、沈阳、周慎昶等厂领导给予行政处分。3. 对柳州微型汽车厂处以9万元罚款。

广西苍梧县石桥镇东安藤竹工艺品厂火灾

基本情况 东安藤竹工艺品厂位于石桥镇中学大门南侧的一个独立的小山包上，坐南向北。南面是围墙和居民区，北面是学校的职工宿舍，东西两面围墙外是荒地。该厂占地面积3000平方米，正中间由南向北以一条土路分隔，厂东侧围墙边由北向南依次是1号、2号、3号烤房；土路的东侧由北向南依次是4座仓库、砖木结构旧屋、3座简易仓库。土路西侧是消防水池，水池南端和北端共有5座临时仓库。业主黄志乾经营该厂所欠债务已达340万元，1998年4月该厂向太平洋保险公司投保190万元，1999年4月又续保，保额增至210万元。

起火经过和扑救情况 7月30日1时30分左右，3号烤房起火，并蔓延到对面的仓库内，厂管理人员黄志伟打电话向镇派出所报警。石桥镇政府和派出所立即组织群众和干警进行扑救，但由于该厂储存了大量的藤竹制品，火势蔓延迅速。苍梧县消防大队2时26分接到石桥镇派出所的报警电话，立即出动1辆消防车、6名消防人员前往扑救。但石桥镇距县城70余公里，路况复杂，5时20分到场时，火已基本熄灭。

火灾损失 过火面积3000平方米，烧毁厂房、仓库及库存的藤竹制品，直接财产损失186万元。

火灾原因 经调查，火灾有纵火骗保的嫌疑。

处理情况 此案已移交公安刑侦部门处理。

广西三江县八江乡一村寨火灾

基本情况 三江侗族自治县八江乡八江村平江屯位于八江乡政府驻地，八江街西边的小溪旁，全屯共有107户、473人，村民居住的房屋依山而建，且均为木质结构。

起火经过和扑救情况 9月22日9时25分，平江屯村民杨奶伦田突然看见杨求松的住房冒出滚滚浓烟，便大声呼喊“救火”。杨求松的邻居杨德千听到呼喊后，立即组织在场的几位村民赶去灭火。这时，火已蔓延至杨求松家的二楼，杨德千等几位村民便设法将杨求松家的大门撞开，看见杨求松独自在屋内吸烟，对前来灭火的人不予理睬。人们一边救火，一边派人打电话报警。县消防大队接警后，立即驱车赶赴火场，并组织有关单位、部门及附近村寨的群众一起，共投入4台手抬泵进行扑救，于12时10分将火扑灭。

火灾损失 受灾97户、445人，烧毁房屋86间，破拆42间，烧死牲畜63头，烧毁粮食5.5万公斤及大批生产、生活用具，直接财产损失78.4万元。杨求松被烧死。

火灾原因 大化县水电工程局职工杨求松因下岗两年无工作，对现实不满而放火。

主要教训 1. 建筑均为木质结构的吊脚楼，耐火等级低，无足够的防火间距；2. 消防基础设施差，缺乏消防水源及灭火器材；3. 村民防火意识淡薄，农村消防工作缺乏组织。

广西合浦县裕华大厦火灾

基本情况 裕华大厦位于合浦县城还珠中路，占地面积351平方米，建筑面积3000平方米。1994年11月动工，1995年12月投入使用。一楼为摩托车行，二楼为办公室和歌舞厅，三楼为发廊及客房，四至七楼均为客房，当晚有40余人下榻该大厦。大厦东面与环城农村信用社大楼相连接，西面为居民住宅，南面为鸿华旅社和农行储蓄所。大厦内的消火栓无水，大厦前10米处有1个新建消火栓。当天风速为3、4级，阵风5级。

起火经过和扑救情况 12月21日23时50分，裕华大厦一楼摩托车行发生火灾，县消防大队23时55分接警，立即出动3辆消防车、12名消防人员前往扑救。到场时，大火已从一楼蔓延至二楼的歌舞厅及三楼南侧客房，火势处于发展阶段，严重威胁四至七楼20多人的生命安全。大厦前的地上躺着不少从楼上跳下的群众，大厦里还不停传来“救命”的呼喊声，有些被困人员已站到窗台，欲往下跳，情况十分紧急。指挥员果断下达了先救人的命令。一边及时稳住楼上群众的惊慌情绪，一边部署救人灭火方案，把仅有的10名参战人员编成两个战斗小组，一组救人，一组灭火。救人小组人员冒着生命危险，顶着高温的熏烤和浓烟，采用敲、看、听、喊等方法逐层逐间搜寻被困群众，经过30分钟的艰苦营救，终于将23名被困群众疏散到安全地带。与此同时，指挥员向北海支队请求增援。22日零时25分火势得到控制，零时45分，增援的4辆消防车、27名消防队员火速赶到。根据火场情况，集中优势兵力，运用“两面夹击”的战术，于1时15分将火扑灭。

火灾损失 死1人、伤6人，烧毁、烧损摩托车162辆及电视、空调、床上用品、办公设施等一批，过火面积1200平方米，直接财产损失123.7万元。

火灾原因 一楼吊顶内电线接触不良，拉弧引燃可燃物。

主要教训 1. 建筑装修采用大量可燃材料；2. 商店违章存放易燃易爆物品；3. 业主消防安全意识淡薄，对存在的火灾隐患久拖不改；4. 建筑消防设施不完善，室内消火栓无水。

海南省火灾情况

1999年，全省共发生火灾662起，死11人，伤18人，受灾190户，烧毁建筑23.6万平方米，直接财产损失736.8万元。与上年相比，起数、损失分别下降14%和44%，死人上升120%，伤人持平。全省公安消防部队出动676起，出动消防车1288辆次、人员9532人次，抢救保护财产价值6633万元。从全年火灾情况看，主要有以下特点：

一、特大火灾得到有效控制，重大火灾起数上升、损失较大。全年无特大火灾。共发生重大火灾6起，死5人，伤2人，直接财产损失267万元，起数、直接财产损失分别占总数的0.9%和36.2%。与上年相比，重大火灾起数、直接财产损失分别上升1倍和1.6倍。8月26日，三亚市第二纺织公司发生火灾，过火面积196平方米，死1人，伤2人，直接财产损失68.7万元。4月21日，海口市下洋路111号占钦家具沙发厂因放火发生火灾，死4人，直接财产损失7.1万元。

二、工业、交通运输业、餐饮业和娱乐服务业火灾较多。工业发生火灾42起，损失156.2万元，分别占总数的8.8%和20.4%（其中，轻工业29起，损失133.2万元，分别占工业火灾的69%和85.3%）；交通运输业29起，损失41.8万元，分别占总数的6.1%和5.7%；餐饮业发生火灾15起，损失5.7万元，分别占总数的3.2%和0.8%；娱乐服务业发生火灾21起，损失104.6万元，分别占总数的4.4%和14.2%。1月5日，海口市海南兴业聚脂股份有限公司原料成品库发生火灾，过火面积300平方米，直接财产损失61.1万元。

三、用火不慎、电气和违章操作是引起火灾的主要原因。用火不慎140起，死1人，直接财产损失86.4万元，分别占总数的29.5%、9%和11.7%；电气132起，死2人，伤4人，直接财产损失264.4万元，分别占总数的27.9%、18.1%、22.2%和35.9%；违章操作51起，死1人，伤6人，直接财产损失67.1万元，分别占总数的10.8%、9%、33.3%和9.1%；玩火32起，伤1人，直接财产损失31.9万元，分别占总数的6.8%、5.5%和4.3%；放火6起，死6人，伤1人，直接财产损失54.5万元，分别占总数的1.2%、54.5%、5.5%和7.4%。

四、城市建成区火灾起数多、损失大。城市建成区发生火灾499起，死9人，伤14人，直接财产损失437万元，分别占总数的75.3%、81.8%、77.8%和59.3%。其中，重大火灾5起，死5人，伤2人。特别是海口市城市建成区发生火灾多，共329起，死4人，伤3人，直接财产损失125.5万元，分别占城市火灾总数的66%、36.4%、16.9%和17%。

五、城乡居民火灾多。城乡居民发生火灾171起，死4人，伤6人，直接财产损失77.5万元，分别占总数的36.2%、36.4%、33.3%和10.5%。

六、私营企业火灾所占比重较大。私营企业发生火灾230起，死10人，伤11人，直接财产损失406.1万元，分别占总数的66.7%、91%、61.1%和55.1%。

海南分地区火灾综合情况

地区	起数	死人	伤人	直接损失（元）	特大火灾				重大火灾			
					起数	死人	伤人	直接损失（元）	起数	死人	伤人	直接损失（元）
合计	662	11	18	7368091					6	5	2	2670491
海口	329	4	3	1255181					2	4		682500
三亚	17	3	5	1158023					1	1	2	687241
琼山	57			271540								
文昌	20		2	686712					1			485750
琼海	33			331880								
万宁	44	2	1	898153					1			415000
儋州	13		2	243560								
通什	2			260000								
定安	30			334155								
屯昌	8		3	161295								
澄迈	48		1	458270								
临高	7			505560					1			400000
昌江	13			266500								
东方	26			105170								
乐东	5	1	1	28116								
保亭	1			55450								
陵水	1			280000								
琼中	3			8004								
白沙	2	1		6522								
洋浦	3			54000								

重庆市火灾情况

1999年，由于各级人民政府的高度重视，消防安全责任制进一步落实，消防宣传和执法力度进一步加大，城市公共消防设施建设较以往有了较大改善，公民的消防意识明显提高，火灾隐患得到整改，有效地预防了重、特大火灾事故和群死群伤恶性火灾事故的发生，火灾形势相对稳定。年内，全市共发生火灾3228起，死60人，伤127人，烧毁建筑13万平方米，直接财产损失2279.2万元。与上年相比，四项数字分别上升24.1%、42.9%、6.7%和34.9%。平均每天发生火灾8.8起、损失62445元；每10万人口火灾发生率为10.8，比上年上升24.1%；每100万人口火灾死亡率为2.0，比上年上升42.9%。其中，特大火灾1起，死1人，伤2人，直接财产损失355.2万元，占全年损失总数的15.6%；重大火灾7起，死3人，伤2人，直接财产损失396.5万元，占全年损失总数的17.4%。重、特大火灾的起数、直接财产损失与上年相比分别上升60%和124.7%。全市公安消防部队共接警出动3411起（其中治安事件2起，火灾事故3163起，交通事故12起，治安事故3起，灾害事故11起，自杀2起，纠纷5起，公民求助155起，其它58起），处置报警3395起，出动车辆6984辆次、人员64861人次，有效地扑救火灾和处置各类灾害事故，保护财产价值58.6亿元。从全年火灾情况看，主要有以下特点：

一、重、特大火灾有所抬头。共发生重、特大火灾8起，死4人，伤4人，直接财产损失751.8万元，分别占火灾总数的0.25%、6.7%、3.2%和33%。与上年相比，起数上升60%，直接财产损失上升124.7%。从地区看，万州移民开发区3起、黔江开发区1起、江北区1起、九龙坡区1起、渝北区1起、江津市1起；从区域看，市区2起、市郊1起、县镇2起、乡村3起；从起火场所看，厂房1起、住宅2起、商店商场2起、邮电1起、汽车1起、船舶1起；从行业看，农业2起、石油化工业1起、交通运输业2起、商业2起、其他1起；从火灾原因看，电气4起、用火不慎1起、雷击1起、其他1起、不明1起；从经济类型看，国有企业1起、集体企业2起、私营企业2起、股份制企业1起、其它2起。

二、建筑火灾较为严重。共发生建筑火灾711起，死54人，伤100人，直接财产损失1754.6万元，分别占火灾总数的83.4%、90%、78.7%和79.5%。其中，住宅火灾最突出、人员伤亡最多，其次是商店商场火灾。共发生住宅火灾452起，死47人，伤54人，直接财产损失626.1万元，分别占建筑火灾总数的63.6%、87%、54%和35.7%；共发生商店商场火灾48起，死1人，伤17人，直接财产损失594万元，分别占建筑火灾总数的6.7%、1.9%、17%和33.9%。

三、电气、用火不慎和放火引发的火灾较为突出。因电气原因发生的火灾281起，死8人，伤22人，直接财产损失1064.4万元。分别占火灾总数的32.9%、13.3%、17.3%和48.2%；因用火不慎引发的火灾185起，死18人，伤24人，直接财产损失291.8万元，分别占火灾总数的21.7%、30%、18.9%和13.2%；因放火发生的火灾92起，死9人，伤11人，直接财产损失146.6万元，分别占火灾总数的10.8%、15%、8.7%和6.6%。

四、私营企业火灾多、损失严重。私营企业共发生火灾283起，死21人，伤51人，直接财产损失995.4万元，分别占火灾总数的33.2%、35%、40.2%和45.1%。

五、从区域看，县镇火灾直接财产损失最大，乡村火灾人员伤亡最严重。县镇共发生火灾266起，死11人，伤35人，直接财产损失921.9万元，分别占火灾总数的31.2%、18.3%、27.6%和41.8%；乡村共发生火灾307起，死36人，伤35人，直接财产损失650.6万元，分别占火灾总数的36%、60%、27.6%和29.5%。

六、从火灾发生的时间分布看，20时至次日4时火灾相对较多、死伤较为严重。发生在此段时间的火灾351起，死29人，伤39人，直接财产损失771.5万元，分别占火灾总数的41.2%、48.3%、30.7%和34.9%。

重庆分地区火灾综合情况

地区	起数	死人	伤人	直接损失（元）	特大火灾				重大火灾			
					起数	死人	伤人	直接损失（元）	起数	死人	伤人	直接损失（元）
合计	3228	60	127	22792462	1	1	2	3552831	7	3	2	3965646
万州	300	21	31	7170834	1	1	2	3552831	2	3		993185
黔江	152	7	4	3265552					1			198861
涪陵	80	1	3	562239								
渝中	584	4	24	909605								
大渡口	94	2		45745								
江北	175	3	6	1182414					1		2	835012
沙坪坝	308	1	2	240282								
九龙坡	317	1	8	1033980					1			503074
南岸	293	2	3	638839								
北碚	66		1	380699								
万盛	38		2	113405								
双桥	2		1	80839								
长寿	22		7	418968								
巴南	107	1	2	917683								
綦江	16	2	3	227613								
渝北	80	2	1	1248256					1			978542
江津	77	2	3	802257					1			456972
合川	67		3	412100								
潼南	35	2	1	71653								
铜梁	32			219300								
永川	59	1	2	205920								
大足	25		5	390784								
荣昌	36	2	7	290613								
璧山	16		1	180980								
梁平	47	1	1	130790								
城口	8	1	1	434932								
南川	22			154000								
丰都	48			266814								
垫江	110	2	2	634315								
武隆	11	2	3	160751								
市一级单位	1			300								

重庆巫山县凌云电器商场火灾

基本情况 巫山县凌云电器有限责任公司凌云电器商场位于巫山县巫峡镇，房屋产权属该县巫峡镇供销社，是1955年修建的砖木结构建筑，耐火等级低，共3层，底楼为门市部，二、三楼为供销社职工宿舍。1997年凌云电器有限责任公司租用为电器经营门市部。

起火经过和扑救情况 5月22日19时40分左右，住在凌云电器商场门市部楼上的巫山县供销社副主任甘承天发现楼板下有黑烟冒出并闻到胶臭味；同一时间，紧靠凌云商场的“梦香歌舞厅”老板谭严超也发现凌云电器商场有黑烟冒出，于是带领职工前来灭火并报警。19时57分左右，公安局值班室接警，迅速通知县武警中队前往扑救，同时县公安局出动消防车前往扑救。由于起火建筑为砖木结构，燃烧迅速，经全体民警、武警官兵2个多小时的共同扑救，于23时将火扑灭。

火灾损失 1人死亡，2人受伤，18家个体商户和29户居民受灾，直接财产损失355.3万元。

火灾原因 火灾系电气线路故障所致。

主要教训 1. 值班制度不落实。火灾涉及的4个单位、18户个体经营场所均无人值班，致使火灾发现晚、报警迟，丧失了扑救初期火灾的时机。2. 建筑结构差，耐火等级低，装修时又采用大量可燃材料。3. 消防警力严重不足。巫山县公安局消防科仅有3名干警，除了日常的消防监督工作外，还要参加县里重大活动的消防保卫工作。4. 消防设施及器材严重不足。该县仅有1辆消防车是1990年5月购置的，由于无专人保养，车辆锈蚀严重，车上除几条水带和几只水枪外，无更多的灭火器材，消防车没能在这次火灾中发挥应有的作用。5. 乱搭乱建，以租代管，各自为政。在占地面积为1138平方米的建筑群中，本应有3个安全出口，但由于乱搭乱建，平时只剩下一个通道。同时，在防火间距内搭建简易建筑作旱冰场，后又改为亨得利家具城，使整个建筑连成一片，并且使用功能复杂，系典型的“三合一”厂房。6. 无专业灭火队伍。巫山县既无公安消防队，又无企事业专职消防队，义务消防队有名无实且没有装备，离最近的公安消防队需要3个多小时的路程。平时灭火靠临时组织的公安民警和武警官兵，根本不能适应灭火工作的需要。

火灾处理 1999年11月29日，经巫山县人民法院审理后判决被告人张家农犯重大责任事故罪，判处有期徒刑3年，缓刑5年。

四川省火灾情况

1999年，全省共发生火灾5728起，死162人，伤315人，烧毁建筑42.7万平方米，受灾2794户，直接财产损失8649.8万元。平均每天发生火灾15.7起、直接财产损失23.6万元；每十万人口火灾发生率为6.9，每百万人口火灾死亡率为1.9；每万元国内生产总值火灾直接财产损失额为2.3。全省公安消防部队灭火出动4866起，出动消防车11923辆次、人员81864人次，救助被困群众565人，保护建筑59.5万平方米，抢救财产价值26.4亿元；抢险救援及社会救助7347起，出动消防车7615辆次、人员42444人次，救助群众10082人。从全年火灾情况看，主要有以下特点：

一、重、特大火灾频发，损失较为严重。全省发生特大火灾4起、重大火灾23起，死44人，伤34人，直接财产损失4885.2万元，占损失总数的57%。与上年相比，起数、死人、伤人、损失分别上升42.1%、25.7%、6.3%和3.5倍。在27起重、特大火灾中，住宅火灾8起，占30%；商店商场火灾6起，占22%。1月10日，达川地区通州百货商城底楼“重庆小吃部”饮食店，因油炸锅长时间通电引燃锅内食油引起火灾，死亡10人，受伤20人（其中，重伤5人），直接财产损失3163.1万元（占全年火灾损失的36.6%）；4月9日，绵阳长虹电子集团公司502厂，因工人切割作业时违章动火，引燃包装泡沫成灾，直接财产损失174万元；8月20日，自贡市及时钟表眼镜有限公司解放路门市部，因射灯调压线圈短路引燃可燃物成灾，死亡13人，受伤6人，直接财产损失93.3万元；9月16日，成都市宏正商贸广场六楼仓库因吸烟引发火灾，直接财产损失350万元。

二、电气、用火不慎是火灾的主要原因。因电气原因引发的火灾1833起，直接财产损失5094.7万元，分别占火灾总数的32%和59%；因用火不慎引发的火灾1438起，直接财产损失1089.8万元，分别占火灾总数的25.1%和12.6%。在27起重、特大火灾中，因以上两类原因致灾的15起，直接财产损失3826万元。2月14日，甘孜州道孚县林业局一职工家属煮饭时，因火苗从炉灶的排烟口窜出引燃可燃物成灾，直接财产损失93.6万元。

三、住宅火灾比重大，机动车辆火灾有所增多。共发生住宅火灾3236起，死104人，伤106人，直接财产损失1735万元，分别占总数的56%和20%。机动车辆火灾453起（其中，重大火灾2起），死4人，直接财产损失570万元。3月9日，泸州市纳溪区利达运输公司一辆从纳溪开往广州的峨眉牌大客车（载客56人），行至叙永县震东乡境内时，因电气线路短路起火，死4人，直接财产损失13.8万元。

四、城区火灾损失严重，乡村火灾仍然突出。城区发生火灾1014起，死42人，伤74人，直接财产损失4652万元；乡村发生火灾2426起，死87人，伤88人，直接财产损失1511万元。城市城区的火灾起数虽占乡村火灾的41%，但损失却是乡村火灾的3.1倍。在27起重、特大火灾中，有22起发生在城市城区；

每100起火灾中，有46起发生在乡村。

五、经济发达地区火灾比重大。成都、绵阳、泸州、自贡、德阳等市国民生产总值居全省前列，火灾也相对较多。上述5个地区全年共发生火灾3200起，直接财产损失2353万元，分别占总数的56%和27%。

六、餐饮、娱乐及服务业火灾损失较大。餐饮、娱乐及服务业发生火灾836起，直接财产损失4793万元，分别占总数的15%和56%，起数虽少但损失较为严重。在发生的4起特大火灾中，有3起发生在上述行业，死23人，伤26人，直接财产损失3606.3万元。自贡市“8.20”特大火灾，虽然起火点是底楼的门市部，但该建筑的二、三楼均由原办公用房改建成卡拉OK厅、录像厅等，且采用大量的易燃、可燃材料装修，未配备必要的消防设施，以致造成严重的人员伤亡。

四川分地区火灾综合情况

地　区	起数	死人	伤人	直接损失（元）	特大火灾				重大火灾			
					起数	死人	伤人	直接损失（元）	起数	死人	伤人	直接损失（元）
合　计	5728	162	315	86498236	4	23	26	37803477	23	21	8	11048539
成　都	1609	20	37	9890736	1			3500000	2	2	1	1169000
自　贡	228	17	8	2920460	1	13	6	932700	1			483516
攀枝花	183	1	4	992963					1			419900
泸　州	294	11	26	3111411					3	4		1546620
德　阳	360	6	14	2226442								
绵　阳	709	6	11	5378236	1			1740000	1			945501
广　元	152	4	8	1456875								
遂　宁	199	9	41	1338032								
内　江	270	13	14	2118284					2	6	1	506901
乐　山	71	7	12	2381246					3	6		1038850
宜　宾	223	6	6	1413593								
南　充	426	9	22	2657146					1	3		678
达　川	176	19	39	34830545	1	10	20	31630777	1			537857
雅　安	73	3	2	558470								
阿　坝	60	2	7	3844753					3			1413141
甘　孜	32	5	15	4587499					4		6	2605942
凉　山	99	2	5	1554586					1			380633
广　安	129	7	19	2010379								
巴　中	60	2	5	740961								
资　阳	187	5	7	1577065								
眉　山	188	8	13	908554								

四川达川市通州百货商场火灾

基本情况　达川市通州百货商场于1982年建成，建筑总面积24339平方米，集商场、仓库、办公、餐饮、住宅等为一体。一至三层楼为零售商场，主要经营百货、首饰、钟表、文具、快餐、鞋类等；二楼主要经营针织品、交电产品、家具；三楼经营各类服装；四楼主要是批发部、样品展销、办公场所。大楼临街的四楼以上、非临街三楼以上为住宅，共8个单元120套住宅和1个招待所，其间又作了多处搭建、改建，大楼内既无防火分隔，又无自动消防设施，消防疏散通道严重堵塞。该大楼与周围5个单位的9幢建筑紧紧相邻，最小间距为0.9米，最大间距5.6米。火灾发生的当晚，有113户、406人住在楼内。

扑救情况　1月10日2时35分，达川市公安消防队接警，赶到火场时商场一楼火势正猛烈燃烧，并向二、三楼（全部连为一体，无任何防火分区分隔）蔓延，形成大面积立体燃烧。总队、支队先后调集4个公安消防队、6个专职消防队的12辆消防车（其中25米曲臂登高车1辆）、近100名消防人员前往灭火，经参战人员奋力扑救，于4时30分控制火势，7时将火扑灭。抢救、疏散群众171人（其中，曲臂消防车救出群众27人，矿山救护队救出24人），最大限度地减少了人员伤亡；保住了地区行署机关、邮电营业厅、糖酒公司仓库、市红旗医院等5个毗邻单位的9幢建筑的安全。

火灾损失　造成10人死亡、20人受伤（重伤5人），受灾72户，烧毁建筑13760平方米，直接财产损失3163.1万元。

火灾原因　商场底楼的重庆小吃部的电油锅长时间通电，引燃锅内食油。

主要教训　1. 建筑防火和建筑消防设施存在严重问题。该建筑高36.3米，集商业、仓库、办公、餐饮、住宅等为一体，每层建筑面积超过1000平方米，属一类高层建筑。但是，由于该建筑在80年代初建造时，未严格执行有关消防法规，其防火间距、消防通道、建筑防火分区、应急照明、建筑装修、室内消火栓系统都存在严重问题，大楼内也未设火灾自动报警和水喷淋灭火系统。当地公安消防部门曾多次责令整改，但因种种原因，主要问题一直未予解决。2. 消防意识淡薄，消防管理不善。商场值班人员值班时看电视、用电热器具煮面条、烧水等，商场领导未引起高度重视。值班人员年龄大，消防常识缺乏，在火灾初期阶段没有采取自救措施，以致小火酿成大灾。该单位未经消防部门审核、批准，擅自违章加层，且采用大量可燃材料进行装修，存在重大火灾隐患。3. 达川市消防中队执勤车辆及器材装备量少质差，不具备扑救特大火灾的能力。按《城市消防站建设标准》，达川市公安消防中队应为二级站，须配备5辆执勤车辆，但该中队只有3辆消防车，其中超期服役的“黄河”和“东风”水罐车是1985年购置的。“黄河”水罐车在这次火灾扑救中于3时15分左右打坏车泵，被迫停止供水。随车器材、隔热服、空呼器严重缺乏，与总队要求的器材装备相差甚远，更无避火服、防化服和专勤器材。同时，达川市距成都500多公里，邻近市、地公安消防队也因路途较远，难以有效地实施增援。4. 城市公共消防设施严重滞后。市区36条街巷不能通车，有两条消防通道无回车场；全市应建消火栓400个，实际安装55个，其中有5个不能使用；市区高层建筑210幢，60%未按国家有关技术规范安装室内消防设施。

处理情况 根据《中华人民共和国刑事诉讼法》第15条第5项规定，直接责任人严荣翠已在火灾中死亡，不予追究刑事责任。

四川绵阳市长虹电子集团公司火灾

基本情况 绵阳长虹电子集团公司502厂为长虹空调产品事业部空调生产厂，位于绵阳高新技术产业开发区。该厂房座东向西，东邻长虹503厂房，西邻虹阳街，南面为绵兴干道，北面为长虹505厂房。502厂房建筑为新建三层大跨度的现浇钢筋混凝土全框架结构，耐火等级一级。该厂房占地面积26000平方米，总建筑面积78000平方米。发生火灾的空调装配车间位于502厂房二楼，面积26000平方米，内有价值数千万元的空调生产设备及大量原材料、空调成品、半成品等物资。车间内未设防火分区，无火灾自动报警系统和自动灭火系统，只有普通室内消防给水系统和移动式灭火器材。

起火经过和扑救情况 4月9日11时30分，正在502厂二楼车间内上班的工人发现堆在H19柱旁的空调装箱垫衬用的聚苯乙稀泡沫堆起火。现场人员用灭火器和室内消火栓进行扑救并同时报警。绵阳市消防支队11时35分接警，二中队出动2辆消防车、17名消防官兵于11时39分到场，随后直属中队3辆消防车、23名消防官兵和市石油公司专职消防队1辆消防车、5名消防人员相继到场。于12时将火扑灭，保住了502厂价值逾亿元的厂房、生产设备及大量物资。

火灾损失 过火面积150平方米，烟熏面积12000平方米，造成两条空调生产线停产，烧毁空调成品、半成品、原材料一大批，直接财产损失174.6万元。

火灾原因 火灾系管道工赵洋用电焊切割502厂二楼装配车间G19柱以东0.7米处的“成达”牌空调西侧上部冷冻水出口管时，金属熔渣溅入临近的聚苯乙稀泡沫上所致。

主要教训 1.违反消防法规，无证人员冒险进行动火作业，有关单位的动火操作制度和动火审批制度不严密，落实不认真。2.现场易燃物品堆放过密，且通道狭窄，堆放间距小，给灭火工作带来很大难度。3.厂房建筑设计不符合消防安全要求，26000平方米的厂房未设防火分区，未设自动消防设施，致使火灾烟熏面积过大，损失严重。

火灾责任及处理 1.管道工赵洋在进行切割作业时，没有采取防护措施，也没有现场监护人，虽已预见火灾危险性但仍存有侥幸心理，结果引起火灾，其行为触犯《中华人民共和国刑法》第115条第2款，涉嫌失火罪，建议移交司法部门追究其刑事责任（已被依法逮捕）。2.七化建公司重庆分公司科长徐根宝（退休后被七公建公司返聘，负责长虹项目部施工质量与安全工作）在安装长虹502厂空调产品事业部二楼装配车间Ⅱ期降温设备过程中，作为质安员，徐根宝没有履行好自己的职责，没有落实动火现场监护人，导致赵洋在无人监护的情况下进行切割作业，是事故的间接责任者。3.长虹基建处是长虹502厂二楼装配车间Ⅱ期降温工程的施工监督管理单位，对施工单位的施工安全负有监督管理责任。但基建处在动火手续办理过程中审核不严，没有落实现场监护人员，没有尽到应有的监督管理职责，应对该起火灾负直接领导责任。4.七化建公司重庆分公司长虹项目部经理李世明，是施工单位直接领导，对本单位安全工作监督管理不力，对该火灾负有直接领导责任。

四川自贡市及时钟表眼镜有限公司火灾

基本情况 自贡市及时钟表眼镜有限公司解放路门市部，始建于70年代，砖混结构，耐火等级三级，共4层（局部6层），高度14.2米，建筑总面积1372平方米。一楼为钟表、首饰、眼镜门市部，二楼为卡拉OK厅和录像厅，三楼为茶房，四楼为公司办公用房。由于该建筑临街宽度仅12.4米，所以只设了一个宽度为1.4米的开敞式楼梯，此楼梯和一条宽1.3米、长11.4米的袋形走廊与各楼层房间相通。一、二、三楼均违章采用大量易燃可燃材料装修，且二、三楼均被分隔成不同面积的小房间，其中二楼有歌舞厅、小包房、录像厅等9间（其中4个小包房的窗户均被封死）；三楼有大厅、小包房7间。该建筑座落于自贡市繁华的市中心老街区，左邻市医药公司营业房，右邻一办公楼。

扑救情况 8月20日2时23分，自贡市消防支队接警，立即调集一中队2辆大功率消防车和1辆特勤车、20名消防官兵于2时28分到场。随后，四、五中队的6辆消防车、35名消防官兵前往增援。由于发现晚、报警迟，加上建筑物采用大量易燃可燃材料装修，当消防队到场时，一至三楼已猛烈燃烧，四楼局部与屋檐接火，火苗窜出窗口，楼内唯一楼梯间已被大火封死，并有多人在二、三、四楼和屋顶呼救。面对这种情况，现场指挥员一边立即组织13名突击队员在水枪掩护下，利用二节梯、挂钩梯全力抢救被困人员。同时，利用8支水枪，分别从着火楼梯和窗口强行进入楼内实施内攻灭火。经过消防官兵奋力扑救，于3时将火控制，3时20分将火扑灭，救出被困群众11人，保护建筑635平方米，避免火烧连营的恶果。

火灾损失 造成13人死亡（8男、5女）、6人受伤，烧毁建筑737平方米，直接财产损失93.3万元。

火灾原因 由于安装在底楼大厅的TDGC2－5单相干式自冷接触调压器长期运行，活动触头（碳刷）与线圈接触不良产生高温，致使线圈绝缘性能降低（老化）导致匝间短路，引燃调压器周围可燃物成灾。

主要教训 1. 单位和业主忽视消防管理，消防责任制不落实。该公司及卡拉OK厅、茶房承包方没有认真落实消防值班、消防培训、安全用电、应急疏散等制度和措施。当晚虽有值班人员，但未履行职责。2. 单位和业主消防法制意识淡薄。该建筑未经消防部门审查批准，就擅自改变建筑使用功能，并大量采用易燃可燃材料进行装修。该公司及承租方（卡拉OK厅、茶房老板）无视消防部门的监督和整改意见，以致消防通道、安全出口等方面存在隐患。3. 从业人员消防安全素质低，自防自救能力差。该单位和业主平时缺乏对员工的自防自救常识教育，火灾发生后，值班人员在熟睡中被浓烟熏醒后，既不会报警，又不及时扑救初期火灾。被窒息死亡的6名从业人员，均不会逃生自救。4. 单位和业主对火灾隐患整改不力。该公司为非消防重点单位，但鉴于地处繁华商业区，消防部门仍然加强了监督检查，仅上半年就检查3次，并对消防通道不畅、无应急照明、无灭火器材、电气线路未穿管保护、违章装修等问题下发火灾隐患整改通知书，明令要求限期整改。但该单位和业主，均以经营状况不好，资金缺乏为由迟迟未予整改。

火灾责任及处理 1. 及时钟表眼镜有限公司，违章装修，火灾隐患整改不落实，对员工的消防安全教育、培训不够，根据《四川省消防管理条例》第34条的规定，建议给予公司罚款9000元，并承担人员伤亡的经济赔偿。2. 自贡实用广告公司经理陈富贵在明知本单位无资质安装电气设备又无技术力量的前提下，承接安装黄金专柜射灯工程，在施工中使用无证工人上岗，应负直接责任，涉嫌失火罪，建议司法机关依法追究责任。3. 自贡市及时钟表眼镜有限公司经理康承德身为公司分管安全的经理，未及时消除隐患并对安全检查不力，对职工教育培训不够，应负管理责任，涉嫌失火罪，建议司法机关依法追究责任。4. 自贡市及时钟表眼镜有限公司办公室主任倪先友，具体承办射灯灯带装饰工程，明知用木材做箱盖有火灾危险，但仍安排勤杂工做木质箱盖盖在调压器上，应负直接管理责任，涉嫌失火罪，建议司法机关依法追究责任。5. 及时钟表眼镜有限公司董事长兰胜利，是公司安全第一责任人，在确定射灯装饰工程时未认真审验施工方有无资质和技术力量，草率签定工程合同；在公司改制以后，消防安全制度不全，管理不严，检查落实不力，应负领导责任，给予罚款。同时建议纪检机关给予党纪处分和通报批评。6. 及时钟表眼镜有限公司值班人员曾信强、朱祥贵安全知识缺乏，火灾后处置不当，扩大火灾损失，应负间接责任。根据《四川省消防管理条例》第35条规定，对曾信强拘留15日，对朱祥贵罚款。7. 青青草录像厅工作人员胡冬平，火灾发生时未组织人员疏散，按《中华人民共和国消防法》第49条给予10日以下拘留。8. 青青草录像厅老板胡燕、陈勇毅，对员工的消防培训不够，应负间接责任，建议有关部门追究行政责任及撤销职务。9. 自流井区贸易局业务科负责人周仁杰，系局防火安全领导小组经办人，对所属企业单位消防工作抓得不细，对存在的隐患督促检查、整改不力，应负间接责任，建议给予周仁杰降级处分。10. 自流井区贸易局局长杨奇，系本行业安全生产第一责任人，安全工作重视不够，对行业归口管理的及时钟表有限公司的安全工作监督、检查不力，工作失察，应负直接领导责任，建议给予杨奇行政记大过处分。11. 自流井贸易局副局长刘桥，系分管企业防火安全领导小组副组长，对企业防火安全重视不够，监督检查不力，应负直接领导责任，建议给于刘桥行政记过处分。

四川成都市宏正物业发展有限公司火灾

基本情况 荷花池东区市场宏正物业发展有限公司位于成都市二环路北三段388号，东为北站东二路，南邻肖家村四巷，西靠北站东一路，北临二环路北三段。宏正物业发展有限公司是一个集办公、商住、仓储、批发、零售为一体的多功能建筑群，由两栋高层和两栋多层共同组成工字形建筑，各建筑之间均有连廊及天桥相接。东一区建筑高度23.7米，地上6层、地下2层，与毗邻的东泰大酒店联为一体，建筑总面积62349平方米，单层面积9780.15平方米，消防水泵房设在负2层；东二区建筑高度53.8米，地上14层、地下1层，建筑总面积33535平方米，单层建筑面积2043.6平方米；东三区建筑高度23.7米，地上6层、地下2层，建筑总面积36869平方米，单层面积5720.4平方米；东泰大酒店，建筑高度53.8米，地上14层、地下1层，建筑总面积21708平方米，单层面积1713.75平方米，负1层为消防控制中心和设备用房，建筑与东一区连为一体，由防火墙分隔。

整座大楼建筑结构为钢筋混凝土框架结构，耐火等级一级；采用乙级防火门、防火卷帘、防火墙分隔，单层共设有5个防火分区，其中东一区2个，东二区1个，东三区1个，东泰大酒店1个分区，火灾发生时因东一区防火卷帘未动作，致使东一区六楼防火分区形同虚设。室内疏散楼梯共有21个，其中东一区9个，东二区3个，东三区6个，东泰大酒店3个。东二区有消防电梯1部、客用电梯1部，东三区有货运电梯1部，东泰大酒店有消防电梯、客用电梯、货运电梯各1部。

起火经过和扑救情况　9月16日17时40分，成都宏正物业发展有限公司六楼库房发生火灾，成都市公安消防支队18时4分接警，调集二中队3辆消防车前往火场，随即又调集十中队3辆消防车、1辆屈臂登高车前往增援，支队2辆指挥车同时奔赴火场。由于火场情况复杂，面临救人和灭火的双重压力，火场指挥员又相继调集七中队6辆消防车（含云梯车1辆、照明车1辆）、四中队3辆消防车、十中队1辆空气呼吸器车、一中队3辆消防车、三中队3辆消防车、五中队3辆消防车、八中队4辆消防车、省总队直属特勤中队和木综厂、机车车辆厂、红光实业股份公司、无缝钢管厂专职消防队前往增援。这次灭火战斗共出动12个公安消防队（含总队直属特勤队）、4个专职消防队、1个矿山救护队的66辆消防车、488名消防人员，于17日7时30分将火扑灭。

火灾损失　烧毁建筑2048平方米及服装、工艺品、皮鞋等物资一批，直接财产损失345.7万元。

火灾原因　吸烟。

主要教训　1. 单位对消防安全不重视，思想麻痹大意，消防安全制度没有落到实处，消防安全管理还比较差。2. 消防车辆和器材装备不足，特别是大型供水车辆和特种器材装备不足；消防员个人防护装备不足，如空气呼吸器、火场侦察、夜间照明设备等，对火灾扑救有一定影响，对消防队员的安全构成了威胁。3. 宏正物业管理公司对消防投入不足，致使大楼固定消防设施无人维护、检修，自动报警系统长期处于停电状态。发生火灾时，自动报警系统失灵，自动喷淋系统也没有起动。

火灾处理　成都宏正物业发展有限公司把东一区与东二区间六楼连廊作为仓库，擅自改变使用性质，消防安全制度不落实，未能及时消除火灾隐患。根据《中华人民共和国消防法》，成都宏正公司应负间接责任，罚款1万元。公司总经理张焕英负领导责任，公司防火委员会主任孙法军、公司综合部主任刘家祥负直接领导责任，公司副总经理王典镕负领导责任，上述4人各罚款100元。

贵州省火灾情况

1999年，全省共发生火灾1278起，死81人，伤95人，受灾2390户，烧毁建筑31.1万平方米，直接财产损失2942.2万元。与上年相比，伤人上升15.9%，起数、死人、损失分别下降5.8%、5.8%和8.7%。其中，重、特大火灾25起，死18人，伤21人，直接财产损失1230.8万元，与上年相比，伤人上升61.5%，起数、死人和损失分别下降26.5%、45.5%和12.5%。全省消防部队共接警出动733次，出动人员10565人次、消防车2034辆次，抢救群众11人。从全年火灾情况看，主要有以下特点：

一、重、特大火灾得到有效遏制。年内，发生特大火灾10起，死4人，伤13人，直接财产损失699万元，分别占总数的1.5%、4.7%、13.7%和24.0%，与上年相比，起数持平，直接财产损失下降3.5%，死人、伤人分别上升3倍和12倍。发生重大火灾15起，死14人，伤8人，直接财产损失531.7万元，分别占总数的2.2%、17.3%、8.4%和18.2%，与上年相比，分别下降37.5%、56.3%、33.3%和22%。

(一)重、特大火灾地区分布情况。特大火灾集中分布在黔东南；重大火灾，黔东南4起，遵义、铜仁各3起，毕节2起，贵阳、六盘水、黔西南各1起。(二)重特大火灾直接财产损失分段情况。30万元以下的火灾8起，30万元至100万元的火灾14起，100万元以上的火灾2起。(三)重大火灾死亡人数分段情况。死3人的火灾2起，死3至5人的火灾2起。(四)重大火灾受灾户数分段情况。30户以下的10起，30至50户的5起，50户至100户的7起，100户以上的3起。(五)重特大火灾原因分类情况。用火不慎13起，不明5起，电气3起，玩火2起。

二、乡村火灾多，且重、特大火灾频发。从火灾发生的区域看，乡村火灾最多、损失最重。共发生火灾267起，直接财产损失1331万元，分别占总数的39.6%和45.5%。其中，特大火灾8起，重大火灾9起。其次，城市建城区火灾212起，直接财产损失605.7万元，分别占总数的31.4%和20.7%。其中，重大火灾3起，直接财产损失149万元。县镇火灾187起，直接财产损失916.4万元，分别占总数的27.7%和31.3%。其中，特大火灾2起，直接财产损失287.3万元，重大火灾3起，直接财产损失191.9万元。

三、电气、用火不慎、放火是引起火灾的主要原因。电气火灾居多，共发生183起，占总数的27.1%，比上年下降4.2%；用火不慎引起的火灾165起，占总数的24.4%，比上年下降10.4%；放火引起的火灾82起，占总数的12.4%，比上年下降8.9%；其余依次为：玩火43起、违章操作41起、吸烟35起、自燃12起，分别占总数的6.5%、6.2%、5.3%和1.8%，其中玩火、违章操作、自燃分别比上年下降31.7%、33.9%和29.4%，吸烟引起的火灾上升20.7%。

四、从起火场所看，房屋、交通工具火灾多。共发生房屋火灾546起，占总数的80.1%。其中，村民住宅火灾232起，居民住宅火灾170起，商店商场火灾38起。交通工具火灾57起，占总数的8.6%。

五、从行业看，农牧渔业、商业、交通运输业火灾多。农牧渔业发生火灾76起，占总数的11.3%；商业发生火灾70起，占总数的10.4%；交通运输业发生火灾59起，占总数的8.7%。

六、冬季、夜间火灾相对较多。（一）火灾季节分布情况。第一季度火灾最多，共发生267起，直接财产损失1176万元，分别占总数的39.5%和40.2%；第三季度火灾最少，共113起，直接财产损失401.1万元，分别占总数的16.7%和13.7%。（二）火灾24小时分布情况。2至4时、10至12时发生火灾最多，均为73起，各占总数的10.8%。其中2至4时火灾直接财产损失321.5万元，占总数的10.9%；10至12时火灾直接财产损失76.6万元，占总数的6%。8至10时发生的火灾最少，共27起，直接财产损失100.1万元，分别占总数的4%和3.4%。

贵州分地区火灾综合情况

地区	起数	死人	伤人	直接损失（元）	特大火灾				重大火灾			
					起数	死人	伤人	直接损失（元）	起数	死人	伤人	直接损失（元）
合　计	1278	81	95	29422515	10	4	13	6990358	15	14	8	5317785
贵　阳	497	11	11	2063183					1			401500
六盘水	126	4	5	948528					1			137042
遵　义	190	9	15	3939697					3	4	4	751513
黔　南	64	8	7	2397948								
铜　仁	70	15	6	3160515					3	7	1	497046
黔西南	101	8	11	1622662					1			5850
毕　节	69	6	10	2910315					2			1408978
安　顺	53	9	5	879692								
黔东南	108	11	25	11499975	10	4	13	6990358	4		3	2115856

贵州台江县羊屯村火灾

基本情况 台江县老屯乡羊屯村距县城152公里，共4个村民小组139户村民，房屋多为2层木质结构，一楼为灶房或饲养牲畜，二楼住人。

起火经过 1月27日，村民刘永发将未完全熄灭的木炭存放在无人居住的木房中，木炭复燃，于当日22时15分引起木房燃烧造成火灾。由于该村偏僻，交通不便，通讯闭塞，消防基础设施欠缺，群众施救不力。

火灾损失 受灾50户、211人，烧毁房屋203间共4000平方米，粮食10.2万公斤，棺材8付，木板26立方米，电器20台，烧死生猪12头、鸡鸭244只，直接财产损失25.6万元。

火灾原因 火灾系村民刘永发将未完全熄灭的木炭存放在无人居住的木房中所致。

主要教训 群众生产生活条件落后，防火意识淡薄，执行村寨防火制度差，消防基础设施缺乏，自防自救能力弱。

火灾处理 肇事者刘永发一审判处3年有期徒刑。乡党政领导向县政府作出书面检查。

贵州榕江县兴隆村火灾

基本情况 榕江县乐里镇兴隆村距县城32公里，共有12个村民小组320户村民，房屋为二层木质结构，一楼为灶房或饲养牲畜，二楼住人。

起火经过 村民龙见奇2月2日将刚出窑的木炭挑回家存放，木炭复燃，至3日3时20分引燃板壁造成火灾。由于该村不通公路，通讯不便，消防中队未能参加扑救，加之该村无消防设施，群众无法施救。

火灾损失 受灾132户、289人，烧毁房屋88间，稻谷6万公斤，黑白电视机7台，缝纫机12台，烧死生猪18头，直接财产损失22.5万元。

火灾原因 火灾系村民龙见奇将刚出窑的木炭挑回家里存放，木炭复燃所致。

主要教训 群众生产、生活方式落后，居住条件差，无消防基础设施，防火意识淡薄，执行村寨防火制度差，自防自救能力差，将刚出窑的木炭挑回家里存放不加以检查，导致木炭复燃酿成火灾。

火灾处理 肇事者龙见奇被处以2000元罚款，并被责令敲锣喊寨1年。镇党政领导向县政府作出书面检查。

贵州施秉县贵科村火灾

基本情况 施秉县马号乡贵科村距县城80公里，共10个村民小组，226户村民，房屋为二层木质结构，一楼为灶房或饲养牲畜，二楼住人。

起火经过 2月11日13时30分左右，贵科村二组村民万胜高家烘烤腊肉，因无人看管发生火灾。由于该村偏远，交通、通讯不便，无消防设施，加之该县无消防中队，群众施救不力。

火灾损失 受灾77户、361人，救火中重伤5人、轻伤3人，烧毁房屋75栋，粮食15万公斤，柴油机2台，打米机2台，烧死生猪6头，直接财产损失62.7万元。

火灾原因 火灾系村民万胜高家烘烤腊肉无人看管所致。

主要教训 群众防火意识淡薄，消防设施缺乏，自防自救能力差。

火灾处理 直接责任者万胜高被罚款200元。

贵州黎平县半江村火灾

基本情况 黎平县地坪乡半江村距县城31里，共7个村民小组321户村民，房屋均为二层木质结构，一楼为灶房或饲养牲畜，二楼住人。

起火经过 2月22日3时许，村民吴培格在卧房将点燃的照明蜡烛放在皮箱上后，忘记吹灭即入睡，23日5时15分左右蜡烛燃尽烧着皮箱引起火灾。由于该村偏僻，交通、通讯十分不便，公安消防队未能参加扑救。

火灾损失 受灾51户、235人，烧毁房屋94间，粮食9.4万公斤，烧死生猪73头、耕牛1头，直接财产损失34.7万元。

火灾原因 火灾系村民吴培格在卧房将蜡烛放在皮箱上蜡烛燃尽烧着皮箱所致。

主要教训 群众生产、生活用火方式落后，防火意识淡薄。

火灾处理 肇事者吴培格按《乡规民约》处理，并被责令巡逻喊寨1个月。

贵州从江县小黄村火灾

基本情况 从江县高增乡小黄村距县城47里，共有7个村民小组432户村民，房屋均为木质结构，311户房屋为二层，121户房屋为三层，一楼均为灶房和饲养牲畜，二、三楼住人或堆放粮食。

起火经过 2月27日5时5分，村民潘加付（男，61岁，侗族，文盲）烧炭火取暖后，睡觉前将装有炭火的火盆放在自己的床下，导致炭火引燃铺床的稻草及床板引起火灾。由于该村偏僻，不通公路，通讯闭塞，公安消防队未能参加扑救。

火灾损失 受灾142户，烧死1人，烧毁房屋172间，缝纫机26部，电视机13台，电动机5部，录音机15部，烧死生猪102头、耕牛6头、马2匹，直接财产损失96.3元。

火灾原因 火灾系村民潘加付烧炭取暖后，睡觉前将装有炭火的火盆放置自己的床下，导致炭火引燃铺床的稻草及床板所致。

主要教训 群众生产、生活用火方式落后，居住条件差，防火意识淡薄，无消防基础设施，自防自救能力差。

火灾处理 肇事者潘加付已被烧死，当地司法机关未作处理。乡党政府领导向县四大班子作出书面检查并被通报全县。

贵州锦屏县瑶北村火灾

基本情况 锦屏县彦洞乡瑶北村距县城62里，共7个村民小组212户村民，房屋均为二层木质结构，一楼为灶房和饲养牲畜，二楼住人。

起火经过 3月1日1时10分，村民滚芝贵（女、36岁）看见自家坎下滚吉然家起火。由于该村偏僻，交通、通讯不便，加之该县原消防中队已被撤，群众施救不力。

火灾损失 受灾86户、340人，烧死2人，烧毁房屋78栋340间，粮食2.2万公斤，柴油机3台，绞编机6台，打米机6台，烧死生猪86头、耕牛8头，直接财产损失59.2万元。

火灾原因 不明。

主要教训 群众消防意识淡薄，法制观念不强。

贵州从江县下江镇火灾

基本情况 从江县下江镇人口为907人，距县城81公里，镇上约三分之二房屋（包括公房）为外砖内木结构，有三分之一房屋为2层，三分之二为1层。

起火经过 3月25日23时，村民陈世珍外出打牌回家生火煮饭后，由于余火处理不当，于26日零时50分引起火灾。由于该镇偏僻，路况较差，公安消防队到达时已烧成一片废墟。

火灾损失 受灾86户、353人，烧毁房屋70栋396间共1.2万平方米，粮食1.5万公斤，棉被365床，衣物7659套，家具及农具共382件，家电340件，并殃及了邮电支局，直接财产损失159.8万元。

火灾原因 火灾系村民陈世珍家灶内余火处理不当所致。

主要教训 消防基础设施欠缺，民众防火意识淡薄。

火灾处理 肇事者陈世珍被拘留2个月。镇党政领导向县政府作出书面检查，并被通报全县。

贵州锦屏县扣文村火灾

基本情况 锦屏县固本乡扣文村距县城86公里，共有5个村民小组204户村民，房屋均为二层木质结构，一楼为灶房或饲养牲畜，二楼住人。

起火经过 4月7日12时20分，村民江技远（男、46岁）因长时间用照明电源充手提照明灯造成短路引起火灾。由于该村偏僻，通讯闭塞，该县无消防中队，群众施救不力。

火灾损失 受灾62户，烧死1人，烧伤1人，烧毁房屋62栋，粮食5.7万斤，电器86件，各种加工机械7台，烧死生猪206头，直接财产损失45.6万元。

火灾原因 火灾系村民江技远因长时间用照明电源充手提照明灯造成短路所致。

主要教训 群众缺乏消防安全知识，防火安全意识淡薄，消防基础设施缺乏，自防自救能力差。

火灾处理 肇事者江技远被判处有期徒刑3年，缓刑4年。乡党政领导向县政府作出书面检查。

贵州剑河县章沟村火灾

基本情况 剑河县敏洞乡章沟村距县城59公里，共5个村民小组，房屋为二层木质结构，一楼多为灶房和饲养牲畜，二楼住人。

起火经过 6月29日13时30分，村民姜政花在灶房的火炕上煮饭不慎，火星飞落到火炕木板上的杂物，后未检查就外出劳动，火星引燃杂物蔓延造成火灾。由于该村偏僻，不通公路，通讯闭塞，消防基础设施缺乏，群众施救不力。

火灾损失 受灾113户、500人，烧毁房屋65栋180间，破拆24间，烧毁学校教学楼1栋，粮食5.2万公斤，猪、牛圈496个，电视机33台，柴油机2台，缝纫机16台，烧死耕牛8头、生猪137头、羊7只，直接财产损失65万元。

火灾原因 村民姜政花在灶房的火炕上煮饭，火星飞落到火炕木板上的杂物，外出劳动时未检查，致使火星引燃杂物成灾。

主要教训 群众生活条件差，防火意识淡薄，消防基础设施缺乏，自防自救能力差。

火灾处理 肇事者姜政花被逮捕，户主杨再和被拘留，分管安全工作的副乡长被降职处分，村长被撤职处分，乡长被警告处分。

贵州从江县加鸠乡火灾

基本情况 从江县加鸠乡距县城115公里，辖1个居委会、1个行政村、21个单位，人口370人。80%房屋为木质结构，20%为砖混结构。

起火经过 9月9日23时30分，加鸠乡街上住户张树梅到自家房屋的一楼喂猪后，未将照明蜡烛熄灭，便上楼回卧房睡觉，23时50分蜡烛燃尽引燃底层的杂物发生火灾。由于该乡偏远，路况较差，水源和消防基础设施缺乏，加之当晚全乡停电、电话不通，发生火灾后无人组织扑救。

火灾损失 受灾85户（村民44户、个体工商户41户），烧毁房屋67栋、536间，粮食6.6万公斤，缝纫机7部，电视机213台及国税所、供销社的所有物资，派出所、粮管所、林业站、法庭等单位的办公楼全部被烧损，直接财产损失127.5万元。

火灾原因 火灾系张树梅到一楼喂猪后，未将照明蜡烛熄灭便上楼睡觉，导致蜡烛燃尽引燃杂物所致。

主要教训 居民防火意识淡薄，执行防火安全制度差，水源和消防基础设施缺乏，组织扑救不力。

火灾处理 肇事者张树梅被逮捕，户主吴国友被拘留，乡党委书记党内警告处分，乡长行政记过处分，分管安全工作的副乡长行政记大过处分，分管安全的副书记严重警告处分，派出所所长行政记过处分。

云南省火灾情况

1999年，全省共发生火灾3281起，死116人，伤140人，直接财产损失6344.3万元。与上年相比，起数上升7.6%，死人下降4.9%，伤人下降54.4%，直接财产损失上升2.9%。其中公安消防机构参与调查的火灾1524起，死116人，伤140人，直接财产损失6291.6万元。全省公安、专职消防队共参加火灾扑救和抢险救援3070起，出动人员40273人次（其中，公安消防队参战人员37135人次，出动消防车6322辆次（其中，公安消防队6144辆次），抢救人员26人，保护建筑19.9万平方米，保护财产价值1.9亿元。在扑救火灾中，有2名消防人员受伤。

从全省火灾情况看，主要有以下特点：

一、**特大火灾起数、损失上升，重大火灾起数、损失下降，重、特大火灾发生时间相对集中在上半年**。年内，共发生特大火灾6起，直接财产损失2593.3万元，与上年相比，分别上升20%和110.8%。6起特大火灾有5起发生在上半年，占83.3%。3月1日，怒江州泸水县片马镇因木材加工户烧废木材料引起火灾，36家木材加工户、5家贮木厂、67家个体工商户受灾，直接财产损失2063.8万元。8月2日，昆明市西山区西南木材产品交易市场因小孩玩火引起火灾，直接财产损失187万多元。4月20日，昆明市金马思民海绵厂因海绵堆垛自燃引起火灾，直接财产损失144.8万元。全省发生重大火灾22起，死31人，伤9人，直接财产损失646.6万元，与上年相比，起数、死人、伤人和损失分别下降31.3%、8.8%、89.2%和43.5%。重、特大火灾28起，直接财产损失3240.1万元，起数和损失分别占总数的0.85%和51.1%，损失比上年增加12.2个百分点。

二、**与上年相比，火灾起数有12个地区上升，5个地区下降；直接财产损失有7个地区上升，10个地区下降**。火灾起数比上年上升的地区有昆明、东川、楚雄、玉溪、红河、文山、思茅、版纳、大理、保山、德宏、临沧。其中，上升幅度较大的有东川、思茅、保山、临沧，分别上升39.5%、20.2%、28.2%和68.3%；火灾起数下降幅度较大的有昭通、丽江，分别下降12.9%和11.9%。火灾直接财产损失上升的地区有思茅、大理、保山、德宏、怒江、迪庆、临沧。其中，火灾损失上升幅度较大的有怒江、保山、德宏，分别上升13.5倍、82.3%和35.6%；火灾损失下降幅度较大的地区有昆明、曲靖、昭通、楚雄、文山，分别下降55.8%、65.9%、37.7%、30.8%和34.5%。

三、**用火不慎、电气、放火是引起火灾的主要原因**。用火不慎416起，死28人，伤24人，直接财产损失954.2万元，分别占总数的27.3%、24.1%、17.1%和15.2%。其中，特大火灾1起，重大火灾5起。电气395起，死14人，伤31人，直接财产损失1029.3万元，分别占总数的25.9%、12.1%、22.1%和16.4%。其中，特大火灾1起，重大火灾3起。放火210起，死26人，伤25人，直接财产损失421.5万元，分别占总数的13.8%、

22.4%、17.9%和6.7%。玩火127起，死24人，伤12人，直接财产损失572万元，分别占总数的8.3%、20.7%、8.6%和9.1%。其中，特大火灾2起，重大火灾5起。违章操作107起，直接财产损失265.5万元，分别占总数的7%和4.2%；吸烟引起火灾96起，直接财产损失197.2万元，分别占总数的6.3%和3.1%。

四、交通运输业、商业、工业火灾高于其他行业。交通运输业发生火灾106起，直接财产损失390万元，分别占总数的7%和6.2%。其中，重大火灾1起。商业发生火灾97起，死2人，伤25人，直接财产损失693.1万元，分别占总数的6.4%、1.7%、17.9%和11.0%。其中，重、特大火灾各2起。工业发生火灾95起，死5人，伤5人，直接财产损失605.2万元，分别占总数的6.2%、4.3%、3.6%和9.6%。其中，特大火灾1起，重大火灾4起。

五、从火灾发生的区域看，乡村火灾居多，县镇火灾次之。乡村发生火灾837起，死82人，伤67人，直接财产损失4503.2万元，分别占总数的54.9%、70.7%、47.9%和71.6%，其中，特大火灾4起，重大火灾14起；县镇发生火灾339起，死19人，伤43人，直接财产损失802.4万元，分别占总数的22.2%、16.4%、30.7%和12.8%，其中，重大火灾5起；城市城区发生火灾198起，死8人，伤11人，直接财产损失292.4万元，分别占总数的13.0%、6.9%、7.9%和4.6%；城市郊区发生火灾116起，死6人，伤16人，直接财产损失455.1万元，分别占总数的7.6%、5.2%、11.4%和7.2%，其中，特大火灾2起。

六、从起火单位的经济类型看，私营企业最多，国有经济次之。从调查的651起企事业单位火灾看，私营经济火灾432起，死20人，伤49人，直接财产损失3545.7万元，分别占总数的66.4%、57.1%、76.6%和78.1%，其中，特大火灾4起，直接财产损失2502.8万元，重大火灾5起，直接财产损失181.1万元。国有企业火灾119起，死3人，伤8人，直接财产损失525.4万元，分别占总数的18.3%、8.6%、12.5%和11.6%。集体企业火灾72起，直接财产损失328.8万元，占总数的11.1%和7.2%；股份制企业火灾15起，直接财产损失40万元；联营企业火灾8起，直接财产损失15.1万元；外商投资企业火灾4起，直接财产损失25.2万元；港澳台投资企业火灾1起，直接财产损失61.9万元。

七、从起火场所看，城乡居民住宅火灾所占比例较大，其次是交通工具火灾。村民、居民住宅共发生火灾877起，死98人，伤74人，直接财产损失1834.7万元，分别占总数的57.5%、84.5%、52.9%和29.2%。其中，特大火灾2起、重大火灾12起；交通工具火灾104起，直接财产损失398.4万元，分别占总数的6.8%和6.3%；厂房火灾79起，直接财产损失466.8万元，分别占总数的5.2%和7.4%.

八、世博会期间火灾得到有效控制。5月至10月，国际园艺博览会在云南省举办，此间共发生火灾1040起，死36人，伤52人，直接财产损失1066.5万元，与上年同期相比，四项数字分别下降8.9%、12.2%、65.8%和43%。其中，特大火灾1起，直接财产损失187.1万元，与上年同期相比，分别下降50%和35.8%；重大火灾6起，死10人，直接财产损失165.7万元，与上年同期相比，分别下降33.3%、16.7%和42.1%。

云南分地区火灾综合情况

地区	起数	死人	伤人	直接损失（元）	特大火灾				重大火灾			
					起数	死人	伤人	直接损失（元）	起数	死人	伤人	直接损失（元）
合计	3281	116	140	63443195	6	1	11	25933692	22	31	9	6466949
昆明	919	12	32	6813540	2			3319336	2			1162941
东川	53			107004								
昭通	182	9	18	2384477					1	3	5	1150
曲靖	384	19	16	4533820					2	8		41110
楚雄	146	4		900742								
玉溪	344	11	10	2951620					2	3		540959
红河	194	9	3	1541029								
文山	111	9	10	1968024					2	7	3	470157
思茅	107		3	2678751					1			355010
版纳	102		3	1236699	1			123686				
大理	239	15	21	4817871	1		10	1071121	2	3		406366
保山	182	18	13	6703609					6	4	1	2711122
德宏	72	3		874506					1	3		2050
丽江	96	2	2	1352462								
怒江	29	1	1	21634736	1			20638231	1			342720
迪庆	20	2	3	1169447					1			306648
临沧	101	2	5	1774858	1	1	1	781318	1			126716

云南勐海县香广村火灾

基本情况　西双版纳州勐海县布郎山乡章家村公所香广村是一个布郎族聚集的自然村寨，共73户人家，周围为原始森林。建筑均为草木结构的傣家竹楼，建筑面积共3600平方米，全村均未投保。

起火经过和扑救情况　2月3日12时30分，岩恩短家的茅草顶开始燃烧，由于香广村没有基本的消防设施，不能及时控制和扑灭火灾，火势迅速向周围的建筑蔓延。香广村发生火灾后，村民步行30多公里路到乡政府报告，又由乡政府向州、县人民政府报告，公安消防支队于发生火灾的第二天接到通知。由于香广村地处偏远山区，公安消防队未能前往扑救。

火灾损失　受灾65户，烧毁建筑3000平方米及生产、生活资料，直接财产损失12.4万元。

火灾原因　村民岩恩短（男，65岁，布郎族）于当天上午用火烘烤内有棉花、干草等可燃物的鸡笼，火星飞入鸡笼形成阴燃而未发现，将鸡笼放置在房屋茅草顶下方的横梁上，鸡笼起火引燃茅草顶。

主要教训　一是由于受地理环境因素的制约，边远山区的交通、通讯不便，香广村发生火灾后，村民步行30多公里山路到乡政府报告，又由乡政府报告州、县人民政府，公安消防支队第二天才接到通知，赶到香广村时，村民已开始平整场地，火灾现场已完全破坏，无法提取证物，给火灾原因调查带来了一定的难度。二是边远山区经济落后，村民尚处于刀耕火种的生活，所建盖的房屋均为草木结构，耐火等级低，而且受条件限制，山区村寨平地少，建盖的房屋紧密相联，一旦发生火灾极易造成“火烧连营”。这起火灾正是由于房屋相距很近，没有足够的防火间距，加上当时有风，火势迅速蔓延，全村73户，被烧毁65户，仅有相距其他房屋较远的几栋房屋幸免于难。三是由于地处山区，教育文化落后，香广村仅有2人懂汉语，成年人多为文盲，这给消防知识的宣传带来了很大的困难，村内没有诸如储水池、破拆钩一类的消防设施，基本上没有自防自救能力，火灾发生后村民们处于一种惊恐状态，不知道该如何处理，延误了灭火的最佳时机。

火灾处理　给予岩恩短批评教育处理，并对全村村民进行了防火、灭火知识教育。

云南泸水县片马镇飞机场工业区火灾

基本情况　片马镇位于泸水县城西部，高黎贡山西麓，东与鲁掌镇相连，西、南、北三面与缅甸接壤，国境线长64.44公里，是我国西南边防前哨之一，怒江州唯一省级边贸口岸，距州府90多公里，目前已成为泸水县主要经济来源地之一，以木材加工、销售业为主，成品、半成品木材年均销售量达5万立方米以上，最高达9万立方米，为泸水县年创税300多万元。二战时，日本军侵占片马并修筑直升飞机场，故把片马工业区所在地称为“飞机场”。

起火经过和扑救情况　3月1日16时30分左右，怒江州泸水县片马镇飞机场工业区彭祖光木材加工厂工具房起火，在场人员彭祖光及其妻子、儿子及两名小工进行扑救，由于发现起火时火势已大，缺乏水源，加之厂房简陋，无防火间距，火势迅速蔓延。雪花木材加工厂黄春燕知情后于16时35分将火情电话报告边防派出所，派出所迅速报告当地政府和州公安消防支队直属中队，同时组织边防工作站官兵和当地群众1000余人扑救火灾，疏散人员，抢救物资，警戒火场。怒江州消防支队直属中队于18时30分出动1辆消防水罐车和6名官兵，21时50分到场时，整个工业区已是一片火海，风助火势，近40家木材加工厂和一些商店、民房正在熊熊燃烧，火势已发展到猛烈燃烧阶段，口岸上空浓烟弥漫，火舌翻卷，火势正向片马加油站蔓延，情况万分危急。消防队在杨健全副大队长的统一指挥下，正确运用“先控制、后消灭”的战术和“就近占据水源，力求快速，机动灵活”的火场供水原则，面对油库随时都有爆炸可能，迅速展开战斗。在当地警民协助下，通过10多个小时的奋战，于2日8时43分彻底扑灭火灾，保住了林华商号3000立方米的木材和紧邻火场的油库，保住了整个边贸口岸和参战群众的安全，使口岸周围上千公顷国有森林避免了火灾危害，赢得了各级党委、政府和人民群众的赞誉。

火灾损失 受灾130户（其中木材加工厂36户，贮木厂5户，农户22户，个体工商户67户）、700余人，烧毁建筑29585平方米，粮食4000公斤，木材14627立方米，机电设备157台（套），各类车辆26辆，家用电器36台（件），烘烤房10间，通信中继光缆1000米，光缆600米，市话电缆2500米，高压线路1000米，市政给水管道31吨，直接财产损失2063.8万元。

火灾原因 不明。

主要教训 1. 消防安全意识淡薄，没有摆正经济建设和消防安全的关系。片马边贸口岸建设之初，州消防支队就提出了《片马口岸消防规划意见》，对片马镇整体布局、消防水源、消防通道等提出了具体的意见，但上报后没有引起高度重视，以致口岸建设没有法定的规划，投资者任意选址设厂，无规章可循，厂区一片混乱，留下严重的火灾隐患。1998年底边贸口岸管理委员会虽组织公安消防等部门进行专项治理，但已积重难返。2. 消防监督宣传力度不够。州、县消防监督机构虽然历来把片马口岸作为消防工作的一个重点，也曾提出具体规划意见，但平时宣传力度不够，面对严重的火灾隐患，只停留在要求配备灭火器、培训人员、修建消防水池等方面，没有采取果断措施彻底整治隐患。3. 投资者消防安全观念淡薄，重经济效益，轻消防安全。很多老板为追求最大的经济效益，把木材加工厂建成“三合一”、甚至“四合一”厂房，既是车间、又是仓库，同时也是生活区和贮木场，边皮废料随地都是。4. 缺乏消防设施。片马镇共有53个木材加工厂，10多个贮木场，分别设在长达四、五公里的公路沿线上，加上个体工商户、机关、农户、驻军等，常住人口超过1万人，但没有1个消火栓，没有1台消防机动泵。

云南漾濞县普莽街火灾

基本情况 普莽街位于漾濞县南部，距县城58公里，在320国道线3235KM+350M处，与永平县交界处，是群众自发聚居形成的小集镇，人员情况复杂，房屋毗连密集，耐火等级低，绝大部分是简易木板房、油毛毡顶。群众只顾追求短暂的经济收入，忽视消防安全，特别是大保公路开工后，许多大型机械配件、汽车配件、润滑油门市部相继开业，所用的房子都属简易住房。发生火灾的“保山饭店”处于该地段的中心位置。

起火经过和扑救情况 3月5日12时25分，漾濞县公安消防大队接警，立即出动1辆水罐消防车，经1小时15分赶到现场时，大片房屋已被烧毁，而信用社营业所和供销社门市部正面临被烧毁的危险。对此，报请支队调动大理市和永平县消防大队的两辆消防车增援，并采取先控制、后消灭的战术，经过20分钟的奋战，控制了火势的蔓延。紧接着，永平县消防大队和大理市消防大队的增援力量赶到了现场，3辆消防车和大保公路2辆洒水车密切配合，集中力量打歼灭战。经过3个多小时的紧张战斗，扑灭了这场火灾，保住了面临烧毁的太平信用社、供销社门市部、润滑油门市部和其他个体户的房屋。

火灾损失 受灾28户、75人，其中涉及单位5家，灭火中轻伤10人（烧伤），烧毁简易木板房39间和砖木、土木结构房23间共2244平方米，房屋损失8.4万元，财物损失98.7万元，直接财产损失合计107.1万元。

火灾原因 3月5日上午，普莽街“保山饭店”小工方佩芝的孙子李协（男，4岁）和小工蒋玉珍的孙子蒋兴果（男，3岁半），在该饭店老板曹绍富小卖部内拿了1个一次性打火机到方佩芝住处，用打火机烧纸板玩。

主要教训 1. 普莽街是逐步形成的小集镇，没有统一规划，没有管理机制，群众消防意识淡薄，抗御火灾能力低；2. 发生过火灾（未给消防部门报告）仍未引起高度重视，不吸取教训；3. 居民消防意识淡薄，对小孩玩火的危险意识不到，管理不严；4. 发生火灾后，缺乏报警和灭火常识，贻误了战机，酿成了“火烧连营”。

火灾处理 对玩火引起火灾的小孩李协、蒋兴果不予处罚，责令其监护人方佩芝、蒋玉珍对李协、蒋兴果加以管教。

云南耿马县芒撒大寨火灾

基本情况 耿马县福荣乡芒撒村公所芒撒大寨，位于耿马县城西南112公里处，93户、429人，都是傣族，交通不便，自然环境较为恶劣，群众物质文化生活及生产方式落后，是边、山、少、穷的乡村。村民居住条件简陋，住房毗连，耐火等级低，水源缺乏，群众消防安全意识差，用火、用电频繁，可燃易燃物乱堆乱放，抗御火灾的综合能力较弱。

起火经过和扑救情况 3月7日3时30分，村民岩孟在睡梦中被“叭、叭、叭”的响声惊醒，起床查看，发现自己家灶房的上半部分已经着火，立即叫喊“着火啦，快来救火”。听到岩孟的叫喊，村义务消防队及群众很快赶来灭火，但由于缺乏水源，根本无法控制火势。9时30分，耿马县消防大队接警，当即向县委、政府、公安局及消防支队作了情况汇报，当县公安局领导和消防支队同志赶到火场时，除避风方向居住的10户房屋及村公所、缅寺免遭火灾外，其他群众的财物已化为灰烬。

火灾损失 烧死1人，烧伤1人，烧毁房屋5215平方米，粮食1.4万公斤，碾米机2台，拖拉机1台，衣服2591件，生产用具1037件，生活用具2390件，其它61件，烧死家畜92头，直接财产损失78.1万元。

火灾原因 火灾系村民岩孟家电表接线松动打火引燃屋顶草片所致。

主要教训 1. 村寨大且人口聚居，住房简陋，相互毗连，燃烧猛，蔓延快，难以扑救。火灾发生后，全村群众很快投入抬水、破拆灭火，但风助火势，一时就向四周蔓延开来，根本无法接近火源，只能望火兴叹。2. 消防器材不足，水源缺乏。该村93户群众只有少数火钩、火叉和生活用水桶，无其他消防器材，寨子边有一饮水池，但干旱季节村里的人畜用水都无法保障，发生火灾后，根本满足不了灭火的需求。3. 防火措施不落实。这个村是防火安全的重点村寨，但村干部对防火工作认识不足，责任心不强，各项消防安全制度、措施不落实，导致了这起火灾的发生。4. 群众消防安全意识淡薄，抗御火灾的综合能力极低。该村寨远离城镇，又有少数群众不通汉语，缺乏必要的防火灭火及救生常识，建盖房屋杂乱无章，可燃易燃物品乱堆乱放，生产生活用火、用电又极为频繁，稍有不慎，便会酿成火灾。

火灾处理 1. 福荣乡党委对芒撒村公所村长岩石玉、文书岩玉柱进行通报批评；2. 火灾责任人岩孟，因消防安全意识淡薄，思想麻痹，用电管理不善酿成火灾，依照《中华人民共和国消防法》规定，耿马县公安局给予岩孟10日治安拘留的处罚。

云南昆明市金马思民海绵厂火灾

基本情况 金马思民海绵厂位于昆明市关上镇蛤蚂山，厂房南北宽14米、东西长65米，1994年投入使用，是单层简易结构。厂北面为棕垫仓库，东、西两面为原料及成品海绵仓库，南面为一道围墙，围墙紧靠安石公路。该厂厂长宋思民。

起火经过和扑救情况 4月20日零时50分，厂值班人员段能勋在厂内巡逻后，指挥倒车时发现海绵堆垛起火。消防队1时13分接警，共出动9辆消防车（含2辆指挥车）、67名消防人员，于2时50分将火扑灭。

火灾损失 烧毁简易建筑1500平方米，海绵发泡设备1台、汽车3辆和原料、海绵成品及其他财物，直接财产损失144.8万元。

火灾原因 火灾系新生产的海绵成品堆垛过密，造成海绵泡沫块中心温度过高，散热通风不畅引起自燃所致。

主要教训 1. 该厂没有真正把防火工作纳入议事日程，整个厂区内无一份完整的防火安全管理制度、安全操作规程等；2. 消防宣传教育不深不细，导致火灾发生后不能及时报警，更不会采取有效的自防自救措施。在第二天到火灾现场时，发现有的手提式灭水器被整个丢进火里，已被烧焦，而保险还未打开，更谈不上有效喷射灭火；3. 厂房条件差，员工不懂安全操作程序；4. 因该厂属几次转手出租，安全管理工作不落实。

火灾处理 根据《云南省消防管理处罚规定》，给予昆明金马思民海绵厂罚款289547.8元。

云南昆明市一木材交易市场火灾

基本情况 昆明市西山区西南木材林产品交易市场位于石安公路旁，占地面积200亩，交易区共有8个交易大棚，面积2万多平方米，每个大棚南北长96米，东西宽24米，8个大棚均为西北走向，有大小商户280家，总价值上千万元，是昆明市木材、林产品主要集散地。

起火经过和扑救情况 起火部位为市场第七道210号铺面西北角。8月2日21时40分，该市场第七道286号户主徐凤珠到铺面外洗碗，无意发现210号铺面内有红光，房顶上冒烟，就和丈夫周秀华过去看，走了一半徐凤珠就喊“着火了”，周秀华跑到210号铺面前，发现铺面的卷帘门有约10厘米的空隙，在拉开卷帘门后发现左前方办公室木质板壁着火了，就拿盆接水灭火。市场第七道274号的王绍文听到叫声后，出来看见着火就打电话报警。市消防支队21时49分接警后，调集西山区消防中队、市特勤大队8辆消防车、64名消防人员参加灭火，于8月3日零时30分将火扑灭。

火灾损失 火势蔓延至市场第七道209至214号、第六道193号，烧毁房屋342平方米，烧毁木地板1.5万多平方米，水渍木地板8547平方米，直接财产损失187.2万元。

火灾原因 第七道210号铺面的小工汤秀英之女涂海艳（12岁）独自回店铺拿鸡翅吃时，因好奇玩弄液化气灶开关打火取乐，未关闭阀门就离开店铺引起火灾。

主要教训 西南木材林产品市场管理委员会违反《中华人民共和国消防法》的规定，未按公安消防机构要求整改火灾隐患，对市场大棚交易区的店铺“三合一”现象久拖不改。

火灾处理 1. 市场法定代表人苏云安对市场管理不善，未按公安消防机构要求改正火灾隐患，在该起火灾事故中应负领导责任，对其处以100元罚款。2. 市场管理委员会主任梁应福在管理市场过程中，未严格履行管理职责，对市场存在的火灾隐患经公安消防机构指出后整改不力，应负直接领导责任，处以100元罚款。3. 市场210号户主沈福庄违反消防管理规定，在店铺内使用液化气，虽事发时不在现场，但在该起火灾事故中应负间接责任，处以100元罚款。4. 沈福庄之女涂海艳玩弄液化气灶导致火灾发生，是这起火灾的直接责任人，因其未成年免予处罚，予以训诫，并责令其监护人严加管教。5. 该起火灾是由于西南木材林产品交易市场违反消防安全管理规定造成的，且后果严重，处以93579元罚款。

西藏自治区火灾情况

1999年，全区共发生火灾115起，死12人，伤26人，直接财产损失922万元。与上年相比，起数下降10.2%，死人上升11倍，伤人上升4%，直接财产损失下降23.7%。其中，重大火灾6起，死3人，直接财产损失223.9万元。与上年相比，起数持平，直接财产损失下降36.5%；特大火灾2起，直接财产损失427.9万元，与上年相比，起数持平，直接财产损失下降32.3%。全区公安消防部队共扑救火灾85起，出动人员1790人次、消防车320辆次，保护建筑20990平方米，保护国家、集体和个人财产价值3097万元。从全年火灾情况看，主要有以下特点：

一、城市火灾起数多，损失不大。拉萨市的火灾起数占全区火灾总数的51.3%，直接财产损失比上年下降78.5%。

二、用火不慎和电气引起的火灾多、损失大。从火灾发生的直接原因看，用火不慎49起，电气原因22起，分别占总数的42.6%和19.1%；其次是玩火、不明、违章操作、吸烟、放火和其它原因引起的火灾，分别占总数的7.8%、7%、6.1%、6.1%、5.2%和5.2%；自燃引起的火灾最少，占总数的0.9%。从损失看，因电气、用火不慎引起火灾的直接财产损失分别占总数的52.7%和31.4%；其次依次是不明、吸烟、放火、其它、违章操作和玩火等原因，分别占总数的8.3%、4.6%、1.3%、11%、0.8%和0.2%；自燃引起的火灾损失最小，占总数的0.1%。

三、从行业看，娱乐服务行业的火灾损失严重。商业火灾34起，损失143.4万元，分别占总数29.6%和15.6%。娱乐服务业火灾8起，直接财产损失500万元，分别占总数的6.9%和54.2%；其他依次是机关团体18万元、工业10.3万元、卫生10万元、交通运输业9.4万元、金融保险业6.3万元和农业5.4万元，分别占总数的1.9%、1.1%、1.1%、1%、0.7%和0.6%。火灾损失较小的是仓储业，占总数的0.1%。

四、夜间发生火灾的起数多、损失大。从24小时火灾分布情况看，发生火灾较多的是18至20时和20至22时，均占总数的14.8%。其他依次是14至16时、16至18时、12至14时、8至10时、10至12时、22至24时、0至2时和6至8时，分别占总数的11.3%、10.4%、8.7%、8.7%、6.1%、6.1%、6.1%、5.2%和4.3%；火灾最少的是4至6时，占总数的3.5%。2至4时火灾损失最大，占总数的40%；其他依次是12至14时、20至22时、18至20时、16至18时、0至2时、14至16时、6至8时、4至6时、8至10时和10至12时，分别占总数的17.4%、9.3%、9%、6.5%、5.6%、4.1%、2.6%、2.2%、2.1%和1.1%；22至24时火灾损失最小，占总数的0.1%。

五、市区火灾有所下降，县镇火灾有所上升。从火灾发生的区域看：市区火灾57起，直接财产损失158.7万元，分别占总数的49.6%和17.2%；比上年分别下降12.3%和77.6%。市郊火灾18起，直接财产损失 11.9 万元，分别占总数的 15.6%和 1.3%；比上年分别下降 14.3%和 77.9%。县城、集镇火灾 32 起，直接财产损失 686.2 万元，分别占总数的 27.8%和 74.4%。乡村火灾 7 起，直接财产损失 35.1 万元，分别占总数的 6.1%和 3.8%；比上年分别下降 61.1%和 78.4%。其它区域火灾 1 起，损失 30 万元，分别占总数的 0.9%和 3.3%。

六、第一季度火灾较多，第四季度的火灾损失较大。第一季度发生火灾 44 起，直接财产损失 349.5 万元，分别占总数的 38.3%和 37.9%；第二季度发生火灾 26 起，直接财产损失 69.1 万元，分别占总数的 22.6%和 7.5%；第三季度发生火灾 12 起，直接财产损失 48.7 万元，分别占总数的 10.4%和 5.3%；第四季度发生火灾 33 起，直接财产损失 454.6 万元，分别占总数的 28.7%和 49.3%。

西藏分地区火灾综合情况

地区	起数	死人	伤人	直接损失（元）	特大火灾				重大火灾			
					起数	死人	伤人	直接损失（元）	起数	死人	伤人	直接损失（元）
合计	115	12	26	9093374	2	4	1	4153000	6	3		2239038
拉萨	59	3	20	1370031					1			558240
昌都	8	4	2	3530200	1	4	1	2680000	1			300000
山南	10			42231								
日喀则	7			1176897					2			733000
那曲	7	1		355667								
阿里	13		4	127350								
林芝	11	4		2490998	1			1473000	2	3		647798

不足，已很破旧。4. 缺乏消防水源。

西藏波密县扎木镇火灾

基本情况 昌都运输公司驻林芝地区波密县扎木镇汽车四队的出租商品房“金像录像馆”，为砖木结构建筑，左、右是商品房，前面是街道，后面是运输公司职工宿舍，经济类型为私营，未参加保险；1998年12月28日，波密县消防队与公安局进行防火检查，向馆主曾先林提出拆除商品房后面的木板房的整改意见，但一直未得到落实。

起火经过和扑救情况 1月24日13时20分，金像录像馆的老板曾先林在熏烤腊肉时外出，因腊肉的油滴在燃烧的柴禾上，引起木板房起火，13时28分左右被人发现，波密县公安消防队13时30分接警后，立即出动仅有的1辆消防车和10名消防人员赶赴火场扑救。消防队到场时火势已呈猛烈燃烧阶段，商品房后面的木板房全部起火。中队指挥员立即组织警力进行战斗。消防车出两支水枪控制火势，官兵一边灭火一边进行破拆。由于消防车辆和消防水源缺乏，取水路途较远，刚刚被控制的火势待消防车取水回来时又燃起大火。

火灾损失 烧毁商品房34间，旧木板房10间，面积931平方米，邮电通讯线路120米及物资一批，受灾25户，直接财产损失147.3万元。

火灾原因 火灾系金像录像馆老板曾先林用火熏腊肉时未加看管，腊肉的油滴到燃烧的柴禾上所致。

主要教训 1. 录像馆老板消防安全意识淡薄，自防自救能力差，在用火时严重违反消防安全规定。2. 报警晚。3. 消防装备不足，密波县公安消防中队只有1辆1987年配备的消防车，由于维修经费

西藏昌都县天骄大酒楼火灾

基本情况 位于昌都地区昌都县聚胜街的昌都地区百货公司综合楼，座北朝南，钢筋混凝土框架结构，左边四层、右边六层，无室内消防给水设施和室外消火栓；一楼为商场和出租门市，二楼为天骄大酒楼（包括舞厅、茶园、餐饮），三楼以上为百货公司职工住房。天骄大酒楼1998年12月开始装修，1999年7月投入使用，总投资130万元，为私营企业。

起火经过和扑救情况 12月22日3时30分，百货公司保安四郎顿珠发现天骄大酒楼临街面的窗户往外冒烟即报警。昌都地区公安消防支队3时45分接警后，立即出动12辆消防车、53名消防人员赶赴火场扑救。由于发现晚，消防队到场时火灾已发展到猛烈燃烧阶段。由于昌都县市政给水管网夜间停水，消防车只得到1公里以外的河边取水，且冬季取水十分困难。经多次通知，自来水公司半个小时后才给市政管网供水。此时火势已无法控制，从二楼东西两侧向三楼蔓延。公安消防支队又重新调整兵力，从三楼东西两侧进行强攻，并从六楼顶上将7名被困群众救出，于6时10分将火控制，7时45分将火扑灭。

火灾损失 烧死4人（3名妇女，1名未满周岁的女婴），烧伤1人，受灾24户，直接财产损失280.7万元。

火灾原因 火灾系张涛未关闭电暖器，使电源线长时间饱和工作，引起绝缘层发热燃烧，引燃墙面软包织物所致。

主要教训 1. 该酒楼违章使用大量易燃、可燃材料装修。2. 消防安全责任制不落实，消防规章制度不建立，消防意识淡薄。3. 市政公共消防设施缺乏。

陕西省火灾情况

1999年，全省共发生火灾2027起，死35人，伤63人，直接财产损失1929.1万元，与上年相比，起数上升31%，死人、伤人、损失分别下降53%、43%和46%。其中，特大火灾1起，直接财产损失120万元；重大火灾8起，死6人，伤3人，直接财产损失494.8万元。从全年火灾情况看，主要有以下特点：

一、重、特大火灾减少。共发生重、特大火灾9起，死6人，伤3人，直接财产损失614.9万元，与上年相比，起数、死人、伤人和直接财产损失分别下降25%、85%、94%和67%。从24小时分布情况看，重、特大火灾主要发生在19时至次日8时。主要原因：一是发现晚，报警晚；二是安全责任制度不落实，值班人员擅离职守；三是值班人员多为离、退休人员，火灾时缺乏紧急应变处置能力。

二、从起火场所看，住宅火灾居多，死伤惨重；汽车火灾呈上升趋势；仓库、商店商场火灾损失突出。在公安消防机构调查的584起（下同）火灾中，住宅火灾208起，死12人，伤19人，直接财产损失159.6万元，分别占调查火灾总数的35.6%、34%、30%和9%；汽车火灾73起，死4人，伤20人，直接财产损失208.4万元，分别占调查火灾总数的12.5%、11%、32%和11%；仓库火灾32起，伤2人，直接财产损失381.2万元；商店商场火灾28起，伤5人，直接财产损失319.7万元。

三、从经济类型看，私营企业火灾较多，死伤人员和财产损失比重大。在调查的企事业单位火灾中，私营企业火灾338起，死24人，伤42人，直接财产损失677.3万元，分别占调查火灾总数的66%、68%、66%和36%。同时，集体企业死人、伤人和财产损失超过了国有企业火灾，共发生66起，死3人，伤9人，直接财产损失473.6万元。

四、从区域看，城市火灾突出。在公安消防机构调查的火灾中，发生在市区的火灾178起，死10人，伤14人，直接财产损失832.5万元，分别占总数的30%、28%、22%和45%；发生在市郊的火灾65起，死7人，伤4人，直接财产损失205.1万元，分别占总数的11%、20%、60%和11%；发生在县镇的火灾157起，死9人，伤31人，直接财产损失593.5万元，分别占总数的27%、26%、49%和32%。

五、从行业看，商业火灾突出。商业发生火灾76起，死3人，伤7人，直接财产损失742.5万元，分别占总数的13%、8%、11%和40%。此类火灾主要是电气原因和用火不慎引起的，分别为17起和19起。其中，特大火灾1起，重大火灾5起。机关团体、轻工、娱乐服务业的火灾损失也较严重。

六、从火灾原因看，电气和用火不慎仍然居多。违反电气使用规定引起的火灾158起，死9人，伤12人，直接财产损失374.8万元，分别占总数的27%、25.7%、19%和20%。用火不慎引起的火灾128起，死7人，伤14人，直接财产损失380.6万元，分别占总数的22%、20%、22%和20.5%。

1999年，全省火灾形势虽然相对平稳，但从火灾情况看，以下几个方面值得引起重视。

一、消防安全责任不落实，消防安全管理不严。一些单位对消防安全重视不够，虽三令五申但仍没有落实消防安全责任制；有些单位虽有消防安全责任制，但流于形式，只停留在口头上、书面上，没有落实到每个岗位、每个职工。随着经营方式的转变，不少国有或集体商场、饭店及歌舞厅出租、承包给其他单位或个人经营，防火责任制难以落实。

二、城市公共消防设施和建筑消防设施建设力度不大。城市公共消防设施、建筑消防设施欠帐多，现有设施不能保证完整好用，火灾时不能发挥应有的作用。

三、重点单位火灾隐患严重，不能及时整改。一些商场、宾馆饭店、歌厅舞厅、高层建筑、地下工程和易燃易爆等重点场所，在设计、施工、装修及生产经营过程中，违反消防法律、法规，存在大量火灾隐患。有的消防安全通道被堵死，有的使用可燃易燃材料装修，有的单位对公安消防机构整改意见置若罔闻，心存侥幸，久拖不改。

陕西分地区火灾综合情况

地区	起数	死人	伤人	直接损失（元）	特大火灾				重大火灾			
					起数	死人	伤人	直接损失（元）	起数	死人	伤人	直接损失（元）
合计	2027	35	63	19291600	1			1200000	8	6	3	4948515
西安	115	5	6	4589774					1			798957
铜川	46	1	5	446895								
宝鸡	517	5	3	894590					1	3		21900
咸阳	394	6	6	634471								
渭南	459	2		3493424					3			2191600
汉中	180	4	5	916314								
安康	149	3	7	2204225					1			971800
商洛	35			1836791	1			1200000				
延安	93	4	26	2092021								
榆林	39	5	5	2183095					2	3	3	964258

陕西商南县大田百货有限责任公司百货大楼火灾

基本情况 大田百货有限责任公司百货大楼位于商南县城南街72号，高13.7米，为钢筋砼框架结构，建筑面积3060平方米。大楼一、二层为营业厅，三、四、五层为办公室和住宅。1980年11月建设，1982年5月使用，未经消防部门审核验收。大楼东接秦豫鄂大酒店，南面和西面分别是长新路和西大街，北面是住宅楼和库房。

起火经过和扑救情况 1月27日5时15分，商南县公安局110接警。5时18分该县公安专职消防队（仅有一辆水罐车）前往火场，县公安局组织干警108人、群众200余人协助灭火。消防队到场时，大楼一楼营业厅全部起火，并已蔓延到二楼。火场指挥部坚持“先控制、后消灭”的原则，运用前后夹击的战术迅速控制火势，并及时将三、四楼居民和16个液化气瓶疏散到安全地带。地区消防支队于5时40分接报后，迅速调集商州市公安消防队和丹凤县公安专职消防队的2辆水罐车、16名消防人员增援，于7时50分许将火扑灭。影响灭火战斗的主要因素：一是水源缺乏，仅靠1个市政消火栓供水；二是该县消防力量不足，公安专职消防队仅有1辆消防车、4名消防人员，难以扑救大面积火灾的需要。增援力量相距130公里，加之公路正在拓宽，车辆难以行驶，致使火势没有得到及时控制，使小火酿成大灾；三是报警不及时，贻误了灭火战机。

火灾损失 一、二楼营业厅的商品、柜台、货架和门窗全部烧毁，过火面积1540平方米，受灾48户，直接财产损失120余万元。经建设部门测定，整栋大楼报废需拆除重建。

火灾原因 火灾系该大楼承租户康泰药店业主田培荣之弟田培春（酒后沉睡）在狭小的库房内（长1.58米，宽0.8米）使用的电暖器烤着周围可燃物所致。

主要教训 这起火灾的发生，充分暴露商南县消防工作存在的问题。一是消防设施严重滞后于经济建设发展的需要；二是消防监督不严不细，没有对存在的重大火灾隐患一抓到底；三是单位内部管理乱，重效益，轻安全，规章制度形同虚设，缺乏对承租户的安全教育。

火灾处理 1. 对田培荣依法判处有期徒刑5年。2. 对公司法人代表钟伟、保卫科长及当晚值班人员杨金国、王永喜，依据《陕西省消防条例》和《治安处罚条例》分别给予行政处罚，并建议有关部门给以党纪、政纪处分。

甘肃省火灾情况

1999年，全省共发生火灾2164起，死40人，伤72人，直接财产损失2435.9万元，与上年相比，起数上升14%，死人、伤人和直接财产损失分别下降27.3%、39%和10.1%。平均每天发生火灾6.7起，火灾次均损失9980元。全省公安消防部队接警出动2207起，出动消防车3709辆次、消防人员2.7万人次。其中，灭火2149起，抢救遇险群众20人，保护财产价值6553万元。在灭火救援中，有24名消防人员受伤。从全年火灾情况看，主要有以下特点：

一、重大火灾有所下降。重大火灾15起，死8人，直接财产损失631.8万元，与上年相比，起数、死人、伤人和财产损失分别下降28.5%、57.9%、100%和45.8%。年内没有发生特大火灾。

二、城乡居民住宅火灾频发。共发生957起，死26人，伤32人，直接财产损失290万元，分别占总数的38.8%、65%、44.4%和12%。其中，重大火灾2起，死8人。用火不慎和电气是居民火灾多发的主要原因。7月2日，金昌市宁远乡白家嘴村八社林显龙家，因用火不慎发生火灾，烧死3个小孩。

三、宾馆饭店、歌舞厅、商场市场等公共场所火灾损失严重。共发生166起，死4人，伤15人，直接财产损失616万多元。其中，重大火灾5起，直接财产损失262.6万元。电气和用火不慎是引起此类火灾的主要原因，占73%；其次是吸烟和违章操作，占19.6%。2月15日，兰州市建兰路市场因吸烟引起火灾，延烧70余家铺面，直接财产损失34万元；11月20日，景泰县东方电器大世界因电线短路引起火灾，直接财产损失30余万元。

四、工业火灾突出。共发生148起，直接财产损失584万元。其中，重大火灾5起，直接财产损失301万元。从原因上看，电气和违章操作居首，占此类火灾的37.8%；用火不慎次之，占27.7%。1月14日，兰州雁滩晋祥家具厂因烘烤家具温度过高引起火灾，直接财产损失72万元。4月25日，天水市发达海棉厂发生火灾，烧毁大量设备及半成品，直接财产损失52万元。

五、交通工具火灾多发。共发生120起，死5人，伤9人，直接财产损失517万元。汽车火灾尤为严重，共烧毁、烧损汽车120多辆，主要原因是汽车电路故障，占35%；违章操作、吸烟等次之，占17.5%；交通事故引起的占10%。

六、易燃易爆化学物品及油品火灾突出。共发生149起，死11人，伤38人，直接财产损失455万余元。起数占总数的6%，死人、伤人和财产损失分别占总数的27.6%、52%和18.6%。其中，重大火灾2起，直接财产损失108.8万元。1月23日，长庆石油勘探局第二采油厂，因当班工人违章用火引起火灾，烧毁修井车（甘M·05934号）及井口设备，直接财产损失42万元。

七、用火不慎引起火灾居多。从已查明的火灾原因看，用火不慎最多，占31.6%；电气次之，占19.1%；玩火、吸烟、放火和违章操作分别占12.9%、10.9%、5.4%和4.9%。

甘肃分地区火灾综合情况

地区	起数	死人	伤人	直接损失（元）	特大火灾				重大火灾			
					起数	死人	伤人	直接损失（元）	起数	死人	伤人	直接损失（元）
合计	6464	40	72	23459656					15	8		6317759
兰州	483	12	13	4585996					6	5		2034304
嘉峪关	48	2	5	230785								
金昌	154	4	3	573330					1	3		970
白银	123	2	2	2642586					3			1890063
天水	170	2	3	2047959					1			520967
酒泉	301	4	6	2555303								
张掖	442	1	4	1841668					2			
武威	187	2	6	1812071								1087433
定西	139	1	7	1948519								
陇南	45		2	740742								
平凉	79		4	762869								
庆阳	203		9	2775510					1			363020
临夏	54	1	4	735728					1			421002
甘南	33	2	4	1041409								
甘肃矿区	2	1		50170								

青海省火灾情况

1999年，全省共发生火灾646起，死6人，伤58人，直接财产损失770万元。与上年相比，分别上升7.1%、20%、81.3%和146.9%。消防部队共扑救火灾611起，出动人员9860人次、消防车1207辆次，保护建筑2.6万平方米，抢救财产价值4829万元。从全年火灾情况看，主要有以下特点：

一、虽未发生群死群伤恶性火灾，但重特大火灾损失仍很严重。年内，发生特大火灾2起，重大火灾1起，直接财产损失404.1万元，占损失总数的52.5%。3月6日，果洛州达日县草原站火灾，直接财产损失31万元；5月2日，玉树州杂多县日历寺火灾，直接财产损失117万元；8月12日，青海省外运公司汽车修理厂火灾，直接财产损失256.1万元。

二、从季节看，第一季度火灾多，第三季度损失大。第一季度发生火灾299起，直接财产损失159.8万元，起数占总数的46.3%；第三季度发生火灾70起，直接财产损失316.7万元，损失占总数的41.1%。

三、从地区看，西宁市火灾起数多、损失大。该市发生火灾342起，直接财产损失411.3万元，分别占总数的52.9%和53.4%。海东市次之，发生火灾228起，直接财产损失69.8万元，分别占总数的35.3%和9.1%。其他依次为：海西43起，损失64.7万元；海南17起，损失33.5万元；海北7起，损失20.5万元；黄南5起，损失19.1万元；玉树2起，损失118.7万元；果洛2起，损失32.5万元。全年火灾造成的人员伤亡情况是：海东死2人，伤14人；海西死2人，伤10人；海南死2人，伤7人；西宁伤26人；海北伤1人。

四、从区域看，乡村火灾起数多，市区火灾损失大。乡村发生火灾246起，直接财产损失214.8万元，起数占总数的38.6%；市区发生火灾236起，直接财产损失397.9万元，损失占总数的51.7%。其它依次为：县镇84起，损失103.7万元；市郊71起，损失53.4万元。

五、从起火场所看，住宅火灾起数多，厂房损失大。住宅火灾217起，死6人，伤21人，分别占总数的34%、100%和36.2%；厂房火灾30起，直接财产损失277.3万元，损失占总数的36%。其它场所火灾情况为：货（堆）场火灾207起，损失57万元（其中麦草垛火灾189起，损失14.1万元）；交通工具火灾42起，损失63.1万元；仓库火灾28起，损失53.9万元；商店火灾25起，损失38.3万元；饭店火灾24起，损失23.3万元；集贸市场火灾3起，损失29.5万元；歌舞厅火灾3起，损失8.26万元；古建筑火灾1起，损失117万元。

六、从起火物看，油品和易燃易爆化学物品火灾时有发生。共发生火灾72起，死2人，伤46人，直接财产损失97.4万元，分别占总数11.3%、33.3%、79.3%和12.7%。

七、从已查明的火灾原因看，用火不慎、电气和玩火是火灾的主要原因。用火不慎188起，直接财产损失209.5万元，分别占总数的29.5%和27.2%；电气90起，直接财产损失319.2万元，损失占总数的41.5%；玩火163起，直接财产损失

55万元（含燃放烟花爆竹62起，损失36.9万元），起数占总数的25.5%。其它原因依次为：吸烟65起，损失6.4万元；违章操作44起，损失69.3万元；放火38起，损失21万元；自燃7起，损失3.8万元；雷击1起，损失600元。

1999年，青海省火灾四项数字上升幅度较大。其主要原因是：（一）《消防法》贯彻不够深入，各级人民政府、机关团体、企业事业单位还未能按照《消防法》的规定全面落实消防安全责任制。（二）经济建设步伐加快，财富聚集，用火、用电、用气、用油等增多。各地公共消防设施、建筑消防设施建设与经济发展不同步，老账未还，又欠新账，致使火灾增多或发生火灾后不能得到有效扑救。（三）公众消防安全意识淡薄，特别是没有公安消防队和消防力量薄弱的边远地区显得更为突出。（四）建筑使用功能变化大，有失控漏管现象。部分单位将厂房、库房出租或另作他用时，不报公安消防机构审批，致使消防机构对其无法进行监督管理。

青海分地区火灾综合情况

地区	起数	死人	伤人	直接损失（元）	特大火灾				重大火灾			
					起数	死人	伤人	直接损失（元）	起数	死人	伤人	直接损失（元）
合计	646	6	58	7700333	2			3731421	1			309990
西宁	342		26	4112827	1			2561421				
海东	228	2	14	698234								
海北	7		1	205389								
黄南	5			191013								
海南	17	2	7	334606								
果洛	2			324837					1			309990
玉树	2			1186900	1			1170000				
海西	43	2	10	646527								

青海杂多县日历寺火灾

基本情况 日历寺位于杂多县城西约5公里处，距玉树州府所在地结古镇260公里。寺院始建于明代，属藏传佛教嘎举派，现有经堂两座，其中一座建于明代，另一座于1982年修建，均为土木结构，寺内无任何消防设施。内部陈设有唐卡、佛像、普瓦（镀有金银的乐器）、布青（法器）等，部分为明代珍贵文物。寺内有活佛3人、喇嘛70人。

起火经过和扑救情况 5月2日3时许，居住在寺院旁边的一牧民发现经堂二楼西窗窜火苗，便回家喊醒了另一位同伴，随后又喊起了寺院僧侣和近百名群众救火。因当地无消防队，加之寺院内无任何取水设施和灭火器材，施救人员只能用脸盆、水桶从距寺院约100米外的小河取水灭火。经过3个多小时的奋力扑救，于7时许将火扑灭。

火灾损失 烧毁藏式大经堂一座（220平方米），唐卡252幅（其中，嘎举派唐卡43幅，明末清初唐卡16幅，八莲花师唐卡7幅）及普瓦、买扎（法器）、布青、佛像、灯仓等许多珍贵物品，直接财产损失117万元。

火灾原因 火灾系经堂内哈达掉到供品桌长明酥油灯上所致。

主要教训 1. 该寺僧侣消防安全意识淡薄，消防安全制度不健全，用火管理不善，经堂内长明灯无人看管。2. 该寺院无消防组织，无任何灭火器材。3. 水源距该寺较近，因没有取水设施，以致火灾蔓延。4. 偏远地区消防工作不容忽视，在加强消防宣传教育和监督的同时，应建立专职和义务消防组织。

青海西宁市城东宁丰海棉厂火灾

基本情况 城东宁丰海棉厂位于西宁市城东区西树林巷37号，中国外运青海公司修理厂院内，原为外运修理厂机修车间，建于1978年，为二级耐火等级钢混框架结构厂房，建筑面积1360平方米，呈东西走向，长50米，宽26.3米。1998年7月29日由中国外运青海公司修理厂租赁给浙江温岭市横峰镇马安桥村村民郑林君及温岭市泽国镇下郑村村民郑雪亮，2人投资130余万元开办西宁城东宁丰海棉厂生产海棉（聚氨酯泡沫），租期3年。1998年8月18日正式投产，法定代表人系郑林君。海棉生产、储存均处于同一厂房内，原机修车间用于汽车修理的机修设备、待修汽车仍在海棉厂厂房内。

起火经过和扑救情况 8月12日11时55分，郑雪亮等5人在海棉生产车间（即外修厂机修车间）进行海棉包装时，工人许顺云发现车间西北角海棉仓库起火冒烟，他们即用车间内的灭火器灭火，但因车间内堆放海棉多，无法靠近火源扑救，火势很快蔓延扩大。西宁市公安消防支队12时18分接警，立即调动消防一中队2辆消防车赶赴现场。一中队12时25分到场时，车间内堆放的海棉已被引燃，整个车间一片火海，车间外堆放的成品海棉块及原料桶也被引燃，一中队指挥员立即向支队请求增援。随后，支队又迅速调集特勤中队、二中队、三中队、四中队、六中队5个公安消防队前往支援，于13时31分将火控制，14时10分将火扑灭。这起火灾扑救共投入24辆消防车、124名消防人员。

火灾损失 烧毁车间1360平方米，海棉发泡机、粉碎机、立切机各1台，平切机2台，海棉和原材料33吨，吊车1台，汽车举升机1台，待修、报废汽车5辆，柴油发电机1台，还殃及毗邻的材料库、西宁香多食品厂部分防雨棚、动力线路等，直接财产损失256.1万元。

火灾原因 火灾系海棉厂西北角海棉仓库内电源线路短路打火，引燃周围堆积的海棉所致。

主要教训 1. 该厂法定代表人只注重经济效益，忽视消防安全，在建厂时未向消防部门申报，投产后也未对生产人员进行必要的消防安全培训；该厂没有制定任何消防安全措施，消防器材配置不足，工厂员工消防意识淡薄，自防自救能力差，违章用电现象严重。2. 外运公司修理厂与海棉厂在签定房屋租赁合同时，没有签订防火安全责任书，双方消防安全职责不清。3. 生产、贮存在同一场所，成品、原料、边角料堆放混乱，防火间距严重不足。

宁夏自治区火灾情况

1999年，全区共发生火灾2793起，死6人，伤13人，直接财产损失737.5万元。其中，重大火灾5起，死5人，直接财产损失218.4万元。与上年相比，起数和损失分别上升32.5%和25.2%，死人和伤人分别下降65.2%和66.7%。平均每天发生火灾7.7起、损失2万多元。全区公安消防部队共接警出动2780起，出动人员25266人次、消防车3944辆次，平均每天出动7.6次。从全年火灾情况看，主要有以下特点：

一、重大火灾上升，损失严重。全区共发生重大火灾5起（均发生在银川市），死5人，直接财产损失218.4万元，起数仅占总数的0.1%，但死人和财产损失分别占总数的83%和29.6%。起数、死人、财产损失分别是1998年重大火灾的2.5倍、1.7倍和4.1倍。

二、乡村火灾突出，且多为柴草火灾。在公安消防部门参与调查的2330起火灾中，乡村火灾1688起，死1人，伤7人，直接财产损失261.8万元。起数和损失分别占总数的72%和36%。与上年相比，起数和损失分别上升21%和6%。

三、商业、交通运输业、仓储业火灾损失严重。商业火灾72起，直接财产损失182.5万元，起数占总数的3%，损失数占总数的25%；交通运输业发生火灾52起，直接财产损失86.3万元，起数占总数的2.2%，损失占总数的12%；仓储业发生火灾18起，直接财产损失51.8万元，起数占总数的0.7%，损失占总数的7.3%。

四、用火不慎、玩火、吸烟、电气、违章操作是引起火灾的主要原因。年内，因用火不慎、玩火、吸烟、电气、违章操作引起的火灾1800起，死6人，伤12人，直接财产损失374.9万元，分别占总数的77.3%、100%、92.4%和52.5%。其中，用火不慎881起，死5人，伤6人，直接财产损失124.6万元，分别占总数的37.8%、83.3%、46.2%和17.5%；玩火474起，直接财产损失42.3万元，分别占总数的20.3%和5.9%；吸烟204起，直接财产损失37.9万元，分别占总数的8.8%和5.3%；电气181起，伤3人，直接财产损失75.6万元，分别占总数的7.8%、23.1%和10.6%；违章操作60起，死1人，伤3人，直接财产损失94.3万元，分别占总数的2.6%、16.7%、23.1%和13.2%。

宁夏分地区火灾综合情况

地区	起数	死人	伤人	直接损失（元）	特大火灾				重大火灾			
					起数	死人	伤人	直接损失（元）	起数	死人	伤人	直接损失（元）
合计	2793	6	13	7375854					5	5		2184774
银川	1076	5		3887453					5	5		2184774
石嘴山	361		7	1025420								
吴忠	1258	1	5	1769521								
固原	98		1	693460								

新疆自治区火灾情况

1999年，全区共发生火灾2416起，死74人，伤120人，受灾272户，烧毁建筑32961平方米，直接财产损失2602.8万元。其中，特大火灾1起，直接财产损失120万元，重大火灾8起，死16人，伤7人，直接财产损失219万元。全区公安消防部队共接警出动3588起（扑救火灾3417起，抢险救援57起），出动消防车7706辆次、消防人员39284人次，抢救群众21人，抢救财产价值34亿多元。在灭火救援中，有4名公安消防人员受伤。从全年火灾情况看，主要有以下特点：

一、从原因看，用火不慎、电气、吸烟是引起火灾的主要原因。用火不慎809起，占总数的33.5%；电气475起，占总数的19.7%；吸烟191起，占总数的7.9%；其余依次为违章操作、玩火、放火、自燃，分别占总数的6.7%、6.5%、5.4%和1.3%。违章用火、用电、用气及违反安全操作规程等人为因素引起的火灾较多。7月27日，喀什市乃则巴格乡十二大队五小队一轧油房，因加工油料未关总电源，两根电线相碰后短路打火成灾，死1人，直接财产损失5392元；7月12日，巴州木材厂家属院，因一老人划火柴点蚊香不慎引起火灾，死1人，直接财产损失6400元；5月10日，乌市友好南路石油文化公寓工地，因工人在仓库违章焊割引起火灾，直接财产损失21.3万元。

二、从起火场所看，房屋、交通工具火灾居多。房屋火灾1605起，占总数的66.4%；交通工具火灾248起，占总数的10.3%。

三、从行业看，工业、交通运输业、商业火灾较多。工业277起，直接财产损失657.1万元，分别占总数的11.5%和25.2%；交通运输业258起，直接财产损失977.6万元，分别占总数的10.7%和37.6%；商业250起，直接财产损失314.4万元，分别占总数的10.4%和12.1%。

四、从区域看，市区火灾起数和直接损失均居首位。市区发生火灾1402起，直接财产损失1223.6万元，分别占总数的58%和47%；乡村火灾561起，直接财产损失723.9万元，分别占总数的23.2%和27.8%；县镇发生火灾313起，直接财产损失711.6万元，分别占总数的13%和27.3%。

五、从时间分布看，17时至19时、12时至14时发生的火灾较为集中。17时至19时发生火灾387起，占总数的16%；12时至14时发生火灾367起，占总数的15.2%。

六、棉花收购季节的火灾起数与直接损失较上年有所下降。棉花收购季节的9至12月，共发生火灾25起，烧毁棉花60.1吨、棉壳120吨，直接财产损失21.9万元。起数、损失比上年同期分别下降16.7%和72.5%。9月19日，石河子农学院试验场二连棉花堆场，因堆场上方的架空线短路打火引燃棉花成灾，烧毁籽棉3吨，直接财产损失8000元；11月1日，托克逊县河东乡四棉纺厂因棉花阴燃成灾，烧毁再用皮棉40吨，直接财产损失12万元。

新疆分地区火灾综合情况

地区	起数	死人	伤人	直接损失（元）	特大火灾				重大火灾			
					起数	死人	伤人	直接损失（元）	起数	死人	伤人	直接损失（元）
合计	3970	74	125	26592113	1			1200000	8	16	7	2190090
乌鲁木齐	866	8	18	3223340					2	3	2	370000
克拉玛依	181	4	38	1833088	1			1200000				
吐鲁番	237	12	9	3397744					4	9	2	956150
哈密	232	4	4	1423359								
昌吉	358	5	16	1955110								
博州	134	2		2350252								
巴州	430	9	9	2020487								
阿克苏	231	7	10	2351763					1			825940
克州	18			81830								
喀什	315	9	3	2147096								
和田	80	2	6	422569								
奎屯	101			184170								
伊犁	243	5	3	1574921					1	4	3	38000
塔城	243	1	6	1684133								
阿勒泰	54			521155								
油田	13	2		424392								
石河子	234	4	3	996704								

新疆克拉玛依市第四净化水厂火灾

基本情况　克拉玛依市第四净化水厂位于克拉玛依市区东北约10公里处，是克拉玛依市引水工程配套项目，1998年8月动工，属在建工程，总投资12700万元，日产净化水10万立方米，以供油田生产、生活。净水间工程投资2189.5万元，是第四净化水厂水处理核心工程。净水间长103.2米、宽42.84米、高12.66米，建筑面积4200平方米。该建筑为钢筋混凝土框架结构，车间由北向南设有66个小间距网格反应池，3个小间距斜板沉淀池（每个面积192平方米），8个V型滤池，沉淀池内装有9套刮泥机。附跨部分二层设有中心控制室，一层设有反冲洗泵房、鼓风机房、低压配电房和变压器室。净水间施工现场北墙外侧的总配电箱为简易木质配电箱，箱内共安装4个开关，分别为380V/60A、380V/30A的闸刀开关和380V/100A、380V/250A的漏电开关。从配电箱引入建筑内的线路共有两条，第一条线采用两芯多股铜芯橡皮电缆线，由380V/60A的闸刀开关接出，通过净水间东侧北端二层窗口引入车间二层，为绿大地公司使用；第二条线采用多股铜芯橡皮电缆线，由380V/250A的闸刀开关接出，通过东侧北端二层窗口引入车间二层内，为油建公司电焊机使用。

该工程由新疆石油管理局委托供水管理处成立项目经理部，由石油管理局油建公司总承包，克拉玛依市永升公司分包；油建公司一队、十队承担了净水间工艺安装施工，新疆绿大地彩钢轻板有限公司等几家公司也参加了该工程球型钢网架、彩钢屋面、反应沉淀池小间距网格和斜板的施工、设备安装和净水间材料供应。

起火经过和扑救情况　11月5日下午，永升基建三分公司民工刘永治和甘乖利在净水间一层东侧钢爬梯处贴瓷砖，19时30分左右突然停电，刘找电工时发现通往二层的钢爬梯口有亮光，于是爬梯上二层，当爬到还剩下两阶梯蹬时，发现东侧沉淀池着火，刘迅速下楼并大声呼喊救火。19时38分，在工地检查工作的永升基建三分公司经理王玉英在净水间外得知失火后用手机报警。19时41分，第四净化水厂工程总监代表周建华用电话向距离现场最近的石油管理局消防支队四大队报警。新疆石油管理局消防支队四大队19时41分接警，立即调5辆消防车、18名消防人员赶赴火场扑救。消防支队闻讯后又调集一大队、二大队4辆消防车、20余名消防人员增援，20分钟控制火势，6日零时40分将火扑灭。

火灾损失　烧毁净水间聚丙烯斜板等材料，9套刮泥机不同程度烧损，过火面积3528平方米，其中1890平方米的球型钢网架轻质彩钢屋面完全塌落，直接财产损失约120万元。

火灾原因　火灾系净水间经沉淀池聚丙烯斜板上方的橡皮电缆线接头接触不良，过热引起线路起火，继而引燃聚丙烯斜板（属高分子有机材料，燃点270℃，氧指数17.5，属易燃物品）所致。

主要教训　1. 施工现场消防安全管理不严，制度不落实，措施不到位。第四净化水厂施工现场的施工队伍较多，消防安全责任人不明确，在消防安全管理上缺乏统一领导和协调，作为该工程项目的总包方油建公司负责人和分包方永升公司负责人虽多次进行安全检查，但检查不细致，管理不到位，未能及时发现火灾隐患，没有尽到责任。2. 施工人员有章不循，管理人员失职。施工单位电工不认真履行职责，严重违反有关规定，使施工现场电气线路存在诸多隐患。3. 永升三分公司施工负责人和安全员作为施工现场消防安全的直接管理者，未认真履行消防安全管理职责，没有及时发现上述隐患的存在。4. 施工人员素质低，消防安全意识淡薄。施工人员尤其是重点工种人员多为民工，不懂自防自救常识。5. 施工现场灭火器材严重缺乏，整个工地只有4具灭火器，而且放置在净水间外的库房处，延误了初起火灾的扑救。

第三编

铁路、港航、森林火灾情况

铁路火灾情况

1999年，铁路运营、基建系统共发生火灾90起，直接财产损失661.7万元，死6人，伤2人。与上年相比，起数下降18.9%，死伤人数下降64.3%，损失下降10.5%。其中，重大火灾3起，比上年少1起，没有发生特大火灾。从全年火灾情况看，主要有以下特点：

一、**旅客车站火灾大幅度上升**。共发生9起，比上年上升80%；损失124.1万元，比上年上升11倍。其中，重大火灾1起。11月12日，上海铁路局南京车站候车室内旅客休息娱乐茶座中心5号包房因吊顶内敷设的电线老化短路发生火灾，候车室（1841平方米）屋顶烧塌，室内的候车椅凳、两台危险品检查仪和小商贩租用的柜台及部分商品被烧，死1人，直接财产损失92万元。这是建国以来全路客运大站发生的首例重大火灾事故。9起火灾中有7起是因违反安全规定、用火不慎等人为因素引起的，2起是设备老化引起的。

二、**旅客列车火灾突出**。共发生10起，比上年上升67%；损失180.8万元，比上年上升3倍。其中，重大火灾2起。10月5日，柳州铁路局202次旅客列车（南宁开往桂林北）行至湘桂线那楼车站预告信号机处，机后第7位双层客车（XYZ39400）因电线短路发生火灾，报废1辆客车，影响本列3小时44分，构成行车重大事故，直接财产损失46.3万元。10月17日，兰州铁路局508次旅客列车（乌鲁木齐开往兰州）行至兰新线红旗坎至小草湖间K1555+570处，机后第10位餐车因值班人员未按规定封火引起火灾，烧毁餐车1辆、客车5辆，直接财产损失89万元。10起客车火灾中有8起是违反安全规定、违章操作造成的。

三、**货物列车火灾起数减少，损失下降**。共发生38起，比上年少12起；损失291万元，比上年下降36.6%。货物列车所占比例仍然较大，起数占42.2%，损失占43%，比上年有所减少。1999年，货物列车没有发生重特大火灾。38起货车火灾中因货物自燃引起的12起，扒车及押运人员弄火7起，违反安全规定、违章吸烟3起，其它原因10起，尚未查明的6起。

四、**厂段机关火灾起数减少，损失下降**。共发生22起，比上年少20起；损失48.8万元，比上年下降77.2%。此外，工地工棚、仓库、宿舍共发生火灾 11 起，财产损失 25.6 万元。33 起火灾中违反安全规定、用火不慎、违章吸烟引起的 10 起，电气设备不良引起的 6 起，放火 3 起，小孩玩火 3 起，自燃 1 起，其他原因 10 起。

南京站候车室火灾

11 月 12 日 1 时 10 分，南京站候车室内旅客休息娱乐茶座中心 5 号包房起火，大火迅速蔓延。车站工作人员立即组织候车室内的 200 余名旅客疏散，并向“119”报警。南京市公安消防部门接警后，先后出动 30 辆消防车赶到现场灭火，采取“切断两端，控制中间”的扑救措施，于 2 时 15 分将火扑灭。火灾造成候车室（1841 平方米）屋顶坍塌，室内的候车椅凳、两台危险品检查仪及小商贩租用的柜台及部分商品被烧，直接财产损失 92 万元。一名柜台承租人为抢物品被烧死。火灾发生后，铁道部公安局张昕副局长带领消防处干部会同运输、安监部门的负责同志迅速赶到现场指导工作，经地方和铁路公安消防机构共同调查认定，起火原因是休息娱乐茶座中心 5 号包房上的吊顶内敷设的电线老化，绝缘层破损造成短路打火，引燃周围可燃物。这起火灾事故损失较大，性质严重，影响很坏，暴露出南京站在消防管理方面存在的问题，教训十分深刻。

1. **防火安全意识薄弱**。南京站建于 1968 年，设备陈旧，特别是电线老化严重，而车站用电量却逐年增大，老线路已不堪重负，火灾隐患十分突出。火灾发生前的多次消防检查中，主管部门已提出火灾隐患整改意见，要求对电气线路进行更新改造。该站重经济效益，轻消防安全，虽制定了整改计划，但强调资金投入较大和南京站即将进行全面改造，产生等待和依赖的思想，对隐患整改一拖再拖，结果酿成大祸。反映出有关领导对火灾隐患的整改决心不大，对防火工作的重要性、紧迫性缺乏清醒的认识。

2. **防火工作责任制没有真正落实**。该站在日常防火工作中，检查工作不细致，缺少科学的检测手段，火灾隐患发现能力不强。防火检查缺乏针对性、有效性。检查考核工作缺乏力度。

3. **应急措施不落实**。平时防火安全培训和教育不力，职工对消防预案不熟悉。火灾发生后，车站工作人员在组织旅客疏散的同时，没有按照车站扑救火灾事故预案的要求，及时利用候车室内的消火栓扑救火灾，耽误了灭火战机，待消防队赶到时，火势已无法控制。

4. **站舍建筑不符合国家有关防火规范要求，耐火等级低**。候车室屋顶为钢结构。没有进行阻燃处理，耐火极限仅有 0.25 小时。候车室内增设公共娱乐场所没有按消防规范设立防火分区。在装修中使用大量可燃材料，进一步扩大火灾危险性。

南京站火灾事故是建国以来全路客运大站发生的首例重大火灾事故，上海铁路局、南京分局负有重要的领导责任。为此，对上海铁路局局长王兆成、党委书记王汝宽提出严肃批评，责成写出书面检查报部。给予南京分局分局长杜光远、党委书记陈正全行政警告处分。同意上海铁路局对这起火灾有关责任人员的处理意见，即给予南京分局主管安全的副分局长王春庚行政记过处分，给予南京站站长兼主持党委工作的副书记钱培鸿撤消党政职务（不保留原级别）处分；给予分管安全工作的南京站副站长徐听大行政记过处分；给予分管娱乐茶座中心的车站多经开发总公司总经理单锦堂、党支部书记曹铁良以及茶座中心经理吕嘉撤消职务处分；分别给予负有直接防火管理责任的南京站安技科长邵学春和专职消防员陈洁行政记过和撤职处分；给予负有一定管理责任的分局多经开发总公司副总经理朱德华、孙海燕行政警告处分。

港航火灾情况

1999年，港口、船舶共发生火灾33起，死亡17人，伤5人，直接财产损失713.2万元。与上年相比，起数持平，死人增加16人，伤人增加1人，损失上升91%。从全年火灾情况看，主要有以下特点：

一、**船舶火灾突出**。年内，共发生船舶火灾23起，直接财产损失647.8万元，分别占总数的69.7%和92.2%。特别是渤海湾客滚船先后发生数起火灾和海难事故，造成巨大人员伤亡和财产损失。6月12日，中海集团客轮有限公司所属“海洋岛”号客滚船，由上海驶往大连途中，因一运载的汽车电线短路起火，由于发现及时，灭火系统完备有效，采取措施得力，很快将火扑灭。10月12日，蓬莱港务局所属“大华”号客滚船，由大连驶往蓬莱，船停蓬莱新港时，因一运载的汽车驾驶室起火，后经烟台港公安局消防支队协助施救将火扑灭，但藏在舱内汽车里的2名逃票人员被烟气窒息死亡。10月17日和11月24日，山东烟台烟大汽车轮渡股份有限公司所属“盛鲁”号和“大舜”号客滚船，在渤海湾航行途中，分别因避让鱼船和操作不当及遇有大风浪，舱内汽车倾覆碰撞引发火灾，两船沉没，致使“盛鲁”轮1人死亡，1人失踪，“大舜”轮247人死亡，33人失踪的海难事故。

二、**造成人员伤亡较大的火灾时有发生**。7月31日，巴拿马籍“依高丽”号货轮在广州菠萝庙航修站修理时，因烧焊引起机舱输油管起火，造成5人死亡（其中外籍船员3人）。3月16日，中海集团工业公司获港船厂承修的上海救捞局所属“沪救捞3号”轮，在修理过程中，因明火作业，火花引燃保温材料起火，造成3人死亡。同日，长航集团青山船厂在为“502集装箱”船舱底进行除锈工作时，由于施工人员违章操作，将氧气管拉入底舱内进行吹风除湿，造成氧气遇打磨机产生的火花爆燃，致使3人死亡。

三、**重特大火灾损失严重**。年内，共发生重特大火灾10起，直接财产损失661.1万元，分别占总数的30.3%和92.7%。4月18日，长江铜陵段胥坝乡太阳洲1号浮标附近，装有500吨石脑油的上行私营船舶“苏建油18号”，与重庆港“重港拖801号”下行船队相撞。“苏建油18号”轮起火燃烧，造成1人死亡、1人失踪、2人受伤，直接财产损失100万元。10月19日，南京港新生圩水厂囤船因用火不慎发生火灾，造成1人死亡，直接财产损失98万元。

从火灾情况分析，引起火灾和造成人员伤亡的原因主要有三点：一是一些单位和部门，只顾经济效益，严重忽视消防安全，违章作业较为普遍。二是老旧船舶消防设施不符合规范要求，消防设备陈旧老化甚至失灵，发生火灾时不能有效发挥作用。三是电气设备老化、电线短路引起火灾12起，占总数的36.4%。

港口船舶火灾案例

1.1月5日15时41分，停泊在天津港客运码头的大连中洋航运公司“中原”号客滚船，因电线老化短路造成汽车舱左舷侧大门靠船头处起火。天津港公安局消防支队出动6辆消防车、56名消防人员奋战30分钟将火扑灭。直接财产损失3000元。

2.1月17日8时50分，南京油运公司所属“大庆117”轮停靠仪征金山船厂1号码头修理时，因焊割2号螺丝，引燃舱底污油起火，经船员和消防人员封舱施救将火扑灭。

3.2月22日2时，黑龙江航运局黑河港务局船舶修造厂船体车间作业人员用气刨作业时，火花阴燃天棚木质板皮起火，直接财产损失23900元。

4.2月25日4时30分，武汉港交通水产品市场B区20号摊位因电路故障引起电线短路起火，烧毁摊位内堆放的物品，直接财产损失4000元。

5.3月1日2时30分，立新船厂在承修“振奋15”轮时，作业的焊工在舱内吸烟，烟头燃着衣服未发现，因自救无力被烧死。

6.3月3日3时40分，靠泊在上海港的“浙定47012”轮，因船员酒后在床上吸烟不慎引燃棉被造成火灾，经船员救助将火扑灭。该船员被烧死，室内部分衣物被烧毁。

7.3月16日9时40分，长航集团青山船厂在为“502集装箱”船舱底水舱进行除锈作业时，由于施工人员违章操作，将氧气管拉入底舱内进行吹风除湿造成火灾，致使3人烧死。

8.3月16日15时10分，中海集团工业公司获港船厂承修的上海救捞局所属“沪救捞3号”轮，在修理过程中，因明火作业，火花引燃保温材料起火，3人死亡，直接财产损失85万元。

9.4月18日3时55分，在长江铜陵段胥坝乡太阳洲1号浮标附近，一艘装有500吨石脑油的上行私营船舶“苏建油18号”，与重庆港“重港拖801号”下行船队相撞。“苏建油18号”轮右舷被“重港拖801号”船队中的“向往1号”驳船首撞裂，因碰撞产生的火花与油舱内可燃气体接触引起燃烧。长航公安局接警后，迅速派人赶往火灾现场，会同铜陵市公安局消防支队、铜陵派出所及铜陵港监等部门组织施救，于23时将火扑灭。“苏建油18号”轮被火烧毁，烧掉石脑油100余吨，造成1人死亡、1人失踪、2人受伤，直接财产损失100万元。

10.4月23日2时22时，武汉轮船公司“2821”轮，因电线老化短路打火，造成夹层内木质可燃材料阴燃起火，经船员施救将火扑灭，烧毁该轮三楼三个船员房间及休息室，直接财产损失2897元。

11.5月5日11时25分，九江炼油厂一号原油码头，在明火焊接输油管时，因测爆不严、使用阻燃材料不当发生火灾，经自救扑灭。

12.5月5日23时25分，南京炼油厂“宁油1008”轮（装载500吨零号柴油）靠泊一号成品油码头时，因静电发生爆炸，该船漂流离码头200米处搁浅燃烧，经南京港“宁港1004”、“宁港1009”拖消两用轮和南京港公安局“公消1号”消防艇及港监部门共同扑救，于次日2时30分将火扑灭，“宁油1008”轮1名船员死亡，1人失踪，1人重伤，直接财产损失59万元。

13.6月7日19时20分，南京油运公司金陵船厂正在改造的“485集装箱”轮驾驶室，因动火焊割施工的防火措施不落实，引燃尚未安装的船舶卫星通讯组合主机包装材料酿成火灾，将卫星通讯组合机外壳烧毁，直接财产损失10万元。

14.6月12日4时12分，中海客轮有限公司所属“海洋岛”号滚装船，在航行至北纬38度24分4秒，东经122度9分2秒，因船上所载一解放载重汽车电线短路起火，造成4辆汽车被烧，舱内30套灯具被烧坏，舱顶部多处电缆线被烧，致使舵机失灵，直接财产损失95万元。

15.7月22日19时15分，湛江港A#仓库A3仓存放的干红花自燃起火，湛江港公安局消防队出动3辆消防车将火扑灭。直接财产损失51万元。

16.7月31日16时15分，巴拿马藉“依高丽”号货轮在广州菠萝庙航修站修理时，因船底烧焊引起机舱输油管起火。经广州市公安消防支队、广州港公安局消防支队出动28辆消防车、4艘消防船、200名消防人员奋力扑救，于8月1日13时将火扑灭。火灾造成5人死亡（其中外藉船员3名），直接财产损失83.1万元。

17.8月5日11时，载有70吨萱麻的湖南省临湘市私营船“临湘机0045号”货轮，航行到长江安庆港陈吉洲时，因货物自燃发生火灾，直接财产损失30万元。

18.8月7日8时，停泊在大连港的一私营船舶“永兴803”轮，因船员违章焊接，火花掉入油柜爆炸起火。大连港公安局消防支队接警后，出动9辆消防车赶赴现场扑救，9时将火扑灭。火灾造成1人死亡、2人受伤，直接财产损失16.5万元。

19.8月13日16时，武汉长航总医院住院部因电线超负荷引起电线短路，造成十楼电梯间值班室配电板燃烧，直接财产损失200元。

20.8月15日晚，广州航务公司一公司五处在广州市内环路东山口立交桥施工工地办公室，因下班未关空调机电源，空调机长时间通电发生火灾，烧毁部分办公用品，直接财产损失2850元。

21.8月28日13时，宜昌港客运站二号码头一辆长安微型货车装运四桶液体酒精（每桶80公斤）及固体酒精10件（每件15筒）突然起火，直接财产损失2850元。

22.8月30日2时，长江南京油运公司“拖62032”轮，拖四艘分节油驳（空载），航行到安庆港锚地时，与一挖沙船相撞起火，1船员受伤，直接财产损失60万元。

23.9月1日7时45分，宜昌平湖旅游公司“三国”号旅游船在航行中，因厨房炉灶油锅的油外溢引起火灾，经船员自救将火扑灭，直接财产损失2800元。

24.9月3日，重庆市万州区旅游公司“东方大帝”号旅游船，在湖北荆沙港加油时，因油管连接不严，导致柴油外溢遇明火引起火灾，经船员和加油站人员奋力扑救将火扑灭，火灾造成1人受伤。

25.9月20日8时，长航集团长燃供应总站武汉站七楼办公室，装修时因电线连接不符合规范要求，发生短路打火造成火灾，经自救将火扑灭，直接财产损失400元。

26.10月14日11时30分，重庆涪陵港埠公司水上加油站在向“幕婷”号客轮加油时由于船体颠簸，加油管头与进油口对接不稳，柴油溅入机舱遇高温起火，经船员自救将火扑灭。

27.10月14日18时，停泊在武汉港的长航“江汉51”号客轮医务室，因电线老化短路引起火灾，经船员自救将火扑灭，直接财产损失116元。

28.10月19日21时30分，南京港新生圩水厂囤船因用火不慎发生火灾，过火面积400平方米，1职工被烧死，直接财产损失98万元。

29.11月6日16时30分，武汉航道学校女生宿舍3楼，因用大功率电燃具，导致电线短路引起火灾，直接财产损失400元。

30.11月27时11时40分，湖南省“湘潭机0062”轮，在航行中螺旋桨丢失，被近停泊在武汉市阳逻长江江面上，因舱底积水，该船轮机员用电瓶起动水泵抽水时，由于电瓶接线柱处产生火花，引燃电瓶旁的油棉纱造成火灾，后经武汉市汽渡鄂路475、468号两拖轮上的船员和码头工人一小时的奋力扑救将火扑灭，直接财产损失1000元。

31.12月2日1时56分，停泊在天津港的烟台海运公司“如意泉”轮，因机舱内加温燃油锅炉导热油管出现裂缝，介质油渗漏，造成炉膛内爆燃。天津公安局消防支队接警后，即派5辆消防车赶赴现场实施灭火救援，经向机舱施放二氧化碳并封舱30小时后，火情得到控制。火灾将锅炉外部分烟道保温层、烟道测温器及测温器连接电线烧损，直接财产损失2300元。

32.12月11日10时，停泊在宁波港的浙江省台州市玉环县第二航运公司“永发58”轮，因电线老化，超负荷短路发生火灾。宁波市公安消防支队和宁波港公安局消防大队出动6辆消防车、70余名消防人员前往扑救，于13时30分将火扑灭。火灾烧毁船员宿舍5间，过火面积30余平方米，二层甲板电器线路全部烧毁，直接财产损失20万元。

33.12月24日15时20分，正在建设中的天津港东港海关H986集装箱验放中心施工现场，因工人在物料库内违章使用切割机切割槽钢管件，产生的金属火花溅落在仓库内麻丝等可燃物上阴燃成灾。天津港公安消防支队派5辆消防车前往施救，于15时50分将火扑灭。直接财产损失4710元。

森林火灾情况

一、森林火灾次数

1999年全国共发生森林火灾6847次，其中受害森林面积一公顷以下的森林火警3581次，占火灾总次数的52.3%；受害森林面积一公顷以上不足一百公顷的一般森林火灾3239次，占火灾总次数的47.3%；受害森林面积一百公顷以上不足一千公顷的重大森林火灾27次（云南10次，湖北5次，广东3次，广西3次，福建2次，山西、山东、湖南、新疆各1次），占火灾总数的0.39%；没有发生特大森林火灾。

二、受害森林面积

1999年全国森林火灾受害森林面积43690公顷，其中原始林6201公顷，占14.2%；人工林32235公顷，占73.8%；其余为次生林。

三、人员伤亡情况

1998年在森林火灾中受伤（含轻伤）322人，死亡99人。

四、“四率”情况

（一）森林火灾发生率（10万公顷森林面积发生森林火灾次数）全国平均5.20次，比1998年增加1.82次。

（二）森林火灾受害率（火灾受害森林面积同森林总面积的千分比）全国平均0.33‰，比1998年增加0.12个千分点。

（三）森林火灾控制率（每次森林火灾受害森林面积）全国平均6.38公顷/次，比1998年增加0.22公顷/次。

（四）森林火灾案件查处率（已查明火因并处理的森林火灾次数与森林火灾总数的百分比）全国平均58.93%，比1998年减少0.58个百分点。

五、森林火灾原因分析

已查明火因的森林火灾5417次，占全年森林火灾总数的79.9%。

（一）生产性用火引起森林火灾2119次，占已查明火因火灾的30.9%。其中烧荒引起森林火灾1652次，占24.1%。

（二）非生产性用火引起森林火灾3148次，占已查明火因火灾的46%。其中，上坟烧纸引起森林火灾1273次，占18.6%；野外吸烟引起森林火灾775次，占11.3%；小孩玩火引起森林火灾318次，占4.6%；取暖、做饭等生活用火不慎引起森林火灾165次，占2.4%。

（三）故意放火引起森林火灾104次，占已查明火因火灾的1.5%。

（四）雷击火和其它自然火引起森林火灾26次，占已查明火因火灾的0.4%。

六、森林火灾情况结合分析

（一）1999年森林火灾总数比1998年上升53.7%，比1988年至1998年十一年平均值（以下简称均值）增加1.3%。

（二）森林火灾受害森林面积比1998年增加59.3%，比均值下降12.5%。

（三）在森林火灾中受伤人数比1998年和均值分别上升312.8%和75.2%；死亡人数比1998年上升160.5%，比均值上升108.6%。

（四）因上坟烧纸引起的森林火灾次数比1998年上升76.7%；因吸烟引起的森林火灾比1998年上升29.8%。

1999年，由于各地采取超常规措施，加大工作力度，确保大庆之年不发生特大森林火灾工作目标的实现。但是，该年度因上坟烧纸和吸烟引起的森林火灾次数明显增多，人工林损失比重加大，森林火灾伤亡事故和故意纵火案件大幅度上升。严格水源管理，加强安全灭火的宣传、教育和培训工作，严厉打击纵火犯罪活动，还需引起各级森林防火指挥部的高度重视，要进一步采取措施，努力抓出成效。

第四编

火灾统计规章及有关制度

火灾发生数计算方法

自1997年火灾统计改革以来，火灾发生数不是单一地用《火灾报告表》或《灭火救援报告表》来计算火灾发生数，而是用《火灾报告表》或《灭火救援报告表》共同来计算火灾发生数。因为在现实工作中，不可能每一起出动扑救的火灾公安消防部门都能参与调查，也不可能每一起调查的火灾消防队（全国近千个县无消防队）都能扑救。

某地区A在某段时间D内，火灾发生数N的计算方法如下：

设地区A包含n个最小单位（县级或乡镇级）A1、A2、A3、……、An，某时间段D内包含m个月，D1、D2、……、Dm，其中D1和Dm可以是非整月，设地区Ai在时间段Dj内的火灾发生数为Nij，则：

$$N=\sum_{i=1}^{n}\sum_{j=1}^{m}Nij \qquad (1)$$

其中Nij的算法如下：设地区Ai“单位编码”为Ci，时间段Dj内的《灭火救援报告表》中“单位编码”为Ci，且类别为“2000火灾扑救”的报表数为Mij，处置形式为“10主战”的报表数为Mij1，处置形式为“20增援”的报表数为Mij2；时间段Dj内的《火灾报告表》中“单位编码”为Ci的报表数为Bij，其中“10出动”报表数为Bij1，“20未出动”报表数为Bij2，有Mij = Mij1 + Mij2和Bij = Bij1 + Bij2，则：

$$Nij = Max(Mij1,\ Bij1) + Bij2 \qquad (2)$$

综合（1）、（2）两式

火灾发生数 $N=\sum_{i=1}^{n}\sum_{j=1}^{m}(Max(Mij1,\ Bij1)+Bij2)$

火灾原始登记表

火灾报告表

补报	
更正	

填表单位(印章)　　　　　　　　　　　　年　月

1	2	3	4	5	6
火灾情况	消防队出动情况	起火时间 日 时 分	起火单位	区域	起火场所
	10 出动 20 未出动		地址： 名称：	10 城市建成区 20 县城、集镇 30 乡村 90 其它	1000 房屋 1100 厂房 1110 住宅 1111 村民住宅 1112 居民住宅 1120 办公用房 1130 库房 1140 商场商店 1150 集贸市场 1160 娱乐场所 1161 歌舞厅 1170 宾馆饭店 1180 影剧院 1190 文博院 1200 车站码头机场 1210 古建筑 1220 学校 1230 医院 1900 其它 2000 建筑物 2100 加油站 2110 燃气站 2120 可燃气体储罐 2130 可燃液体储罐 2140 露天框架 2150 管道 2900 其它 3000 堆场 3100 粮食 3110 棉花 3120 木材 3130 草类 3900 其它 4000 交通工具 4100 机动车 4110 列车 4120 船舶 4130 飞机 4900 其它 5000 山林草原 9000 其它

7	8	9	10	11	12	13
行业类别	消防监督分级管理	经济类型	建筑类别	起火物	火灾原因	起火经过
110 农林牧渔业 120 工业 121 重工业 122 轻工业 123 石油化工 124 水电气生产供应 125 建筑业 130 交通运输业 140 邮电通信业 150 仓储业 160 商业 161 餐饮业 170 金融保险业 180 房地产业 190 社会服务业 191 娱乐服务业 200 教科文卫 210 科学技术 220 机关团体 900 其它	10 一级管理单位 20 二级管理单位 21 重点单位 22 一般单位 30 派出所管理单位	10 内资企业 11 国有企业 12 集体企业 13 股份合作企业 14 联营企业 15 私营企业 19 其它 20 港澳台合资企业 30 外商合资企业	10 高层 20 地下	10 油品 20 易燃易爆化学物品	1100 放火 1200 电气 1210 静电 1300 违章操作 1310 焊割 1400 用火不慎 1410 敬神祭祖 1500 吸烟 1600 玩火 1610 燃放爆竹 1700 自燃 1800 雷击 1900 不明 9000 其它	

14	15	16	17			18
烧毁(损)主要财物名称、数量	烧毁(损)建筑(平方米)	直接财产损失(元)	人员伤亡			受灾住户
			死亡	重伤	轻伤	

审核人：　　　　　　　　填表人：　　　　　　　　年　月　日填

填表说明

一、本表由火灾发生地的县级公安消防部门依照消防监督管理权限进行填报，乡村火灾也可由当地公安派出所协助填报。火灾不论大小都填此表。

二、项目中设有一个或几个小格，为填写代码所用。如：商场发生火灾，则在“行业”栏中小格内填“160”。

三、表内各项必须如实填写，字迹工整、清晰。表内所填数字均用阿拉伯数字。

四、各省、自治区、直辖市公安厅、局消防局在每月12日前将上月的《火灾报告表》上报公安部消防局。

五、具体项目说明

1. 本表1、2、3、5、6、12项为必填项，其余均为可填项；各省、自治区、直辖市公安厅、局消防局可根据本地实际，确定4、13项的必填条件，使其成为必填项，如必填条件为“损失5万元以上”，则损失5万元以上的火灾必须填写4、13项。

2. 火灾序号：由县（市）公安消防大队或大中城市的区消防处（科）每月从“0001”开始按火灾累计数编写序号，乡镇（街道）派出所和单位保卫部门协助填写时，“火灾序号”仍由基层消防部门编写。

3. 消防队出动情况：消防队出动的须填写消防队编码，未出动的则不填消防队编码。

4. 起火单位：起火单位的地址和名称须用汉字填写。单位编码根据消防监督管理权限，参照行政区划代码，由消防总队统一编制，为8位。1、2位表示省级代码，3、4位表示地（市）级代码，5、6位表示县（区）级代码，7、8位表示乡镇（街道）级代码，若7、8位不使用则设“00”。属直辖市消防总队直接监督管理的单位，第3位以9字打头，第4位为消防监督管理部门的序号（如北京市消防总队重点一处编码为：11910000，重点二处编码为：11920000；属地（市）消防支队直接监督管理的单位，第5位以9打头，第6位为消防监督管理部门的序号（如吉林省长春市消防支队重点科编码为：22019100）。

5. 区域：城市建成区是指县级以上城市的市区除去未开发的地域；县城、集镇是指县城、集镇规划区除去未开发的地域。乡村是指主要从事农林牧渔业的行政村（含城市郊区）。

6. 起火场所：起火单位（部位）所属的场所。填写时，须先填明确的细项，如城市居民住宅发生火灾则填写代码“1112”。村民住宅含村民的附属建筑；娱乐场所包括歌舞厅和各类健身场所等（若宾馆饭店等房屋内的歌舞厅发生火灾，应填写歌舞厅）；影剧院包括电影院、剧院、礼堂、体育馆等；文博馆包括展览馆、博物馆、图书馆、档案馆、文化馆等；学校包括幼儿园、托儿所等；堆场指粮、棉、麻、木材、煤、草、芦苇等存贮场所。

7. 行业类别：起火单位所属的行业，不包括城乡居民。填写时，须先填明确的细项，如餐饮业发生火灾则填写代码“161”。重工业指为国民经济各部门提供物质技术基础的主要生产资料的工业，包括采掘业、制造业、加工业等。轻工业指提供生产消费品和制作手工工具的工业。石油化工业指石油开采和石油产品的加工、经营、运输、储存和使用。水电气生产供应包括电力、煤气及水生产和供应行业。建筑业指土木工程建筑、线路管道和设备安装及建筑物装修装饰等。商业包括批发、零售、贸易和餐饮业等。交通运输业指铁路、公路、管道、水上、航空运输及其它交通运输业的辅助业。社会服务业包括公共设施服务、居民服务、旅馆、租赁、旅游、信息咨询、计算机应用服务、娱乐服务业等。教科文卫是指教育、文化艺术、广播电影电视、卫生、体育、社会福利等。科学技术包括科研、气象、地震、海洋、环保、设计等。

8. 消防监督分级管理："一级管理单位"指直辖市消防总队或地（市）消防支队直接监督管理的单位（也称一级重点单位）；"二级管理单位"指县（市）消防大队或大中城市的区消防处（科）监督管理的单位，其中分为"重点单位"和"一般单位"；"派出所管理单位"指公安派出所监督管理的单位。

9. 经济类型：起火单位所属的经济类型。国有企业指生产资料归国家所有的各种企业、事业单位，以及各级国家机关、人民团体等单位。集体企业指生产资料归公民集体所有的各种企业、事业单位，包括农村各种经济组织经营的农、林、牧、副、渔业，乡、村经营的企业、事业单位；县、镇以及街道办的集体经济性质的企业、事业单位。私营企业指生产资料归公民私人所有的实体，包括私营独资企业、私营合伙企业和私营有限责任公司。联营企业指不同所有制性质的企业之间或者企业、事业单位之间共同投资组成新的经济实体，包括紧密型联营企业，半紧密型联营企业和松散型联营企业。股份合作企业指全部注册资本由全体股东共同出资，并以股份形式投资办的企业，主要包括股份有限公司和有限责任公司。外商合资企业指外国投资者根据中华人民共和国有关涉外经济的法律、法规，以合资、合作或独资的形式在中国大陆境内办的企业，包括中外合资经营企业、中外合作经营企业和外资企业。港、澳、台合资企业指港、澳、台地区投资者（后面同外商投资注释）。

10. 建筑类别：建筑的地下部分起火归类到"地下"，如果延烧的地上部分是高层建筑应归类到"高层"。

11. 起火物：油品指石油及液态的石油产品；易燃易爆化学物品指各类爆炸品、氧化剂等，如起火物既属油品又属易燃易爆化学物品，则先填油品。

12. 火灾原因：指引起火灾的直接原因。填写时，领先填明确的细项，如燃放爆竹引起火灾则填代码"1610"。放火是指刑事放火、精神病放火和自焚；电气是指违反电气安装和使用规定以及伪劣电气产品等，包括短路、过负荷、忘记断电、接触不良等；违章操作是指生产、贮存、运输、使用中违反安全规定和操作规程等；用火不慎指生活或涉及生活的用火，包括炉灶（炉具）设置、使用不当，余火复燃，明火照明，敬神祭祖（含扫墓）等。

13. 起火经过：指起火源引燃起火物成灾的简单过程及发现、处置情况等。

14. 直接财产损失：指被烧毁、烧损、烟熏、辐射和在灭火中破拆、碰撞、水渍以及因火灾引起的污染等所造成的直接损失。

15. 人员伤亡：死亡指因火灾当场死亡或致伤后 7 天内死亡的。重伤按劳动部规定执行。

16. 受灾住户：特指因火灾损坏城乡居民房屋的住户。

注：凡补报或更正的，须在报表右上角格内打"√"说明。

灭火救援报告表

填表单位(印章)　　消防队编码 □□□□□□□□　　年　月

1	2	3	4	5												6		7						8		9	
出动序号	事件类别	处置形式	火灾(事件)发生单位(户主)	处置进度												本消防队投入力量		全部投入力量						消防人员伤亡		战斗结果	
				接警时间			到场时间			战斗展开时间			战斗结束时间					公安		专职		其它				抢救人员	抢救财产价值
				日	时	分	日	时	分	日	时	分	日	时	分	车辆	人员	车辆	人员	车辆	人员	车辆	人员	死亡	受伤	(人)	(千元)
	1000 **虚警** 3210 水灾 3340 飞机 2000 **火灾扑救** 3220 风灾 3390 其它 2100 中途返回 3230 地震 3400 化学灾害事故 2200 到场熄灭 3290 其它 3500 核事故 2300 到场出水 3300 交通事故 3600 塌落 3000 **抢险救援** 3310 机动车 3900 其它 3100 救人 3320 列车 4000 **重大活动执勤** 3200 自然灾害 3330 船舶 5000 **社会救助**	10 **主战** 11 责任区 12 非责任区 20 **增援**	地址： 名称：																								

1	2	3	4	5												6		7						8		9	
出动序号	事件类别	处置形式	火灾(事件)发生单位(户主)	处置进度												本消防队投入力量		全部投入力量						消防人员伤亡		战斗结果	
				接警时间			到场时间			战斗展开时间			战斗结束时间					公安		专职		其它				抢救人员	抢救财产价值
				日	时	分	日	时	分	日	时	分	日	时	分	车辆	人员	车辆	人员	车辆	人员	车辆	人员	死亡	受伤	(人)	(千元)
	1000 **虚警** 3210 水灾 3340 飞机 2000 **火灾扑救** 3220 风灾 3390 其它 2100 中途返回 3230 地震 3400 化学灾害事故 2200 到场熄灭 3290 其它 3500 核事故 2300 到场出水 3300 交通事故 3600 塌落 3000 **抢险救援** 3310 机动车 3900 其它 3100 救人 3320 列车 4000 **重大活动执勤** 3200 自然灾害 3330 船舶 5000 **社会救助**	10 **主战** 11 责任区 12 非责任区 20 **增援**	地址： 名称：																								

1	2	3	4	5												6		7						8		9	
出动序号	事件类别	处置形式	火灾(事件)发生单位(户主)	处置进度												本消防队投入力量		全部投入力量						消防人员伤亡		战斗结果	
				接警时间			到场时间			战斗展开时间			战斗结束时间					公安		专职		其它				抢救人员	抢救财产价值
				日	时	分	日	时	分	日	时	分	日	时	分	车辆	人员	车辆	人员	车辆	人员	车辆	人员	死亡	受伤	(人)	(千元)
	1000 **虚警** 3210 水灾 3340 飞机 2000 **火灾扑救** 3220 风灾 3390 其它 2100 中途返回 3230 地震 3400 化学灾害事故 2200 到场熄灭 3290 其它 3500 核事故 2300 到场出水 3300 交通事故 3600 塌落 3000 **抢险救援** 3310 机动车 3900 其它 3100 救人 3320 列车 4000 **重大活动执勤** 3200 自然灾害 3330 船舶 5000 **社会救助**	10 **主战** 11 责任区 12 非责任区 20 **增援**	地址： 名称：																								

填表人：　　审核人：　　填表时间：　　年　月　日

填 表 说 明

一、凡公安消防队接警出动都填写此表；专职消防队单独扑救的火灾也须填写。

二、表内各项必须如实填写，字迹工整、清晰。表内所填数字均用阿拉伯数字。

三、各省、自治区、直辖市公安厅、局消防局须在每月12日前将上月的《灭火救援报告表》上报公安部消防局。

四、具体项目说明

1. 出动序号：由基层公安消防队每月从“0001”开始按出动累计数编写序号，专职消防队填写《灭火救援报告表》时，“出动序号”仍由责任区消防队编写。

2. 消防队编码：根据消防部队隶属关系，参照行政区划代码，由消防总队统一编制，为8位。1、2位表示总队代码，3、4位表示支队代码，7、8位根据5、6位的具体情况而定，5、6位分三种情况：①支队直属消防队为“00”，7、8位表示支队直属各消防队序号；②专职消防队为“99”，7、8位表示支队指导的各专职消防队序号；③县（市）消防队大队所属消防队为行政区划代码，7、8位表示大队所属各消防队序号。

3. 事件类别：抢险救援指标解释：①化学灾害事故是指化学物质（不论其形态）因泄漏等原因，未引起燃烧的，对人身或生态环境造成损害或威胁的事故；②塌落特指房屋、建筑物倒塌及其部件下落等；③救人是指高空救人、井下救人、水中救人（含欲自杀的人），不包括因化学灾害事故、核事故、塌落、自然灾害和交通事故中的救人；④重大自然灾害由于时间长，范围大，不论投入兵力、装备多少，在一段时间内，以完成某一地域范围内的事件处置为一次统计。

“重大活动执勤”指消防部队参与重要会议、大型集会、展览会、博览会、游园等保卫任务。省（自治区）由支队统一填报，直辖市由总队统一填报，或由总队（支队）责成责任区消防队填报。

“社会救助”是指为社会公益事业和公民提供救急和帮助（如送水、取钥匙、开门等）。此统计数据仅作内部参考，不宜对外公开。

“虚警”仅填“单位编码”、“接警时间”和“本消防队投入力量”；“重大活动执勤”仅填“单位名称”、“结束时间”和“全部投入力量”，“接警时间”填执勤开始时间；其余类别须填“处置形式”。

4. 处置形式：“责任区”是指消防队在责任区内单独或联合处置；“非责任区”是指在责任区消防队未处置的情况下，非责任区消防队单独或联合处置，由单独处置或联合处置的首先到场的消防队负责填写。增援是指除上述两种情况以外的处置。对于由多个消防队联合处置的抢险救援、社会救助，也由各消防中队按照上述方法填写。其中责任区消防队主战和非责任区消防队主战需填写表中所有项；增援只填写“接警时间”和“本消防队投入力量”。

5. 火灾（事件）发生单位（户主）：单位（户主）的地址和名称须用汉字填写。单位编码根据消防监督管理权限，参照行政区划代码，由消防总队统一编制（具体编制原则同《火灾报告表》单位编码）

不属地方公安消防监督的单位，其编码按下列要求统一填写。

铁道：80000000，交通：81000000，民航：82000000；

军队：90000000，森林：91000000，草原：92000000，地下矿井：93000000，远洋考察船：94000000，其它：99000000。

6. 接警时间、到场时间、战斗展开时间、战斗结束时间（消防队全部撤离现场时的时间）按照消防队实际处置进程填写，其中报表月份以消防队接警时间为准。

7. 投入力量：公安指纳入公安序列的消防队；专职指未纳入公安序列的，专门从事火灾扑救的消防队；其它指不专门从事火灾扑救的组织或团体。处置形式为“主战”，的须填写“全部投入力量”和“本消防队投入力量”，处置形式为“增援”的只填写“本消防队投入力量”。

8. 消防人员伤亡：从消防队出动到撤离火灾（事件）现场的过程中，因各类原因造成的消防人员伤亡。

9. 战斗成果：抢救人员指消防人员从火灾（事件）中抢救出的人员（含已死亡的人）；抢救财产价值是指被消防队直接从火场中转移、抢救出的或因消防队扑救使得火场中的物资免遭损失的财产价值。

10. 特大火灾（事件）和有研究价值的火灾（事件），在火灾（事件）发生后一个月内将火灾（事件）扑救（处置）总结报公安部消防局。

附　录

1999 年国外典型火灾案例

印度木屋区火灾　3 月 14 日，印度新德里一个木屋区发生火灾，至少造成 22 人死亡、20 人受伤。着火时教徒们正在清真寺内祷告，风助火势一发不可收拾。消防部门出动 13 辆消防车奋战了 4 个多小时才将火扑灭。这里许多居民都是拾荒者，他们住处周围堆放着大量的聚苯乙烯、胶袋等可燃废料。

法国勃朗峰隧道火灾　3 月 24 日，位于法国监管地段的勃朗峰隧道发生火灾，至少造成 41 人死亡。勃朗峰隧道是意大利和法国之间连通阿尔卑斯山的交通要道，宽 8.6 米，长 11.5 公里，于 1965 年 7 月 16 日建成通车。火灾是当日上午 11 时许发生的，当时一辆满载面粉和人造黄油的比利时卡车在隧道中部失火，接着殃及前后车辆。隧道内浓烟滚滚，并传出数声爆炸声。大火燃烧所产生的高温使这个隧道的混凝土穹顶全部沙化，而铺路的沥青则全部被烧成了泡沫翻卷的粘稠浆体。第一批前来营救的消防队员背着氧气装置进入隧道，试图营救幸存者。但没过多久，他们就满脸漆黑、大汗淋漓地撤了出来。他们当中的很多人甚至被隧道内地狱般的惨景吓得说不出话来。营救工作没有成功，还造成 1 名消防员牺牲。这场震惊世界的勃朗峰隧道大火，持续延烧了 48 个小时后熄灭。41 名遇难者中绝大多数都是由于道路封闭而被困在自己的汽车内死亡的。由于温度过高，燃烧时间过长，很多尸体已被破坏到无法辨认的程度。在 41 具尸体残骸中，只有 4 人的尸体得到了确认。勃朗峰隧道内安装有闭路电视系统，当肇事的比利时卡车进入隧道后不久，法国方面的隧道监视系统就探测到车上的烟雾，但这辆卡车没有被停下来而是继续行驶到隧道中部。尽管隧道内安装有自动灭火系统和自动排烟系统，但火灾发生时这些先进的消防系统并没有启动，以致高温、烟雾和毒气夺去了 41 人的生命。勃朗峰隧道是由法国和意大利两国合建的，隧道失火后，两国消防队员分别从各自国境内的隧道入口处设法排烟救援，两面夹攻施救。法国消防队员清理出 30 具尸体，意大利消防队员清理出 11 具尸体。

韩国夏令营火灾　6 月 30 日，距韩国首都汉城西南 100 公里的京畿道华城郡夏令营发生火灾，造成来此欢度假日的23名儿童（5至7岁）丧身。该夏令营是一栋三层建筑，一层为砖混结构，二、三层为船用集装箱堆砌而成；墙壁为木板，顶棚为可燃化学材料，建筑的耐火等级极低。房内既无火灾自动报警器，又无自动灭火装置，仅有几个报废的手提灭火器；工作人员没有经过消防培训，失火后不知所措。经调查，火灾系电子灭蚊器所致。距火灾现场70公里的消防队接警一个多小时后才赶到火场。事后，韩国逮捕17名火灾责任者。

沙特帐篷火灾 7月28日，沙特卡迪夫省一村庄帐篷因电线短路发生火灾，造成37名参加婚礼的人死亡、130多受伤。帐篷是用可燃材料建成的，防火性能不佳。

土耳其贮油罐火灾 8月17日凌晨，土耳其伊兹米特地区的蒂普拉什炼油厂（共有30个大型贮油罐）因地震（7.4级，死12018人，失踪35000人，伤33515人）造成7个贮油罐发生火灾。这个年处理1150万吨石油的炼油厂，在地震后化为一片废墟。经当地消防队及希腊，加拿大、挪威、日本等19个国家1300人的救援下，火灾燃烧了三天三夜，于20日晨才被扑灭。但21日在贮油罐的废墟上又燃起大火，当地消防队同国际救援队为了防止大火殃及城市，只好又重新部署力量，投入灭火行动。土耳其地震的最大次生灾害是火灾。

印尼一戏院火灾 9月24日，印尼日惹市一家戏院发生火灾。造成75人死亡、5人受伤。火灾发生当晚，人们正兴致勃勃地看电影。死者绝大部分是年轻人，还有2名挪威学生。该戏院为砖木结构，耐火等级较低，观众厅内没有安装火灾自动报警系统和自动灭火系统，紧急照明和疏散条件也极差。

墨西哥爆竹仓库火灾 9月26日，墨西哥塞拉亚烟花爆竹仓库失火，致使贮存在库内的烟花爆竹爆炸起火，并殃及附近的一个集贸市场，烧毁了一幢大跨度的大型建筑，造成56人死亡（其中，2名消防员、1名摄影记者）、348人受伤。

英国伦敦列车火灾 10月5日，英国伦敦的帕丁顿车站发生两辆列车相撞事故，列车倾覆引起火灾，造成70人死亡、150多人受伤。消防队员用特殊的救援器械花了5个小时才将翻倾的车厢撑起，将被困者解救出来。事故主要原因是列车闯红灯。

韩国仁川商场火灾 10月30日，韩国西部仁川市一栋4层楼高的购物商场发生火灾，造成57人死亡、71人受伤。死者多为未成年的中学生，当时他们正在酒吧里喝酒狂欢。据当地消防局人员透露，火灾发生时，位于商场底层的一家卡拉OK酒廊正在进行装修。大火明显是从这里烧起的，并扩散到二楼另一家酒廊。当时那里有120多人在唱歌喝酒。火灾发生后消防局至少出动了25辆消防车赶往现场扑救，35分钟后扑灭火灾。韩国警方于10月31日逮捕了4名涉案人员（其中包括1名电工，2名室内设计师和1名装修商），他们涉嫌在装修酒吧底层的卡拉OK酒廊时藐视防火安全条例。这起灾难是韩国25年来最严重的火灾事件。参加火灾原因调查的一名官员说，火灾是卡拉OK酒廊新安装的电缆出现短路引起的，火势在迅速蔓延时导致油漆稀释剂爆炸。据调查，啤酒吧没有营业执照，而且它早在一个星期前就已经被勒令关闭。酒吧没有逃生出口，窗口也被屏风遮盖。仁川消防局长说“啤酒吧有灭火器，不过人们来不及使用，因为受害者很快遭到有毒烟雾窒息而死。”灾难发生后，数百名惊魂未定的青少年到仁川的各家医院哀悼死于酒吧火灾的同学。数十名死者家长拥抱着他们死去孩子的遗照，有些愤怒的生还者则要求政府加紧管制未成年的酒客，愤怒的死者亲属要求政府在惨祸发生后，加强防火安全条例。

印度爆竹市场火灾 11 月 6 日，印度哈里亚纳邦索尼德市一爆竹市场发生火灾，至少造成 45 人死亡、数十人受伤。当晚市场上的人很多，由于商店里存有大量的烟花爆竹而使火势变得十分猛烈，整个市场被大火化为灰烬。经调查认定，火灾系市场内的一家商店电气线路短路所致。起火当日是印度的排灯节，印度各城市爆竹摊贩密布，民众以燃放爆竹为快。

1997 年世界部分城市火灾情况

国家	城市	面积（平方公里）	人口（万人）	消防员数（人）	起数	每万人口火灾发生数	死人	每百万人口火灾死人数	火灾直接原因		
									第一	第二	第三
日本	东京	621	808	18013	5117	6.3	101	12.5	纵火	吸烟	炉火
	横滨	434	335	3228	1009	3.0	44	13.1	纵火	吸烟	炉火
	大阪	221	259	3606	1344	5.2	45	17.4	纵火	吸烟	炉火
	名古屋	326	215	2333	1215	5.7	22	10.2	纵火	吸烟	炉火
	札幌	1121	179	1778	655	3.7	24	13.4	纵火	炉火	吸烟
	神户	549	143	1343	696	4.9	14	9.8	纵火	吸烟	炉火
	京都	610	146	1898	330	2.3	22	15.1	纵火	吸烟	炉火
	福冈	338	126	1015	476	3.8	15	11.9	纵火	炉火	吸烟
	川崎	144	122	1397	503	4.1	23	18.9	纵火	吸烟	炉火
	广岛	741	111	1104	611	5.5	18	16.2	纵火	玩火	炉火、吸烟
	仙台	788	97	974	431	4.4	14	14.4	纵火	吸烟	炉火
加拿大	埃得蒙顿	701	62	1029	996	16.1	5	8.1	纵火嫌疑	电气	燃油泄漏
美国	芝加哥	592	273	5168	25968	95.1	71	26.0	纵火	电气	可燃物接近火源
	火奴鲁鲁	1564	87	1037	2623	30.1	11	12.6	纵火嫌疑	纵火	热源放置不当
阿根廷	布宜诺斯艾利斯	200	300	2187	4779	15.9	3	1.0	电气故障	吸烟	热辐射
芬兰	赫尔辛基	365	54	555	1060	19.6	14	25.9	玩火	不明	吸烟
英国	汉普郡	3885	160	947	9378	58.6	10	6.3	纵火	车内电气布线	纵火嫌疑
德国	波恩	141	31	298	611	19.7	2	6.5	不明	热源	其他火源
法国	巴黎	760	650	7349	18155	27.9	52	8.0	不明	纵火	技术事故
南非	开普敦	281	105	384	3122	29.7	59	56.2	明火	其他	电气
中国	北京	16800	1140	6624	4324	3.8	63	5.5	电气	用火不当	吸烟
韩国	汉城	606	1060	4936	6795	6.4	114	10.8	电气	吸烟	纵火
新加坡	新加坡	648	320	1563	6705	21.0	13	4.1	吸烟	烹调中加热	太阳光线

美国 1988 年至 1998 年火灾情况

年度	四项数字				其中直接损失逾 500 万美元火灾		
	起数	死人	伤人	直接损失（亿美元）	起数	直接损失（亿美元）	占全年损失比例数（%）
1988	2436500	6215	30800	110.77	58	11.81	107
1989	2115000	5410	28250	109.51	57	16.54	15.1
1990	2019000	5195	28600	93.85	62	8.87	9.5
1991	2041500	4465	29375	109.06	51	21.78	20.0
1992	1964500	4730	28700	92.76	53	16.20	17.5
1993	1952500	4635	30475	92.79	55	18.08	19.5
1994	2054500	4275	27250	86.3	53	9.37	10.9
1995	1965500	4585	25775	91.82	44	13.62	14.8
1996	1975000	4990	25550	94.06	59	10.98	11.7
1997	1795000	4050	23750	85.25	56	7.85	9.2
1998	1755500	4035	23100	86.29			

20 世纪国外死亡逾百人火灾案例

1.1900 年 6 月 30 日，美国新泽西州霍博肯码头棉花堆垛发生火灾，殃及 4 艘大型客轮和 18 艘驳船、游船，死亡 326 人，受伤 250 人，直接财产损失 1000 多万美元。

2.1903 年 6 月 15 日，美国纽约港湾中的“斯洛克姆将军”号游船发生火灾，船体水线以上部分全部烧毁，693 名游客被烧死。

3.1903 年 12 月 30 日，美国芝加哥市艾罗伊斯剧院发生火灾，死亡 602 人。火灾系电弧灯引燃舞台布景所致。

4.1906 年 3 月，法国库里埃煤矿发生矿井瓦斯爆炸，造成 1200 人死亡。爆炸原因是矿井内残余的可燃气体未及时排除，积聚过多造成的。

5.1906 年 4 月 18 日，美国旧金山地震引发火灾，大火持续了三昼夜，烧毁 520 个街区、28188 幢建筑，死亡 700 人，直接财产损失 5 亿美元。

6.1908 年 1 月 12 日，美国宾夕法尼亚州罗得斯歌剧院发生火灾，死亡 170 人。

7.1908 年 3 月 4 日，美国俄亥俄州的一所中学发生火灾，死亡 175 人。

8.1909 年 2 月 14 日，墨西哥爱开布卡戏院发生火灾，死亡 250 人。

9.1909 年 11 月 13 日，美国伊利诺伊州切里镇煤矿起火爆炸，井下 400 多人中，有 259 人丧生。爆炸原因是集聚的可燃气体遇火源造成的。

10.1917 年 12 月 6 日，比利时救生船“伊莫”号同法国军火船“蒙特·布朗克”号在加拿大哈利法克港内相撞，引燃甲板上的甲苯，继而又引发了梯恩梯爆炸，造成 1600 人死亡、9000 人受伤，160 幢建筑被毁坏。

11.1923 年 9 月 1 日，日本关东地区发生里氏 8.3 级地震，死亡 14 万人，毁屋 57 万间。地震造成 136 处发生火灾，烧死 5.6 万人。

12.1924 年 9 月 22 日，土耳其斯密拉电影院发生火灾，死亡 100 人。

13.1928 年 9 月 22 日晚，西班牙马德里时髦大剧院（共有 3200 个座位）发生火灾，造成 110 人死亡、350 人受伤。火灾系电线短路打火引燃舞台上可燃性布景所致。

14.1929 年 3 月 12 日，前苏联弗拉基米尔戏院发生火灾，死亡 120 人。

15.1930 年 3 月 10 日，韩国清开电影院发生火灾，死亡 105 人。

16.1930 年 4 月 21 日，美国俄亥俄州哥伦布市的俄亥俄州感化院发生火灾，死亡 320 人。

17.1934 年 9 月 7 日，航行在纽约和哈瓦寻那航线上的美国“莫洛卡斯”号邮轮发生火灾，造成 135 人死亡、300 人失踪。价值 500 万美元的邮轮彻底被毁。

18.1937 年 3 月 18 日，美国得克萨斯州新伦敦的一所小学校发生煤气爆炸，500 人被炸死，其中大部分是在校学生，爆炸是正在安装中的供暖炉（以煤气为燃料），出现泄漏造成的。

19.1940 年 4 月 23 日，美国密西西比州 Rhythm 俱乐部发生火灾，死 207 人。该俱乐部舞厅正在举办舞会时，由于人员聚集，疏散条件不利，太平门及通道不畅，致使众多的舞迷葬身火海。

20.1942年11月28日，美国波士顿市椰林夜总会发生火灾，死亡491人。

21.1943年3月6日，日本北海道电影院发生火灾，死亡200人。

22.1944年4月14日，印度孟买港一艘载有棉花、硫磺等易燃易爆物品的英国货轮首先起火爆炸，殃及港湾停泊的13艘轮船，总吨位50000吨，造成1500人死亡、3000人受伤。

23.1944年7月6日，美国林林兄弟马戏团在康涅狄格州演出时发生火灾，造成168人死亡、250人受伤。

24.1945年8月6日和9日，日本广岛、长崎分别遭受美军原子弹轰炸，两座城市顿时燃起冲天大火。广岛死亡7.8万人，受伤3.7万人，50%的住房被毁；长崎死亡2.4万人，受伤5万人。50%的住房被毁。

25.1946年12月7日，美国佑治亚州亚特兰大市温克夫饭店发生火灾，死亡119人。

26.1947年4月16日，一艘停泊在美国得克萨斯州西基城港内的“格技肯”号货船发生爆炸。该船载有2300吨硝酸铵化肥，烈火燃烧了三昼夜，西基城三分之一的街区成为一片废墟，四分之三的化工企业被毁坏，造成1500人死亡。

27.1949年9月17日，停泊在加拿大多伦多省安大略码头的“诺罗尼克”号客轮发生火灾，船上411名乘客中有107名被烧死。

28.1951年5月13日，埃及开罗戏院发生火灾，烧死100人。

29.1955年4月26日，日本神奈川县樱花街车站发生火灾，烧死106人。

30.1955年2月17日，日本横滨市圣母园养老院发生火灾，烧死100人。

31.1960年11月13日，叙利亚阿莫德戏院发生火灾，烧死200人。

32.1961年12月17日夜，巴西尼泰罗伊市大剧院北美大马戏团在演出中发生火灾，烧死223人。

33.1963年11月9日，日本横滨市火车站发生火灾，烧死126人。

34.1967年5月22日，西班牙布鲁塞尔市伊诺巴西温百货店发生火灾，烧死325人。

35.1971年12月25日，韩国汉城大然阁饭店液化石油气发生爆炸火灾事故，大火从第2层的咖啡间首先燃起，很快使整幢大楼（21层）充满浓烟。失火时楼内共有旅客226人、员工70人，当局用直升飞机仅救出6人，共造成163人死亡、15人受伤。

36.1972年5月13日，日本大阪市南区千日百货商场发生火灾，烧死118人。

37.1973年11月29日，日本熊本市大洋百货店发生火灾，烧死103人。火灾首先是从楼梯间内纸包装箱烧起的。

38.1974年2月1日，巴西圣保罗焦马大楼发生火灾，死亡179人，受伤300多人。火灾系空调短路所致。

39.1974年3月3日，土耳其航空公司一架价值两千万美元的大型客机坠落，掉入法国戈尔蒙朗维尔森林燃起一片火海，造成346人死亡。

40.1976年12月5日，美国布鲁克林剧院发生火灾，烧死295人。

41.1977年3月27日，美国加那利群岛特纳里夫机场一架起飞的波音747客机同一架着陆的波音747客机相撞起火，导致581人死亡。是20世纪民航史上最惨重的机场大火。

42.1977年5月28日，美国肯塔基州佛利山庄夜总会发生火灾，死亡162人，受伤70人。火灾系电线短路所致。

43.1978年8月，伊朗电影院发生火

灾，烧死400人。

44.1980年5月，牙麦加旅馆发生火灾，造成170人死亡。

45.1982年12月，委内瑞拉发电厂贮油罐发生火灾，烧死153人。

46.1983年5月，欧洲莱茵河上一艘运送液化石油气的油船发生火灾，烧死317人。

47.1984年2月，巴西圣保罗市一条输油管道破裂，泄漏汽油700吨，造成一条大街发生火灾爆炸事故，死亡508人。

48.1984年11月19日，墨西哥一辆运送液化石油气的槽车在人口密集的住宅区里发生爆炸。接着又引爆了10多个贮气罐，造成300多万加仑液化石油气猛烈燃烧，火焰高达200多米，附近80多幢居民楼均被烧毁，致使544人死亡、1800多人受伤，烧毁面积27公顷，造成35万居民流离失所，120万居民被迫离开危险区。

49.1985年8月12日，日本航空公司一架波音747飞机失火坠落，机上505名乘客和19名机组人员全部遇难。

50.1986年4月26日1时23分，位于前苏联乌克兰共和国境内的切尔诺贝利核电站因操作人员违反安全规程发生火灾，当地消防部门1时24分接警后立即出动力量实施灭火、救人，为尽快扑灭火灾，前苏联空军从4月26日开始出动一个中队的直升机空投沙子、泥土、铅、白云石及硼等固体灭火材料，直到5月6日才将火扑灭。火灾先后造成16000人死亡(消防人员18名)，其中2人在反应堆爆炸中丧生，其余人员均死于核辐射。

51.1987年12月20日，菲律宾客轮“多纳帕兹”号从莱特湾出发驶向马尼拉，途径塔布拉斯海峡时，同“维克托”号油轮相撞发生火灾，造成1467人死亡。

52.1988年3月，缅甸发生火灾，死亡113人。

53.1988年7月16日，西方石油公司在英国北海的帕尔法采油平台发生爆炸火灾事故，死亡166人，受伤20人。该采油平台高出海面200米，投资9亿美元，是1976年落成的。

54.1989年6月，前苏联乌拉尔铁路线旁边的液化石油气因管道破裂泄漏，正值两列客车合车时发生爆炸火灾，死亡600人，受伤2000人。

55.1990年4月7日，丹麦“斯堪的纳维业之星”号渡轮，在北海道斯格拉克海峡航行时发生火灾。丹麦消防队闻讯后立即出动直升飞机救援，挪威和瑞典的消防队也出动直升飞机救援。这艘燃烧着的渡轮于23时被拉至瑞典的吕塞契尔诺时，又发生轰燃，造成150人死亡。

56.1990年6月22日零时30分，伊朗西北地区古兰省和赞詹省发生里氏7.7级大地震，5万人死亡，20万人受伤，350万人无家可归。地震时多处发生大火，许多人是在火灾中死伤的。

57.1991年1月17日至2月26日，历时42天的海湾战争，最后以科威特油田大火而结束。当时科威特共有油井900多口，其中727口油井被点燃，为扑救油井大火，战后，科威特政府邀请了包括中国在内的10个国家的27支灭火队，历时4个月才把大火扑灭。仅救火费用就耗资21亿美元。战争与油井大火造成的人员伤亡数以千计。

58.1992年4月22日，墨西哥第一大城市瓜达拉哈拉发生可燃气体爆炸，时间长达72个小时，造成190人丧生、1470人受伤，1124幢房屋被毁，600辆汽车被焚，直接财产损失20万亿比索（3050比索合1美元）。爆炸系一些企业把易燃易爆物质排放到城市的下水道内所致。

59.1993年5月10日，泰国曼谷卡达玩具厂发生火灾，死亡188人，受伤469人。火灾系插座短路所致。

60.1994年1月，委内瑞拉监狱发生火灾，烧死121人。

61.1994年11月2日，埃及艾斯龙特市石油基地贮油罐区遭雷击起火，死亡500人。该油罐区贮存石油15000吨，距居民区200米，但贮油罐区地势较高，烧着的石油向下流淌而成火海。

62.1995年1月17日，日本阪神大地震，死亡5256人，受伤26000人，地震时发生多处火灾，被火烧死者约占死亡人数的10%。

63.1995年4月19日，美国俄克拉荷马市的一座联邦机构办公大楼发生火灾，烧死168人。

64.1995年10月28日，阿塞拜疆巴库地铁发生火灾，死亡558人，受伤369人。起火原因是电动机车电路故障。

65.1995年12月25日，印度哈里亚纳邦德布瓦利镇一个巨大的帐棚发生火灾，死亡450人。火灾系电线短路所致。

66.1996年3月19日深夜，菲律宾马尼拉市奥佑恩迪斯科歌舞厅因电线短路（电气负荷过大）发生火灾，死亡152人。这个本来只能容纳60人的歌舞厅，当时却有300多人；该歌舞厅原有两个安全门，着火时有一个是锁着的。

67.1996年6月29日，韩国汉城一家商场发生火灾。由于火势凶猛，安全出口太少，致使502人死亡。

68.1997年2月24日，印度奥里萨州默图伯尼镇一个用帆布和芦苇搭成的帐篷发生火灾，死亡200人，受伤500人。火灾系电气短路所致。

69.1997年4月15日，沙特阿拉伯王国麦加圣城发生火灾，死亡1000多人。死者都是前往朝圣的穆斯林教徒。

70.1997年7月，印度尼西亚发生森林火灾，大火持续燃烧了两个多月，毁林面积30多万公顷，烟雾扩散到东南亚各国。印尼2000万居民患眼病和呼吸道病，8000人住院，400人丧生。

71.1998年10月18日，尼日利亚输油管道因漏油发生火灾，造成700人丧生。在尼日利亚南部石油重镇瓦里附近，当地有一个2000人居住的阿帕沃尔小镇，连接一家炼油厂和北部城市卡拉纳的一条输油管道出现破裂，附近数百名村民闻讯后蜂拥而至，争抢流淌出来的石油，此时一辆摩托车驶过引起火灾。

72.1999年4至6月，以美国为首的北约轰炸南联盟，导致许多建筑、化工厂、石油库等场所发生火灾，至少造成1000人死亡。

20世纪国内死亡逾百人火灾案例

1.1900年6月10日，英、美、德、法、俄、日、意、奥八个帝国主义国家攻陷北京城，先后在北京前门、海淀、颐和园等处放火，民众死者数以万计，清军死亡640人。

2.1918年2月26日，香港快活谷马场看台（由竹枝、木板建造的）倾倒，正好压在熟食摊的煤油炉上酿成火灾，烧死600多人。

3.1920年2月14日和3月11日，重庆市接连发生两次大火，15000多户居民住房被焚毁，数百人死亡，直接财产损失数百万元。

4.1930年1月18日，吉林省吉林市永吉电影院发生火灾，烧死100人。

5.1936年2月14日，天津粥厂发生火灾，烧死贫民151人。

6.1937年2月26日，吉林省安东市（今丹东）广济街满洲舞台发生火灾，烧死500多人。

7.1938年10月12日，蒋介石令湖南省主席张治中在日本军进攻长沙时焚毁市区，实行"焦土抗战"，当日夜长沙城一片火海，延烧了三昼夜，烧毁房屋5万余幢，死亡2万余人。

8.1942年4月26日，辽宁省本溪湖煤矿发生瓦斯爆炸，继而发生火灾，浓烟从茨沟、仕人沟和柳塘等5个通地面的斜井口向外冒烟，造成1493人死亡。这次瓦斯爆炸是世界煤炭工业史上最悲惨的灾难。

9.1948年9月22日，香港永安货仓发生火灾，烧死119人。

10.1949年9月2日，重庆市中心发生火灾，烧死1700人，1万多幢房屋被烧毁，10万人无家可归，直接财产损失2300万美元。

11.1959年2月15日，四川省监源县龙塘水库工棚发生火灾，造成199人死亡、74人受伤。火灾系气灯喷火所致。

12.1960年1月5日，贵州省铜仁县飞机场工地工棚发生火灾，烧死175人，重伤5人。火灾系炊火不慎所致。

13.1965年1月8日，新疆生产建设兵团农工师塔里木二场基建二队开会时发生火灾，造成172人死亡、7人受伤。火灾系油灯滋火所致。

14.1971年9月14日，澳门台山爆竹厂发生爆炸火灾事故，数百名工人葬身火海。

15.1977年2月18日，新疆生产建设兵团61团俱乐部放电影时发生火灾，死亡699人。火灾系小孩燃放爆竹所致。

16.1987年5月6日，黑龙江省大兴安岭发生森林火灾，过火面积100万公顷，毁林面积65万公顷，烧毁房屋64万平方米，受灾户10807户、居民56000人，造成193人死亡、211人受伤，直接财产损失5亿多元。大火于5月26日被扑灭。

17.1994年11月27日，辽宁省阜新市艺苑歌舞厅发生火灾，死亡233人。火灾系舞客将燃着的报纸（用来点烟）塞入沙发破损的洞里所致，肇事者当场死亡。

18.1994年12月8日，新疆自治区克拉玛依市友谊馆发生火灾，烧死323人（中小学生288人）。火灾系舞台上方电灯烤着可燃的幕布所致。

1999 年全国特大火灾一览表

月份	序号	日期	项目	死人	伤人	直接损失（万元）	火灾类别	火灾原因
			全国合计(85 起)	219	172	27760.6		
一月			小计(10 起)	40	22	6352.9		
一月	1	1 月 9 日	北京丰台区华龙灯具批发市场火灾			1736	批发市场	电气
一月	2	1 月 10 日	四川达川市通州百货商场火灾	10	20	3163.1	高层,商场	违反电气使用规定
一月	3	1 月 15 日	江苏南通泰慕士服装有限公司火灾			296.4	合资企业	违反安全规定
一月	4	1 月 20 日	天津益商集团储运中心工地火灾	16			建筑工地	违章电焊
一月	5	1 月 23 日	广东东莞市东聚电业有限公司二厂火灾	14	2	486.1	台商企业	电气
一月	6	1 月 24 日	河南淇县龙马集团一原棉仓库火灾			189.2	仓库	不明
一月	7	1 月 24 日	西藏波密县扎木镇火灾			147.3	个体录像馆	生活用火不慎
一月	8	1 月 24 日	江苏淮阴市汇通市场火灾			189.2	市场	电气
一月	9	1 月 27 日	陕西商南县大田百货有限责任公司百货大楼火灾			120	商场	违章使用电暖器
一月	10	1 月 27 日	贵州台江县羊屯村火灾			25.6	乡村居民	生活用火不慎
二月			小计(11 起)	26	37	1082.9		
二月	11	2 月 2 日	广东揭阳市一废品收购站火灾			422	收购站	生活用火不慎
二月	12	2 月 3 日	贵州榕江县兴隆村火灾			22.5	乡村居民	生活用火不慎
二月	13	2 月 3 日	云南勐海县香广村火灾			12.4	乡村居民	生活用火不慎
二月	14	2 月 4 日	河南商丘市神力车行仓库火灾			260	租赁仓库	外来火源
二月	15	2 月 11 日	贵州施秉县贵科村火灾		8	62.7	乡村居民	生活用火不慎
二月	16	2 月 15 日	广东电白县一个体爆竹厂火灾	5	21	3	家庭作坊	燃放爆竹
二月	17	2 月 16 日	浙江温州市永中镇姜氏祠堂火灾	10	6	10.5	集镇	敬神火种
二月	18	2 月 20 日	福建三明市缝纫机台板厂火灾			158.8	仓库	燃放爆竹
二月	19	2 月 23 日	贵州黎平县半江村火灾			34.7	乡村居民	生活用火不慎
二月	20	2 月 26 日	辽宁阜新县苍土乡一打火机厂火灾	10	2		家庭作坊	违章操作
二月	21	2 月 27 日	贵州从江县小黄村火灾	1		96.3	乡村居民	生活用火不慎

1999 年全国特大火灾一览表(续)

月份	序号	日期	项目	死人	伤人	直接损失（万元）	火灾类别	火灾原因
三月			小计(9 起)	6	15	3777.6		
三月	22	3 月 1 日	贵州锦屏县瑶北村火灾	2	4	59.2	乡村居民	不明
三月	23	3 月 1 日	云南泸水县片马镇飞机场火灾			2063.8	个体木材加工厂	不明
三月	24	3 月 5 日	云南漾濞县普莽街火灾		10	107.1	集镇	小孩玩火
三月	25	3 月 6 日	湖南通道县独坡乡一村寨火灾	3		209.9	乡村居民	小孩玩火
三月	26	3 月 7 日	云南耿马县芒撒大寨火灾	1	1	78.1	乡村居民	电气
三月	27	3 月 8 日	福建莆田市电信局火灾			457.4	通信大楼	雷击
三月	28	3 月 10 日	山东东营市供销商场火灾			507	商场	遗留火种
三月	29	3 月 21 日	广西横县良圻镇新兴造纸厂火灾			135.3	甘蔗堆垛	自燃
三月	30	3 月 26 日	贵州从江县下江镇火灾			159.8	集镇	生活用火不慎
四月			小计(9 起)	22	10	1913.8		
四月	31	4 月 7 日	贵州锦屏县扣文村火灾	1	1	45.6	乡村居民	违反电气使用规定
四月	32	4 月 9 日	四川绵阳市长虹电子集团公司火灾			174.6	生产企业	违章电焊
四月	33	4 月 10 日	吉林长春市一综合材料库火灾			174.2	仓库	电气
四月	34	4 月 11 日	广东番禺市台华鞋业有限公司火灾	1		917	高层,厂房	电气
四月	35	4 月 15 日	河南南阳市天府家具厂火灾	19	7	7.4	生产企业	铜铝线混接
四月	36	4 月 18 日	广西凭祥市弄怀村四方岭火灾			180.2	店铺	生活用火不慎
四月	37	4 月 18 日	长江铜陵段“苏建油 18 号”轮火灾	1	2	100	船舶	两船碰撞
四月	38	4 月 20 日	云南昆明市金马思民海绵厂火灾			144.8	生产企业	自燃
四月	39	4 月 25 日	福建武夷山市九曲茶叶精制厂火灾			170	私营企业	生活用火不慎

1999年全国特大火灾一览表(续)

月份	序号	日期	项目	死人	伤人	直接损失(万元)	火灾类别	火灾原因
五月			小计(4起)	1	2	1777.6		
	40	5月2日	青海杂多县日历寺火灾			117	古建筑	生活用火不慎
	41	5月3日	广东中山市鑫和五金制品有限公司火灾			404.9	台商企业	设备不良
	42	5月16日	广西柳州微型汽车厂火灾			900.4	生产企业	违章电焊
	43	5月22日	重庆巫山县凌云电器商场火灾	1	2	355.3	商场	电气
六月			小计(6起)	16	37	1666.3		
	44	6月3日	山西忻州市七一百货大楼火灾			496.5	商场	纵火
	45	6月5日	湖南湘潭市翔鹏精细化工有限公司火灾		19	238	化工企业	自燃
	46	6月6日	山东青岛市棉麻站红寨仓库火灾			429	棉花堆垛	自燃
	47	6月12日	广东深圳市智茂电器制品厂火灾	16	18	200	台商企业	电气
	48	6月29日	贵州剑河县章沟村火灾			65	乡村居民	生活用火不慎
	49	6月30日	湖南郴州市万达市场火灾			237.8	高层,商场	电气
七月			小计(4起)	4	2	1164		
	50	7月9日	福建莆田群立特种胶带有限公司火灾			437	生产企业	违反规定
	51	7月17日	山东枣庄鑫源植物油厂火灾	4	2	271	生产企业	违章操作
	52	7月25日	福建厦门奇鸿鞋材有限公司火灾			270	台商企业	纵火
	53	7月30日	广西苍梧县石桥镇东安藤竹工艺品厂火灾			186	私营企业	纵火嫌疑
八月			小计(6起)	13	6	2025.6		
	54	8月1日	浙江青田县格瑞斯鞋业有限公司火灾			208	合资企业仓库	纵火嫌疑
	55	8月2日	云南昆明市一木材交易市场火灾			187.2	木材市场	小孩玩火
	56	8月11日	吉林辽源市集贸大楼火灾			831	商场	吸烟
	57	8月12日	青海西宁市城东宁丰海棉厂火灾			256.1	个体修理厂	电气
	58	8月20日	四川自贡市及时钟表眼镜有限公司火灾	13	6	93.3	门市	电气
	59	8月23日	山东青岛汽巴纺织染料有限公司火灾			450	合资企业仓库	违反规定

1999 年全国特大火灾一览表(续)

月份	序号	日期	项目	死人	伤人	直接损失（万元）	火灾类别	火灾原因
九月			小计(7起)	13	2	987		
	60	9月8日	福建龙海市鞋业有限公司成品仓库火灾	2		192	生产企业	纵火
	61	9月8日	福建漳州市一打火机厂火灾	10		6.4	家庭作坊	违章操作
	62	9月9日	贵州从江县加鸠乡火灾			127.5	集镇	生活用火不慎
	63	9月16日	黑龙江农垦总局新华农场新华商场火灾			146	商场	纵火
	64	9月16日	四川成都市宏正物业发展有限公司火灾			345.7	高层,市场	吸烟
	65	9月22日	广西三江县八江乡一村寨火灾			78.4	乡村居民	纵火
	66	9月26日	福建省寿宁县斜滩镇新华街火灾	1	2	91	集镇	生活用火不慎
十月			小计(5起)	49	12	733.5		
	67	10月4日	吉林珲春市金发木业有限公司火灾			489.6	生产企业	纵火
	68	10月9日	广东广州市永发购销综合店火灾	15		92	家庭作坊	违章操作
	69	10月18日	江苏沭阳县宁波大酒店火灾	14	3	8.5	个体酒店	吸烟
	70	10月26日	广东增城市鸿成皮具厂火灾	20	9	2.5	家庭作坊	电气
	71	10月28日	山东威海橡胶厂峰西分厂火灾			140.9	生产企业	违反规定
十一月			小计(5起)		1	1705.5		
	72	11月5日	新疆克拉玛依市第四净化水厂火灾			120	工地	电气
	73	11月15日	福建厦门厦华四号厂房火灾			242	工厂	违章电焊
	74	11月15日	吉林长春欧亚商都火灾			864.5	高层,商场	纵火
	75	11月22日	安徽歙县江腾摩托车销售公司火灾			130	私营车行	纵火
	76	11月27日	福建福州市仓山区火灾			349	城市居民	电气

1999 年全国特大火灾一览表(续)

项目				死人	伤人	直接损失（万元）	火灾类别	火灾原因
十二月	小计(9起)			29	26	4573.9		
	77	12月2日	湖南怀化市迎丰市场火灾	1	1	67.5	市场	电气
	78	12月10日	河南润力鞋业有限公司火灾			300	企业仓库	违章焚烧垃圾
	79	12月11日	湖南药材公司仓库火灾			785.1	仓库	纵火
	80	12月17日	吉林四平市百货大楼火灾	3		696.2	商场	违章使用电暖风
	81	12月21日	广西合浦县裕华大厦火灾	1	6	123.7	商铺	电气
	82	12月22日	西藏昌都县天骄大酒楼火灾	4	1	280.7	私营酒店	电气
	83	12月22日	天津邮电通信设备厂杨村分厂火灾			2173.7	生产企业	纵火
	84	12月26日	吉林长春市夏威夷大酒店火灾	20	18	22	高层,酒店	吸烟
	85	12月28日	广东梅县侨特商场火灾			125	商场	电气

注:1、此表依据各地上报的特大火灾案例编制的,数据与汇总表的数据稍有出入;

2、此表未将部分省(市、区)上报的属道路交通和民用爆炸物品爆炸的特大火灾列入其中。